勝手仟版　神話おもしろ噺

鳥海仟

22世紀アート

目次

第一話　天上と地上の神々　5
はじめに　5
その一　兄神イザナキと妹神イザナミ　6
その二　アマテラスとスサノヲ　18
その三　アマテラス大御神と天の岩屋　29
その四　スサノヲのコシノヤマタノヲロチ退治　41
その五　オホナムジ（大国主）の冒険譚　56
その六　大国主神の国造り　78
その七　天照大御神の陰謀　91

その八　天孫降臨の前章　104
第二話　天孫降臨と日向三代　115
その一　ニニギの神の天孫降臨　115
その二　かささの岬の塩地老翁《しおつちのおじ》と古鳥蘇《ことりそ》　129
その三　木花開耶姫、海幸彦と山幸彦の母となる　144
その四　山幸彦、ワタツミの宮に沈む　154
その五　ワタツミの宮は龍宮城か？　169
その六　山幸彦と豊玉媛の御子の誕生　186
その七　海幸彦敗れ、山幸彦尊の臣下となる　203
第三話　神倭磐余彦の東征　223

その一　神倭磐余彦尊の誕生　224
その二　磐余彦尊の兄・五瀬命の死　233
その三　鳥山の猪太（イノ）とは何者か？　252
その四　イノが罠を仕掛ける　269
その五　宇陀の県主の策略　283
その六　吉野の天の香具山　298
その七　弟猾の秘策とは？　314
その八　神倭磐余彦尊、神武天皇となる　336

第一話　天上と地上の神々

はじめに

皆さんの中には「古事記」や「日本書紀」を読まれた方もおられるじゃろうが、これからわしが物語るものは、主に、古事記に書かれている日本の神話や日本書紀に書かれている中から選んだ神話や伝承の古事《ふること》に添いながらも、わしが勝手に解釈し脱線しおった神話のおもしろ噺じゃから、違うと思っても怒らんで欲しいんじゃ。古事記については諸説があるようじゃがのオ、まあ、七世紀の頃の天皇家によって古言《ふること》が「古事記《ふることのふみ》」として当時の天皇家の歴史に都合よく生みだされていったようじゃのオ。それに関係した語り部《かたべ》は稗田阿礼《ひえだのあれ》であり、それを太安万侶《おおのやすまろ》が編集したとか。そして日本書紀の方はじゃ、当時の国々につながる都合のよい神話や説話が「一書によると……」と云う形で十幾つも書かれておるのじゃが、それぞれが、自国の都合のよい分だけ違っているんじゃ。まあ、この辺の事はすっ飛ばしても良いじゃろう、面白くもないからのオ。この語りの眼目は「おもしろ噺《ばなし》」なのじゃ。

――それでは初めてみるかのオ。「面白むかし噺」の神話の世界からじゃ。

その一　兄神イザナキと妹神イザナミ

どのぐらい昔のことじゃったかのオ、太古と云ってしまえばそれまでじゃが、何もなかった……いや、そうさな、あったのは、天と地の隔《へだ》てぐらいじゃったかのオ。「天」はアメと読むんじゃが、天《あめ》とは天界のことじゃて、そこには神々《かみ》が住んでおって「高天ヶ原《たかまがはら》」と云うんじゃ。高天ヶ原には山もあり谷も野もあって草花も咲き、樹木も生い茂っていて、川も流れており、何ら地上と変わらない雲の上の大地なのじゃ。

「地」はツチと読むんじゃが、地《つち》とは天から見たら雲の下のはるか下界のことであって、そこは、水に浮かぶ油の固まりみたいにドロドロしておってな、まあ、クラゲみたいにフワフワと漂っていたんじゃよ。天から見たら、小汚いドブの溜《た》まりのようなものかも知れんのぅ。

高天ヶ原《たかまがはら》には神代七代《かみよななよ》と言われる神々がおってな、皆で、十九柱《ばしら》（神々を数える数詞）じゃったかのオ。その中でも五柱《いつはしら》の神《かみ》は別天つ神《わけあまかみ》と呼ばれて別格の存在だったのじゃ。なんとも奇妙な姿をしておってのオ、大声では云えんが、雌雄のない人形《ひとがた》だったらしいのじゃ。この別格の五柱の談合によって高天ヶ原では政《まつりごと》が行われ、日常の生活も保たれていたのじゃ。

その後四代までは雌雄の区別がない姿の神々《かみ》だったが、五代からは二柱《ふたはしら》ずつは男と女の姿態を持った神々《かみ》が生まれたのじゃが、彼らは、どうしてこうも四代目までとは違う無様《ぶざま》な姿態で生まれてしまったのかと己《おのれ》を恨んでおったのじゃ。何しろ、男と女の役割が何であるかも分かっておらん頃じゃったからのオ。

七代目の二柱のイザナキとイザナミが生まれてのある日の事じゃった。

「のオ、神々たちよ。この高天ヶ原《たかまがはら》の下の奇怪《きっかい》で無様な物体が気にならぬか？」

と、頭が長く髪の毛の生えていない最長老の神《かみ》**アメノミナカヌシ**が云った。

「われも見たくはないのだが、天上の雲海の下にときどき透《す》けて見えるので、ついつい目が行ってしまって困ったものよ！」

と、白く長い髭の長老の神《かみ》**タカミムスヒ**がうなずいて同意を示した。

「困った事などでは済まされんぞ、あれは見るからに醜悪《しゅうあく》じゃ！」

と、吐き捨てるように云ったのは長い杖を持った長老の神《かみ》**カムムスヒ**であった。

「臭《にお》いはしないのだが、いつ臭って来るかと気になっていかん！」

と、頭には葦を茂らせ、顔に縦横の皺を刻んだ長老の神《かみ》アシカビヒコヂが臭いを気にして下を見た。

「あのフワフワの物体を固めさせたらどうだろうか？」

と、中でも一番若そうな長老の神アメノトコタチが良い案だろうがとばかりに提案した。

この五柱《いつはしら》の別天《わけあま》つ神々は、大岩の上に安座して談合していたのだが、具体案に欠けていたからそれぞれが納得したが、誰にやらせるかで又暗礁に乗りつつあった。

「だったら、あの生意気なイザナキとイザナミに命じたら良かろうに！」

そう云ったのは、髭の長老・タカミムスヒで髭をしごきながら妙案だろうと一同を見まわした。

「あの七代目の下端《したっぱ》の兄妹《おとどい》にか？」

さも軽蔑したように鼻を鳴らし、皺の口をもぐもぐさせて云ったのはアシカビヒコヂであった。

「下端と云えども、あれでも神代七代の最後の二人だぞ！」

と、アメノトコタチがイザナキとイザナミを支持するかのように匂わせて云った。

「あいつら若い者は口先だけ達者だが、そのような大事を任されましょうか？　あいつらに何ができると云うのだ！」

カムムスヒは杖をトンと叩いて不満を現わした。

「五代目より突然に異変を起こして、男神《おとこがみ》と女神《おんながみ》が一対ずつ生まれて来おって、身体《みなり》が満足とは云えない神《かみ》が六柱もいるが、とりわけ、七代目のイザナキの兄神《あにがみ》とイザナミの妹神《いもうとがみ》が目ざわりでいかん！」

と云った皺の神アシカビヒコヂは、とりわけ二人を嫌っていた。

「五代目六代目の四柱は、わしらと姿形《すがたかたち》が違うのを申し訳なさそうにしているが、イザナキとイザナミはわしらにないものを、さも自慢げにしておる！　それが気に入らん！」

髭の長老も白い髭をしごいて同調した。

「あの二柱は、平穏で平和な神代《かみよ》に不満を抱き、何か不穏な風を起こそうとしているのではないだろうか？　そんな危険が感じられてならん！」

と、若い神が云ったが、ことは思わぬ方向に発展した。

「わしはな！」

と、最長老のアメノミナカヌシは長いつるつるの頭をなでながら続けた。

「わしもな、フワフワを固めるのには異存はない！　イザナキの兄神とイザナミの妹神をこの天上界から追い払ってやろうと思っているのじゃ！　あの二人に得体の知れない物体を固めよと命じようと思っとる。もし、固められなければ天上には戻ってならぬと！　又、巧く固めることが出来たなら、その地を鼻っ柱の高い二人にくれてやるとな。好都合じゃないか！　いずれにしても、イザナキとイザナミの二柱には、その地に住んで、そこを治めよと命じるのだ！」

「なるほど、名誉と追放？　良い思い付きであるのオ、最長老の神《かみ》よ！」

と、他の長老の神々はそれぞれの独特の仕草で応じた。

というわけでな、神代《かみよ》第七代目のイザナキとイザナミの兄妹は、下界の得体の知れない物体の凝固処分《ぎょうこしょぶん》の役割を最長老のアメノミナカヌシに申し渡されたのじゃ。その時に、賜ったのが「天《あま》の沼矛《ぬぼこ》」なのじゃ。そこでイザナキとイザナミの兄妹は、天と地の間にある「天《あま》の浮橋《うきはし》」に降ろされてだな……そのなんじゃ、「天の浮橋」と云うのは、天界と下界とをつなぐ懸《か》け橋とも云えるし、天界の厚い雲から下げられた浮いた橋と云うより陸のような船のようなものかも知れんのオ。

神話ってのは便利なものでな、都合が悪くなると、何でもアメとかアマとつけたがるのじゃ。これからも沢山出てくるから余りこだわらんようにな。

さて、イザナギの兄神とイザナミの妹神の二柱は天の浮橋に立って、天《あま》の沼矛《ぬぼこ》を限りなく伸ばしてじゃ、で、フワフワのドロドロの物体を「コオロコオロ」と音を立てて掻きまわしたそうな。沼矛《ぬぼこ》の長さだって？　今日《こんにち》の感覚で考えるからいかんのじゃよ。ほら、孫悟空《そんごくう》の如意棒《にょいぼう》と思えばいいんじゃよ。限りなく伸びたり縮んだりとな。

その天の沼矛で掻き上げた時に、沼矛の先から、ポタリポタリと滴《したた》り落ちたと思ったら、ひょっこりと凝固した地が出来て、そこを『オノゴロ島』と云うたんじゃよ！　「ひょうたん島？」そんなんじゃないぞ。わしだってどんな島か知らんが、イザナキの神とイザナミの神は出来たてのオノゴロ島に下りて、その島の真ん中に「天《あま》の御柱《みはしら》の宮殿」をお建てになったのじゃ。御柱は天を突かんばかりで天の浮橋までつながっていたと云うのじゃ。宮殿と云ったたって、そんじょそこらの宮殿と訳が違うぞ。半径、八千尋《やっちひろ》ほどもあると云うのじゃから。そうだなア、半径十五kmぐらいかな、宮殿の周りの広場も含めてだろうが……不可能だっていいんじゃよ、神話なんじゃから。神話には摩訶不思議《まかふしぎ》ってものがつきもので、現代のわしらの間尺では考えられんから面白いんじゃよ。

ほら、聞こえてくるじゃろが、ほんわかとした楽《がく》の音《ね》が……ありゃあ、求愛の楽のようじゃぞ！

「イザナミの妹よ、お前の身体にどこか変わったところはないか？」

イザナキは自分の身体つきとイザナミの身体つきを見比べて云った。

「はい、わらわの身体のつくりはイザナキの兄神《あにがみ》と同じようですが、ただ一か所だけ妙に窪んだところがあるのです。これが、五代六代の女神《おんながみ》たちと同じ悩みなのです」

イザナキは腰裳《こしも》を上げて、その部分を見せた。

「ほオ、美しいものではないか、緋色に割れているではないか！　わが身体には、五代六代の男神《おとこがみ》にもだが、ただ一か所だけ余分に突き出ているところがある、ほれ！」

と、腰当てから余分の一物を出して見せた。

「あら、何でありましょうか？」

「ただ、妙にむずむずと伸びたり縮んだりするのだ、ほれ！」

「まあ、不細工な矛《ほこ》のようですね？　何に使うのでしょうか、兄の神？」

「何に使うのか分からんが、女神の不足の部分を男神の余分な部分が補《おぎな》い繕《つくろ》っているのであろうよ」

「でも、どのように補いを繕うのです？」

「それはだ、われの余分なところをお前の不足のところに入れて、窪みを塞いでみれば、訳も分かろうと思うが、どうだろう？」

「それはそれは、とても面白い考えですね、そう致しましょう！」

「そうか、面白い考えと思うのだな？」

「では今すぐ、ここを塞《ふさ》いでください、な！」

イザナミはまた腰裳を上げて窪みを出した。

「まあ、そんなに慌てずとも良い！　それじゃだ、イザナミはこの宮殿を右から廻り、われは左から廻って、目逢《まぐあ》ったところで塞いでみよう！」

「楽しそうですね、わらわも一生懸命に走ります！」

と、イザナミは云い終わらぬうちに、未知なる楽しみと邂逅《かいこう》するために走り出していました。

こう云ったことは話し憎《に》くってかなわんのじゃが、この両性を持つ神代の時代では、男と女の本能や役割も欲望もなかったようじゃな。で、イザナキとイザナミの「目逢《まぐあ》い」から「媾合《まぐあ》い」の上古語《じょうこご》が生まれたんじゃ。媾合《まぐあ》いってのは、つまりなんじゃ、セックスの古い呼び名のことじやて。

とにかく、お二方の神《かみ》は左と右に分かれて宮殿を廻られて、めでたく目逢《まぐお》うたのじゃった。

「あなにやし、えをとめを！（おお、なんて芳しい女なのだ！）」

「あなにやし、えをとこを！（まあ、なんて素敵な男なのでしょう！）」


これは、言うなればイザナキとイザナミが最初に使った愛の詞《ことば》じゃが、『アイ・ラブ・ユー！』の男と女の「交わし言葉」の決まり文句みたいになったのじゃ。

それでまず、初心《うぶ》なお二方が万物の産みの親となられたんじゃ。

イザナキとイザナミのお手合わせの最初の子は、『**島**』だと云うんじゃから神話は面白い！　子が島である筈ないだろう！　と理屈をこねなさるな。理屈の通らんのが神話の神話たる所以《ゆえん》じゃからのオ。まあ、産まれた島々を、今流の言葉に置き換えて云えば、第一子が淡路島《あわじしま》で、第二子が伊予《いよ》の島《しま》。この伊予の島は身体が一つなのに面《おもて》が四つもあるんじゃ！　分かるかな？　四国じゃよ。愛媛《えひめ》、讃岐《さぬき》、阿波《あわ》、土佐《とさ》の顔じゃ！　第三子は筑紫島《つくしじま》で、この島も四国と同じように、身体が一つで面《おもて》が四つだったのじゃ。そう、九州のことじゃよ。神代《かみよ》の時代は筑紫《つくし》、豊《ぶん》、肥《ひ》、熊曾《くまそ》の四つからなっとった。次は隠岐《おき》の島々を産み、対馬島《つしまじま》を産み佐渡島《さどがしま》を産んだ、八番目になんとも大きな「豊秋津島《とよあきつしま》」を産んだんじゃ。ドンピシャリ、本州のことじゃよ。この最初に産んだ八つの島々のことを『大八島《おおやしま》（州）』と云うたんじゃな。聞いたことがあるだろうが。その後もイザナキとイザナミのお二方は、瀬戸内《せとうち》の島々や長崎の五島列島などを産んどるんじゃ、チビチビとな。がまあ、呼び名が今も昔もさほど違っていないとなると、日本の神話の設定も歴史もそんなに古いと思われんのオ。

じゃが、この島の産まれた順番は、国々の風土記で違っておってな、自分らの国々が都合よく、上位にランクされておるように、つまり他国より早く産まれたように書かれておるんじゃ。

さて、その後になってようやく、お二方はオノゴロ島の宮殿で、**人間の神々**をお産みになって、前に産んだそれぞれの島に遣《つか》わされ、その島の地神《つちのかみ》となって崇められたのじゃ。

次に、お二方の偉業は、**自然界の神々**をお産みになったことじゃ。海・湖の神、川の神、木の神、野の神、山の神。山の神は、コホン！　わしのところにも居るがの。それにじゃ、空飛ぶ船の神、まるで、天の浮橋と云い、正に宇宙船の予兆じゃな。それから五穀豊穣《ごこくほうじょう》の神**オホゲツヒメ**、そして最後に生んだのが火の神**カグツチ**。この時のことじゃった。妹神のイザナミはカグツチに御ホト（女陰の古語）を焼かれて死んだんじゃ。神が死ぬことを「かむさり」と云うたもんじゃて。兄神のイザナキは大いに嘆き悲しんだが、それでも怒りが収まらず、腰に佩《は》いた十拳《とつか》の剣《つるぎ》で火の神カグツチの首を撥ねたのじゃった。

「お前は母のイザナミの神を焼き殺したのだ！　お前が、お前さえ生まれてこなければ！　死ね！」

天上の神々で初めて愛する心を知ったのは、イザナキであったし、同時に憎しみをも知ったのじゃ。

兄神のイザナキは妹神のイザナミを出雲《いずも》の国と伯耆《ほうき》の国の境の比婆《ひば》の山中に葬ったと云うことじゃ。

イザナミは黄泉《よみ》の国（地底の死者の国）に旅立ってしまったが、諦めきれないイザナキは黄泉《よみ》の国まで降りて行った。……行けるんじゃよ、何も黄泉の国をさまようのは神話の専売特許じゃないぞ、わしだって、心《しん》の臓《ぞう》の病《やまい》で何度も黄泉《よみ》の国をさまよって戻されてきたことか！　余計なことじゃった……

イザナキは地底の暗く長い途を経めぐって、黄泉《よみ》の国の閉ざされた扉の前に辿《たど》り着《つ》いたのじゃ。

「愛しい妹であり妻のイザナミよ！　聞いてくれ、われと愛しいお前との国創《くにつく》りはまだ終わっていない！

だから、われの許に戻って来て欲しい！」

イザナキは扉に向かって叫んだ。

「どうして、もう少し早く来てくれなかったのです。わらわは、すでに黄泉《よみ》の国の食べ物を口にしましたから帰りたくとも帰れないのです。でも、あなたが迎えに来てくれて本当に嬉しい！　だから、どうにか帰れるように、黄泉《よみ》の国の大神《おおかみ》にお願いしてみます。少しの間、待っていてください。でも、決して扉の中を覗いてはなりません、決してですよ。静かに待っていてくださいな、約束ですよ！」

イザナミのしわがれた声が扉に響いて聞こえてきた。

扉の前は漆黒《しっこく》の闇で、待てども、待てども、聞き耳を立てても扉の中は物音一つしない静寂だけだった。

次第に心細くなり、我慢も限界にきたイザナキは、約束を破って扉の中を覗いてみた！

「ギャ〜！」

イザナキは恐怖におののいて悲鳴を上げてしまった。

「**あなた、見たわね〜っ！**」

と、イザナミの悲しみとも絶望とも恨みとも思える冷たい声が中から響いて来た。

イザナキの見たものは、イザナミの腐乱した屍《しかばね》にウジがうようよとたかっていて、しかも、イザナミの体には八体もの醜怪《しゅうかい》な悪鬼悪霊が取りついていて、イザナミの体のウジを吸い取っていたのじゃった。八体の悪鬼悪霊は、それぞれ異形《いぎょう》で色も八色、手足の数も八本ずつあったのじや。

「あれほどお願いしたのに、わらわの忌《い》まわしい姿を見たわね〜っ！　よくもわらわに恥をかかせてくれたわね！　恨めしや〜、愛《いと》しく憎いお方！　わらわの傍にいる者たちはわらわが産んだ悪神たちです！　あの者を捕えよ！」

　イザナミは自分から産まれた悪鬼悪霊たちに命じて、イザナキを生きて帰させてならぬと追跡させ、己《おのれ》自身も黄泉《よみ》の魔道を追って行ったのじゃ。この辺りは長ったらしいからはしょるが、イザナキはどうにか、「黄泉《よも》つ比良坂《ひらさか》」まで逃げおうせて、巨大な岩で黄泉《よみ》の入口を塞いだのじゃった。その大きな岩を挟んで、かつて夫婦であった二柱《ふたはしら》の神《かみ》は恨み言を交わしたのじゃ。

「覚えておくがいい！　この仕打ちの仕返しに、わらわは、葦原《あしわら》の中《なか》つ国《くに》（前述の豊秋津島）の人間を一日に千人を殺してやりましょうぞ！」

「わが最愛の妻だった者よ！　ならばわれは、葦原の中つ国の人間に、一日に千五百人を産ませてやる為の産屋《うぶや》を作ってやる！」

と言い捨ててイザナキは黄泉《よみ》の国から救われたのじゃ。

以来、葦原の中つ国は、日毎に、人の数が増えたと云うことじゃ。

イザナキの神の逃げ失せた「黄泉《よも》つ比良坂《ひらさか》」じゃが、出雲風土記によると島根県の昔の意宇郡《おうのこおり》にあった猪目洞窟《いのめどうくつ》と云うのじゃそうな。

　この後、イザナキは生者《しょうじゃ》の国「葦原《あしわら》の中《なか》つ国《くに》」を支配し、イザナミは死者の黄泉《よみ》の国「根《ね》の堅州《かたす》の国《くに》」の大神《おおかみ》となって行くのじゃ。

その二　アマテラスとスサノヲ

「どうにも穢《きたな》い処に行って来てしまった。穢《けが》れを祓《はら》い清め、禊《みそぎ》をせねばならん」

イザナキが自分の持ち物や装身具、衣服や身体から死者の禍《わざわい》を洗い清めているとじゃ、体のいたる所から次々と新しく二十三柱《ばしら》もの神々が産まれてのオ、それぞれ名前はあるのじゃが、それはそれとして、最後に顔を洗ったのじゃ。

左目を洗った時に生まれたのが「**アマテラス**」の女神《おんながみ》で、右目を洗った時に生まれたのが「**ツクヨミ**」の男神《おとこがみ》で、鼻を洗った時に生まれたのが「**タケハヤスサノヲ**」（以後、スサノヲとも）の男神じゃよ。

この三人の神々を特に「貴《たっと》き三柱《みはしら》」と呼ぶんじゃ。

もう気付いとると思うが、神話の世界で生まれるものは赤ん坊ではなく、成人した大人だけなのじゃ。前にも云ったと思うが、現在の常識では神話は語れんのじゃ。

それにしても、そのような発想を抱くだけでも、当時の語り部や物語の創り手のイメージは凄いものよのオ。

　ある日、イザナキは膝元に貴き三柱《みはしら》を呼び、天と地の権限譲渡《けんげんじょうと》と委譲《いじょう》、そして支配権の分割を告げた。

「われは沢山の神々を産んできたが、特にお前たち三柱を愛しく思っているぞ。そこでだ、凛々《りり》しく賢いアマテラスよ！　そなたは神々の坐《おわ》す天上界及び高天ヶ原《たかまがはら》を治め統治せよ！　そして太陽神《たいようのかみ》となり、天上と地上を照らすのじゃ。この頸飾《くびかざ》りのミクラタナと天《あま》の沼矛《ぬぼこ》を授けよう！」

「はい、ありがとうございます、父上！　いえ、イザナキの大御神《おおみかみ》！」

「ツクヨミよ！　そなたの優しく思いやりのある心には感服する。そなたには、この帳幕《とばりまく》を授けよう！　そなたは天上と地上の夜を治め給え！　アマテラスの太陽神と共に、日月《にちげつ》が時を告げるようにな！　月の満ち欠けを正しく運行させるのじゃ！」

「畏《かしこ》まりました、仰せに従います、イザナキの大御神《おおみかみ》！　アマテラスの姉神《あねがみ》は太陽の輝く昼を、われは月と星を崇め、正しき月の運行に従い夜の世界を治めます！」

「さて、わが最愛のタケハヤスサノヲよ！　そなたは男の中の男のような面構えじゃのオ。そなたには、この十拳《とつか》の剣《つるぎ》を与えよう！　この剣で悪鬼悪霊たちを斬るが良い！　そして、葦原《あしわら》の中《なか》つ国《くに》の海原を治め給え！」

　と、イザナキは佩剣《はいけん》をじゃらじゃら鳴らして、猛《たけ》き髭面《ひげづら》のスサノヲに与えた。

このようにイザナキは、それぞれに、ことを委ねられたのじゃったが、果たしてそれが良きことじゃったのかどうか……。まあ、とにかくそれと云うのもアマテラスの神《かみ》とツクヨミの神《かみ》は大御神の仰せのままに、天上界と地上界の昼と夜とをそれぞれ正しく統治なさっておじゃったのだが、スサノヲの神はこのように思っていたのじゃ。

（姉上と兄上には音もなく品々を渡されたが、われには十拳《とつか》の剣《つるぎ》をじゃらじゃら音を立てて渡された。イザナキの大御神《おおみかみ》は、われを疎《うと》んじているのではないだろうか？　われにだけ、汚らしい地上の悪鬼悪霊を斬って海原を治めよ、とは！）

スサノヲは勝手にそのように自分だけ疎《うと》まれたと思ってか、地上界の海原を放ったらかしにし、髭面ながら稚児《ちご》のごとく哭《な》き喚《わめ》く毎日じゃったそうな。その声は青山を枯れさせ、河や海を干上がらせてしまったほどじゃった。だから、葦原の中つ国の海原にはびこり始めていた悪しき族《やから》は、ここぞとばかりに災禍《わざわい》を起こしたのじゃ。

イザナキの大御神《おおみかみ》は権限委譲をした後は高天ヶ原《たかまがはら》を降りて、イザナミと最初に産んだ地上の淡路の島に住んで、ここで地上界を支配した上で、機を見て『葦原の中つ国（大八島）の地と海原』の全ての支配権を、男らしく頼りとなるスサノヲに与えようとしていたのだが、そんな折、スサノヲの意外に幼稚な性格と不遜《ふそん》な事実が明らかになってきたのじゃ。

「スサノヲよ、お前はわれが委《ゆだ》ねた海原を治めようとせず、ただ、哭《な》き喚《わめ》き騒いでいるばかりだそうではないか！　それには、きっと訳があるのだろう、申すが良い！」

イザナキは怒りを抑えてなるべく優しく云った。

「われは、妣《はは》(死んだ母の書き文字）に逢いたいのです。ですから、妣《はは》の国である『根《ね》の堅州《かたす》の国』に参りたいと願っているのです。だから、妣《はは》が恋しくて泣いているのです」

「なに？　妣《はは》にだと？　イザナミに逢いたいと申しておるのか？」

「はい、亡き妣《はは》にお逢いしとうございます！」

「イザナミはお前の母《はわ》ではない！　お前に母《はわ》などいない！　われの鼻から産まれたわれだけの子だ！」

「妣《はは》が生きていたなら、当然、母《はわ》になったのはイザナミの亡き妣《はは》です」

「あの者は、イザナミは悪鬼悪霊の産みの妣《はは》じゃ！」

「父上は悪鬼悪霊を斬れとわれに命じました。われに妣《はは》を斬れと云いますのか！　妣《はは》を悪鬼と仰るのなら、われも悪鬼になります！　妣《はは》の国に行って、根《ね》の堅州《かたす》の国を治めてみたいと思っています！」

と、スサノヲは父の顔をグッと睨みつけて云った。

イザナキにはスサノヲの顔が、あの八体の悪鬼悪霊たちと重なって見えたように思えた。

「とすれば、お前は天《あま》つ神《かみ》として天上にも地上にも住むことは相《あい》ならぬ！　スサノヲ、お前はわれの子ではない！　天つ神の身分も剥奪《はくだつ》する！　さっさと、地底の国に去るがよい！」

父神イザナキは烈火のごとく怒った。

（冗談じゃねえよ、何もしてねえのに、そんな云い方は酷《ひで》えよ！）

とスサノヲは毒舌と共に唾を吐いた。

親の心、子知らずとは神代《かみよ》の頃からもあったのじゃな。スサノヲは末っ子の甘えん坊で、しかも蓮葉《はすっぱ》な性分だったのじゃからのオ。イザナキの心はどんなにか慙愧《ざんき》に堪えなかったか、最愛のわが子から「天つ神の身分」を剥奪して天上からも地上からも追放せにゃならなかったのじゃからのオ。

話のついでに、地底の根《ね》の堅州《かたす》の国と云うのは、イザナミの生んだ悪鬼悪霊の異形《いぎょう》の族《やから》の棲《す》む忌《い》まわしき異界《いかい》なのじゃ。そして今や、その地底国の大神《おおかみ》はイザナミになっておったのじゃ。

（姉上のアマテラスの神なら、事の経緯《いきさつ》を説明すれば、必ずや、われの心を分かってくれる！）

と、あくまでも甘えん坊のスサノヲは、アマテラスの姉神《あねがみ》に救いを求めながらも、自分の存在を知らすべくするように足を踏み鳴らして高天ヶ原《たかまがはら》へと上って行ったのじゃ。

「タケハヤスサノヲは吾《わ》が愛《いと》しき弟なれど、あのように地鳴りを立てて天上に上って来るには、必ずや、嘉《よみ》し心を持っておろう筈はない！　猛《たけ》き心のスサノヲは、この高天ヶ原《たかまがはら》を奪い取ろうと企んでいるに違いない！　八百万《やおよろず》の神々、天上の威信にかけても油断召されるな！」

アマテラスは大号令の檄《げき》を発したばかりでなく、アマテラス自らも長い髪を解き、左右に分けた男髪の角髪結《みずらゆ》いにし、ほれ、聖徳太子の髪型なら知っとるじゃろう、両耳の脇に輪のように束ねて垂らす髪型を、あれが角髪結《みずらゆ》いじゃ。アマテラスは角髪結いの頭に蔦草《つたくさ》で作った冠《かむり》を頂き、勾玉《まがたま》を紐緒《ひもお》に通して、角髪《みずら》や頸や武具や衣裳《ころも》に飾り、太刀を佩《は》き天の沼矛《ぬぼこ》を携え、後ろに千人、前に五百人の武装した神々を従えて、天上界の入口でスサノヲを待ち受けておったのじゃ。

このように猛々しい戦う乙女の姿の凛々《りり》しさは、元より更に美しさを引き立てるものじゃった。

古今東西、いつの時代でもな。

天上界の入口には、八重雲《やえぐも》で囲った壁がそびえ立っていて、入口はただの一か所しかなく、常時、番人がいるでもなく、天《あま》つ神《かみ》の名を授けられた者だけが自由に出入りが出来ていたのじゃが、今日は、入口の中央に男姿に武装したアマテラスが立ちはだかっていて、前後左右に武装した神々が、また、雲壁のすき間からは数百もの矢が天上への道に向けられておったのじゃ。

そのように迎えられるとはつゆとも思っていなかったスサノヲは吃驚仰天《びっくりぎょうてん》してしまったのじゃ。

「吾が弟タケハヤスサノヲよ、ここに上り来るには、それ相応の訳があろう。邪《よこしま》な心があるなら包み隠さず真っ直ぐに申すのじゃ！」

アマテラスは雄叫《おたけ》びのごとくの声でスサノヲに問いただした。

「われには邪な心などありません。ですから、このような物々しいお迎えはお止めになって下さい。父神《ちちがみ》とちょっとした言《こと》の葉《は》のすれちがいが原因《もと》で、父上の怒りに触れ、高天ヶ原《たかまがはら》と地上から『神逐《かみや》らい』を申し渡されたのです」

「そんなことは、存じておる、そなたが神逐《かみや》らいの処分を受けたことは！」


当時の神々の治める国から、神《かみ》の称号を持つものを追放することをかみやらいと云うたんじゃ。


「われは、暫くのお別れに、姉上にお暇乞《いとまご》いを申し上げようと罷《まか》り出《い》でたのでございます！」

「姉上などと気安く申すではない！　吾《わ》は、天上を統《す》べるアマテラスの神ぞ。姉弟《おとどい》のよしみで許すなら、せめて、姉神《あねがみ》と申すが良い！」

「申し訳ございませんでした、アマテラスの姉神、われにはお暇乞いの外に異心《いしん》や邪心《じゃしん》はいささかも持ち合せておりません！」

「しからば、そなたの清く正しき心の証《あかし》を、吾《わ》は如何《いか》にして知ることが出来ようぞ！」

アマテラスは手に持っていた天《あま》の沼矛《ぬぼこ》をグイっとスサノヲに突き出して云った。

「お待ちください、お疑いは御もっともです。われは天上の仕来《しきた》りを無視して、上って来てしまいました。でも、どうしても証《あかし》を立てろと申されるのなら、姉神、『ウケヒの儀』を以《もっ》て、証《あかし》を立てます！」

「はてさて、証《あかし》を『ウケヒの儀』を以《もっ》て立てるとならば、吾《わ》も受けて立たねばなるまいのオ、神々《かみ》！」

アマテラスはどんなウケヒであろうと自分が勝つであろうと信じていたから、八百万《やおよろず》の神々を微笑んで見渡した。神々《かみ》も笑いながらスサノヲに向けた矛《ほこ》を収めた。

「されど、われが勝ちましたら、如何なる言の葉を誓約して戴けますでしょうか、アマテラスの姉神《あねがみ》？」

「云うまでもなし！　そなたの神逐《かみや》らいは、このアマテラスが必ずや大御神《おおみかみ》の取り消しを得ようぞ！」

『ウケヒの儀』とは、神の御意志を伺《うかが》う呪術的な儀式なのじゃ。まあ、神前における一種の善悪の賭け事じゃな。アマテラスとスサノヲの間では「子生《こう》みのウケヒ」として、記紀などに長々と書かれておるのじゃが、ここも簡単に話を進めてしまおうぞ。

アマテラスとスサノヲの二神《ふたかみ》は、高天ヶ原《たかまがはら》に流れている聖なる天《あま》の安河《やすかわ》の川原でウケヒの儀式を行ったのじゃ。先ず、二神は両者の持ち物を交換して、相手の物を嚙《か》み砕《くだ》いて、子を産む儀式じゃった。

アマテラスは、スサノヲの十拳《とつか》の剣《つるぎ》を受け取って、三つに折って嚙み砕き、パッと吐き出すと、三柱《みはしら》の女神《おんながみ》が生じたのじゃった。今度は、スサノヲがアマテラスから受け取った五つの勾玉《まがたま》を天の真名井《まない》（天上にある神聖な井戸）で洗った後、噛み砕いて、パッと吐き出すとな、五柱《いつはしら》の男神《おとこがみ》が生じたんじゃ。八百万《やおよろず》の神々たちは、アマテラスの神の勝利を確信してどよめきを発した。それを聞いたアマテラスは厳かに宣言したのじゃ。

「皆のもの、見ておったであろう！　吾《わ》がウケヒに勝てり！　この三柱の女神たちはスサノヲの剣《つるぎ》から生まれた子らである。吾《わ》が子は、吾《わ》の勾玉《まがたま》から生まれた五柱の男神《おとこがみ》である！　男神は女神の上にあろう？　何とするか、スサノヲ！」

「いいえ、勝ち負けのウケヒではありません、アマテラスの姉神！　われの三柱の女神《おんながみ》たちは皆おとなしい神ではありませんか。これこそ、われに邪心のない証《あかし》です。それでも、われをお疑いですか？　勝ち負けでウケヒの結果としたいのであれば、八百万《やおよろず》の神々《かみがみ》よ！　皆《みな》さま方《かた》は、天上に平和《へいわ》をもたらす三柱《みはしら》の女神《おんながみ》をお望みか、それとも、天上の乱れともなろう戦を好む五柱《いつはしら》の男神《おとこがみ》をお望みか？」

アマテラスも八百万《やおよろず》の神々《かみがみ》も、スサノヲの弁舌には負けたようじゃった。

怒られるかも知れんがのオ、古事記の研究の学者たちの多くは、スサノヲの身勝手な口説《くぜつ》の勝利宣言と解釈しているようじゃが、わしは、この段階ではスサノヲの勝利は理にかなっていると思うのじゃがのオ。

さて、弟神《おとうとがみ》スサノヲと姉神《あねがみ》アマテラスのウケヒの儀の結果を知った父神のイザナキの大御神《おおみかみ》は、勿論、スサノヲの神逐《かみや》らいを取り消し、元の天つ神として葦原の中つ国の海原だけでなく、陸地の総ての支配権を譲ったのじゃった。また、姉神のアマテラスに**大御神**《おおみかみ》の称号を譲られ、御自身のイザナキの神《かみ》は、淡路の島に移られたと云うのじゃが、その後のイザナキについてはどうにも分からんのじゃ。どうした訳か、今では、多賀神社《たがじんじゃ》（滋賀県犬上郡多賀町）に祀《まつ》られておられるんじゃよ。

次に話を進める前にじゃが、スサノヲの十拳《とつか》の剣《つるぎ》から生まれた女神の三柱は、後に、葦原の中つ国におくだりになって、豊《とよ》の国の宇佐神宮《うさじんぐう》と北九州の宗像神社《むなかたじんじゃ》に、また時代を経て、安芸の宮島の厳島《いつくしま》神社に祀られたのじゃ。一柱目は**タキリビメ**またの名をオキツシマヒメと云い、二柱目は**イチキシマヒメ**またの名サヨリヒメと云い、そして三柱目は**タゴリヒメ**と云うんじゃよ。

アマテラスの勾玉《まがたま》から生まれたのは、**アメノオシホミミ**ら五柱じゃが、これから折に触れて名前を出して行こうと思っていますのじゃ。話を続けにゃいかんからのオ。

女神の三柱を生んだことでタケハヤスサノヲは誓約の通りに、高天ヶ原《たかまがはら》にも地上にも住む権限を再び得たのじゃった。

ここまでは、まるく納まって良かったのじゃが、この後のスサノヲの勝に誇った行いは良くなかったようじゃ。事もあろうにスサノヲは、高天ヶ原《たかまがはら》の田畑の畔《あぜ》や畝《うね》を壊したり、溝を埋めたり、稲穂をなぎ倒したり、まるで駄々っ子のような振る舞いを働いたのじゃ。

　アマテラス大御神はウケヒに負けてしまったと認めたからか、弱気になりがちでしたが、『そのような、狼藉を働かずに、早く地上に行って統治せよ！』と命ずるのだが、身勝手で我がもの顔のスサノヲは、姉神《あねがみ》の命令を一向に聞き入れようとせず、益々、悪しき振舞《ふるま》いや乱暴狼藉はエスカレートするばかりだったのじゃった。問題が起きたのはここからじゃった。

　時に、アマテラス大御神の御神殿《ごしんでん》には汚物《おぶつ》を撒き散らし、神聖な機屋《はたや》の屋根を壊し、斑馬《まだらうま》から剥《は》いだ血のついた皮を投げ込んだりしたんじゃよ。この機屋は聖なる衣、神事《しんじ》の折に、アマテラス大御神が身につける衣や神に捧げる衣を織っている機屋でな、神衣《かみぎぬ》を織っていた機織り女の一人が吃驚《びっくり》して逃げ惑《まど》う弾みに、糸通しの梭《ひ》が自分のホトに突き刺さって死んでしまったんじゃ。そんなスサノヲの悪逆非道に脅《おび》えてか、堪忍袋を切らしてか、スサノヲに云うべき言葉を失ってしまったアマテラス大御神は、天《あま》の岩屋《いわや》の戸を自ら開いて中に入って、大音響と共に岩屋を閉ざしてしまったのだと、まあ、こんなことが古事記の方には記されておるんじゃ。

　でまあ、余計な話かも知れんが、日本書紀の方の「一書によると……」には、同じところが次のように書かれてあるんじゃ。

　スサノヲが荒馬の皮をかぶって聖なる機屋に押し入り、機屋にいた一人の女を追いかけ回し、力ずくで、その女のホトを一突きしたと記されておるのじゃ、つまり今の言葉でいえば、レイプということじゃが、しかもその女の名は「日女《ひるめ》」としてあるのじゃ……コホン！　どうにも困ったものだが、この「ヒルメ」と云う名はじゃ……アマテラス大御神のお名前（呼び名）のことじゃて。その辺りのことの詮索《せんさく》は止めにして先へ進もうと思うのじゃが……ただ、その時代、神代以降も兄妹《あにいもうと》の媾合《まぐあ》いは認められておったらしいのじゃが、姉弟《あねおとうと》の媾合《まぐあ》いは禁忌《きんき》とされておったのじゃ。つまり、タブーだったんじゃよ！　その後の神々の系図には兄妹の取り合わせは幾組もあるが、姉弟の取り合わせは一組みもないのじゃからのオ。

だから、スサノヲの強引で力ずくの媾合《まぐあ》い（レイプ）だったにしろ、禁忌を犯してしまったアマテラス大御神が罪を悔いて自らお隠れになったとする日本書紀の「一書によると……」の方が、辻褄《つじつま》も合うし、お隠れになった原因・理由としても納得が出来るんじゃがのオ、わしは。

その三　アマテラス大御神と天の岩屋

さあ、高天ヶ原《たかまがはら》も葦原《あしわら》の中《なか》つ国《くに》もことごとく闇に覆われて、常夜《とこよ》が続くことになってしもうたのじゃ。そうなると、決まって暗躍するのは天上と地上の雲間や葦原の中つ国の海原や地底に棲む悪鬼悪霊邪神の者たちであったのじゃ。

とにかく、真っ暗になった葦原の中つ国の長《おさ》たちが、真っ暗の高天ヶ原の天の浮橋のオノゴロ島に陳情に上ってくると云うので、困った八百万《やおよろず》の神々は天《あま》の安河《やすかわ》の川原に集まって夜を徹して、と云っても、昼も暗い常夜《とこよ》だったので、長老の神々も八百万の神々の頭の中も真っ暗になるばかりで、思案を重ねても思いあぐねるばかりで、一向に埒《らち》が明かんかったんじゃ。すると若い神の**オモヒカネ**と云う者が大胆な発言をしおったんじゃよ。

「ツクヨミの神、お言葉を賜りたい！」

オモヒカネは篝火《かがりび》の奥に身を隠しているアマテラス大御神の弟のツクヨミの神に声をかけた。ツクヨミは出来れば自分から先に発言するのは気づまりでもあったし、また誤解される恐れもあったので、篝火の陰に隠れていたのだったが、オモヒカネと云う若い神に促されて皆の前に姿を現《あらわ》さざるを得なくなった。

「天上の神々よ！　岩屋にお隠れになったアマテラス大御神《おおみかみ》の治める昼はなくなり、われ、ツクヨミの治める夜の世界が続く限り、われが支配が出来るのだから嬉しく思っているであろうなどと、不届きなことを云う神々も居られるらしいが、夜の世界は、アマテラス大御神《おおみかみ》の支配する昼の太陽の恵みがあってこそ、夜の星空も美しく穏やかに、しかも平和に過ごすことが出来るのだ。われはこのまま続く常夜《とこよ》を少しも嬉しく思ってはいないし、アマテラス大御神の昼の支配がなければ、それこそ月の満ち欠けの正しい運行の支配は出来ぬのじゃ！　天上にしても、地上にしても太陽がなければ何の生産もなく、たちまち、生活に窮してしまう。夜の闇の世界には地上で暗躍する悪しき神々と悪鬼悪霊の悪行《あくぎょう》が、この天上にも及んで来よう！　地上からの恐ろしい禍災《わざわい》や疫病などが蔓延《まんえん》すれば、遠からず天上の夜の世界も壊滅する事になるであろう！　そうなる前に手を打たねばならぬのだ！　又、わが不肖《ふしょう》の弟スサノヲは、われの館に捕えて吊るしてある！　が、スサノヲを皆の前に引きずり出して、断罪を与えよとする声も少なくないが、奴《やつ》の処分は急がずとも良い。それよりも何よりも、今、われらが窮している生活を取り戻さなければならない！　それには、岩屋の中に坐《おわ》します姉神アマテラス大御神を何らかの工夫を以《もっ》て、お連れ出さねばならぬ事だ！　これが、ツクヨミの心からの意見である！」

と、篝火に照らされたツクヨミの顔は赤く、髪は総毛立っていた。

「ツクヨミの神の仰《おお》せの通り、昼の太陽があってこそ夜と調和がとれて、天上界も地上界も永劫に生き残れるのです！　ですから、アマテラス大御神《おおみかみ》を天の岩屋から早急にお救いせねばならないのです！」

と、先ほどの若い神が云った。

「わが息子のオモヒカネよ、そんなことは云わんでも分かっておる！　お主は歳若《としわか》なのだから何も思わんでも良い、引っ込んでいろ！」

そう云ったのは長老の神の髭のタカミムスヒで、オモヒカネの生みの親神であった。

「いやいや、若き者の言い分をも聞こうではないか！　タカミムスヒの子オモヒカネよ、思うことがあるなら、云うが良い！」

取り成してくれたのは最長老の頭の長い髪のないアメノミナカヌシの神であった。

「われが思いますには、長老の神々の思案は、いささか……」

「いささか、なんじゃ？　古いというのじゃな！」

少しばかり偏屈な長老のカムムスヒの神が長い杖を差し出した。

「わが子オモヒカネよ！　ならば上古《じょうこ》からの仕来たりである榊《さかき》の枝に勾玉《まがたま》を飾り、鏡を飾り、白布を飾り、邪気を祓って御霊《みたま》を呼ぶのは、古いと云うのか！」

父神のタカミムスヒが、もう黙れと云わんばかりに割って入って云った。

「いいえ、そうではありません。古来の仕来たりは仕来たりとして宜しいと思いますが、この度ばかりは古来の仕来たりの儀式と違います！　アマテラス大御神《おおみかみ》をお救いするに相応《ふさわ》しい榊、勾玉、鏡そして色布を作って飾らなければならないと思います！」

「な、なんじゃと！」

再び、カムムスヒが長い杖をオモヒカネの喉元に突き出した。

「まあまあ、聞こうではありませんか、カムムスヒの神！」

隣に座っていた**フトダマの神**がカムムスヒの杖を押さえ、続けて云った。

「オモヒカネよ！　仕来たりを認めるが、古来の仕来たり通りの飾りでは駄目だと云うのだな？

皆の者、オモヒカネの思いを聞こうではないか！　オモヒカネ、存分に申してみよ！」

「それでは、われが思いますには、第一に、神祓《かみはらえ》の榊《さかき》についてですが、いつものようにそこらに生えている榊の枝ではなく、天《あま》の香具山《かぐやま》の大榊を根付《ねつき》のまま掘り出し、天の岩屋の御前に植え替えることとです」

と、オモヒカネは五柱の別天《わけあま》つ神の度胆を抜くようなことを云い始めたため、他の神々は驚きの声を発しただけで口をつぐんでしまった。

「天《あま》の香具山《かぐやま》の大榊が必要なら、われが命じてそのように行いますが、大榊を根付《ねつき》のままとは何に用いられるのかな？」

長老の中でも一番若いアメノトコタチの神が満更でもなさそうに云った。

「その大榊の枝の中央には大鏡を飾ります。が、古来からの鏡ではなく、大きな鏡を作り、何度も磨いて、その大鏡は、映る者の魂を引き付けるような霊力のあるものでなくてはなりません！」

「そのような鏡のことなら、鍛冶と鏡作りのわれらの一族にお任せあれ！　われら一族では、最良の銅で作った鏡に八度の磨きをかけたものを八咫《やあた》の鏡《かがみ》と申しております。このアマツマライに申しつけ下さい！」

鍛冶の一族を率いているアマツマライの神が申し出た。

「そうか！　頼むぞ、アマツマライの神！　八咫《やあた》の鏡《かがみ》とな？　そして大榊の上の枝には、大きな勾玉《まがたま》を糸緒《いとお》に通したものを八重にして飾ります。だが、この勾玉の一つ一つが光り輝き、調和のとれた勾玉でなければなりません」

「光り輝く八重の玉飾りは八尺《やさか》の勾玉《まがたま》と申しまして、われら玉造の一族の秘技でございます。八重の玉飾りは、このタマノオヤに申しつけください！」

と、玉造の一族の長《おさ》のタマノオヤは頭を垂れて申し出た。

「さようか、頼むぞ、タマノオヤ！　八尺《やさか》の勾玉《まがたま》とな？　更に、榊の下の枝には裳裾《もすそ》のように色とりどりの糸束《いとたば》（織り布）を垂らして飾りつけるのです」

「その糸束は、われら神衣《かみぎぬ》の織女がお作りいたします！」

と、織女たちはわれさき勝に云った。

「ありがたく申し出を受けるぞ、織女たち！　そして又、神慮《しんりょ》に用いるのは普段の香木の粉ではなく、天《あま》の香具山《かぐやま》に棲む鹿《しし》の角と雌鹿の肩骨《かたぼね》を焼いたものでなくてはなりません！」

と、オモヒカネはフトダマの神を見た。

「それはもちろん、わしら神官の仕事であるから、わしらが用意をしよう！」

フトダマの祭祀《さいし》の神が胸を叩いて云った。

「そして最後に、準備万端整いましたなら、長鳴鶏《ながなきとり》を数多《あまた》集めて一斉に鳴かせ、間もなく夜が明けることを告げさせ、暗闇を　恣《ほしいまま》にしていた悪しき神や悪鬼悪霊たちを震え上がらせ、天と地から奴らを追い払うことが、まず、肝要かと思われます！」

「なるほど、それが肝心な事なんじゃよ！　で、その次もあるのじゃろうが、何じゃ？」

と、口をもぐもぐさせて云ったのは頭に葦を茂らせ、顔はカビと皺《しわ》だらけのアシカビヒコの神であった。

「その長鳴鶏《ながなきとり》の鳴き声を合図に、八百万《やおよろず》の神々が岩屋の前に集まり、全ての儀式の最後のフトダマの神の神慮を伺う祝詞《のりと》も終わったところで、八百万《やおよろず》の男神《おとこがみ》も女神《おんながみ》もみな皆、岩屋の御前で興《きょう》がれば、その興《きょう》に乗じてアマテラス大御神《おおみかみ》は必ずや岩戸をお開けになると思うております」

オモヒカネは長老たちの座っている方に向いて大仰《おおぎょう》な仕草《しぐさ》で云った。

「興《きょう》がるとは云うが、興のも様ざまあるが、如何《いか》なる興《きょう》を思いついてかのオ、オモヒカネよ！」

アメノトコタチが身を乗り出して云った。

「まず、岩屋の前には煌煌《こうこう》と篝火を焚き、八百万《やおよろず》の神々の輪踊りと足踏みに合わせて、素裸《すはだか》の女神が胸も露わに裳裾《もすそ》をからげて、ホトには隠し布を一片《ひとひら》下げ、神楽を舞いますれば、ホトもほどほどに露わになり、男神も女神も大声を上げて転《まろ》げ笑い合うことでしょう」

「やい、わが子オモヒカネよ、云うにこと欠き、図《ず》に乗りおって、何じゃ、そのナニを露わにするとは！」

と、父神のタカミムスヒは真っ赤な顔をして怒鳴った。

「それは、面白い趣向じゃのう！」

乗ってきたのは、やはり若いアメノトコタチであった。

「なりませぬ、アメノトコタチの神！　あなたも別天《わけあま》つ神の五柱ではありませぬか！」

タカミムスヒはゆで蛸のような顔で足を踏ん張って云った。

「いや、それで参ろうではありませんか！」

フトダマの祭祀《さいし》の神が立ちあがって皆を促すように云った。

「祭祀《さいし》の神ともあろう、あなたまでもが、興《きょう》がっては！」

呆れてしまったタカミムスヒは言葉を呑み、萎《しお》れて座った。

「タカミムスヒの神よ、われには思いの外《ほか》の知恵じゃった。若いオモヒカネに任せてみようではないか！　岩屋の御前でわれわれが馬鹿騒ぎをすれば、必ずや、岩戸をお開きになる。いやいや、アマテラス大御神《おおみかみ》は興《きょう》に乗ずるお方であるからのオ。さて、誰に裸の神楽舞《かぐらまい》をやってもらうかじゃ、問題は！」

「は〜い！　わらわがやりま〜す！」

名乗り出たのは、農耕の水汲みをやらせてもダメ、機織りをやらせてもダメ、巫女の仕草《しぐさ》もままならぬ、役立たずの厄介者で、神々の位で云えば、最下等の神に属する脳タリンのアメノウズメであった。八百万の神々は腹を抱えて笑った。が、オモヒカネはアメノウズメの脳の中にある特殊な能力、また、神秘的な感性に賭けてみたくなった。


さてじゃ、その日は満月じゃった。

オモヒカネの思い通りに事は進んで、天の岩屋の御前には天の香具山から掘り出された大きな榊《さかき》が植えられ、その榊の中央にはアマツマライ一族の作った大きな「八咫《やあた》の鏡《かがみ》」が据えられた。また榊の上の方にはタマノオヤ一族の作った八重の「八尺《やさか》の勾玉《まがたま》」が飾られ、榊の下方には神衣の織女が作った三色を織り混ぜた「糸束」が垂れ下がっておった。

祭祀《さいし》の神のフトダマが荘厳な祝詞《のりと》を奏上している間に、これらを取り仕切っているオモヒカネと天上界で一番の力自慢のアメノタジカラが、岩屋の脇に隠れ立ったんじゃ。岩屋の御前には大きな桶が伏せて置かれ、八百万《やおよろず》の男神も女神も幾重にも輪を作ってのオ。やんややんやの声援でアメノウズメを呼び込むんじゃ。フトダマの荘厳な祝詞《のりと》なんか誰も聞いておらんのじゃ。準備万端整ったところで、頭に蔓《かずら》の榊葉《さかきば》を飾った冠《かむり》をつけ、ホト隠しの一片《ひとひら》の布を下げ、小竹《ささ》の葉の束を持ったアメノウズメが大桶に乗って踊り始めたのじゃ。

男神も女神もいやいや、オモヒカネの父神のタカミムスヒもツクヨミの神までみんな、手拍子足拍子で音を響かせてのオ、アメノウズメは神がかりになるほどに、いや、神には違いないがのオ、狂い踊ってな、八百万《やおよろず》の神々が思いの外に喜んだのは当然の事じゃて。その様たるやじゃ、乳房や尻を丸出しにして、身につけているのは裳《も》の腰紐ばかりで、その一片をホトまで下げ、アメノウズメのホトは篝火にチラホラと露わに……これが『ホトホト参ってしまった』の語源になったのじゃて。

いつの世もこのような裸踊り（ストリップ・ショー）はワクワクするものでのオ。コホン、失礼！

闇に覆われた高天ヶ原《たかまがはら》は大きな嬌声と狂声で包まれた。

岩屋の外の馬鹿騒ぎの狂声を聞きつけたアマテラス大御神《おおみかみ》は、怪しいことだと思って呟《つぶや》いた。

(吾が籠《こ》もれば、おのずと高天ヶ原《たかまがはら》は全くの暗闇になると思っていたのに、如何なる訳か、この賑々しい喜びとも思える狂声は？　悪しき神々に誑《たぶら》かされたのではなかろうか？　確かめねばなるまい！)

この時と折りを得て、オモヒカネは集めてあった長鳴鶏《ながなきとり》を一斉に鳴かせよ！　と命じたのじゃよ。

『コケコッコオー、コケコッコオー！』と鳴く長鳴鶏に呼応するように八百万の神々が叫んだ。

『間もなく夜明けだぞ！』

『夜が明けるぞ！』

『暗闇から救われたぞ！』

(何と、夜が明けるとは！　とすると、暗闇にいるのは吾ただ一人か？)

アマテラス大御神《おおみかみ》は、もう黙ってはいられなかった。そこで、ほんの少し岩戸をお開きになって云った。

「皆のもの、何にそんなに興《きょう》がるのじゃ？」

「はい、アマテラス大御神《おおみかみ》さまより、お美しい神が現れたからです！」

岩戸の傍に身を潜めていたオモヒカネが嬉しそうな声を作って云った。

「声の主は、タカミムスヒの子のオモヒカネか？　どのような、女子《おなご》じゃ？　正直に申すのじゃ！」

アマテラス大御神《おおみかみ》の声には恨めしさがぬくもっていた。

「ご覧くださいませ！」

アマテラス大御神《おおみかみ》がそのように云うであろうことを予期していたオモヒカネは、既に、大榊に吊るしてあった八咫《やあた》の鏡《かがみ》に篝火の光を照らして、そのすき間からアマテラス大御神の顔に当てたのじゃった。

アマテラス大御神は大鏡を覗きこみ、そこに写った篝火に照らされたもやもやの「美しい女」を見たのじゃ。その顔が自分のものと判別出来ぬままに……むらむらと嫉妬の炎が燃えた！　か、どうかは別にして……もっとはっきり見ようと岩戸を押し開いたのじゃ。と、正にその時、アメノタジカラが岩戸に手をかけ、大きく開き、オモヒカネはすかさずアマテラス大御神の手を握って、外に引き出したかと思う間もなく、フトダマの祭祀《さいし》の神が岩戸の上に用意してあった注連縄《しめなわ》を岩屋に張り渡して申し上げたのじゃった。

「もう、ここから内にはお戻りになれませんぞ、アマテラス大御神《おおみかみ》！」

云うまでもないことじゃが、アマテラス大御神《おおみかみ》が天の岩屋からお出ましになると共に、高天ヶ原《たかまがはら》も地上の葦原《あしわら》の中《なか》つ国《くに》も、おのずから照り輝いて明るい光に包まれたのじゃ。

この騒ぎの元を作ったタケハヤスサノヲは既にツクヨミの神に捕まえられておってのオ、ツクヨミの館の梁《はり》に吊るされておったんじゃったな。アマテラス大御神とツクヨミの神と五柱の別天《わけあま》つ神々によって、タケハヤスサノヲは全ての財産を没収され、伸びきった髪も髭も手足の爪も切られて、再び、天《あま》つ神《かみ》と名乗る称号も剥奪されて、高天ヶ原《たかまがはら》から神逐《かみや》らい、つまり、永久に追放されてしまったのじゃ。

以来、スサノヲは葦原《あしわら》の中《なか》つ国《くに》の地《つち》の神として生きる道しか許されなかったのじゃ。

アマテラス大御神《おおみかみ》は天《あま》の安河《やすかわ》の流れで、身を清め禊《みそぎ》をし、お祓《はら》いをした上で、元の御神殿に戻られて、改めて、**『天照大御神《あまてらすおおみかみ》』**と名乗られたのじゃそうな。

まず、ここで、一息つかせて貰おうかのオ。

前回までは天上界の女神《おんながみ》たちが中心であったように思えたな。黄泉《よみ》の国の大神になったイザナミの神、そして、日本最古の女大御神《おんなおおみかみ》のアマテラスそしてアマノウズメの神の話が主たる話に色を添えておったのじゃったな。

これからは、猛々しいタケハヤスサノヲとその子孫の話じゃ。

マザー・コンプレックスのタケハヤスサノヲは、アマテラス大御神を「母」と「姉」とを一体化して、姉神《あねがみ》を凌辱《りょうじょく》したのじゃったな。オホン！　これはフロイトに寄ればじゃが、『無意識の底に潜む思春期に表われる妄想相姦《もうそうそうかん》の一種』と云うらしいのじゃが、スサノヲは妄想でなく実行しおったんじゃよ。

高天ヶ原《たかまがはら》で悪逆非道の限りを尽くし、アマテラスを窮地に追いやったスサノヲは天《あま》つ神《かみ》の身分も剥奪され、今度こそ高天ヶ原から葦原の中つ国に追いやられてしまった。そして、おぞましい体験と禁忌《きんき》を犯したアマテラス大御神は「父神の子アマテラス」を返上して、改めて**天照大御神《あまてらすおおみかみ》**と名乗ったのじゃった。

ここまでが前回の話しじゃったな。

その四　スサノヲのコシノヤマタノヲロチ退治

荒《あら》ぶるスサノヲは神逐《かみや》らいされ、天照大御神とツクヨミの神と五柱《いつはしら》の別天《わけあま》つ神々の命令で、一人の従者も与えられずに、地上界の葦原の中つ国に行くことになったのじゃが、その前に、途中の例のオノゴロ島に立ち寄ってみたのじゃった。オノゴロ島は天《あま》の浮橋《うきはし》とイザナキの立てた御柱《みはしら》でつながっていて、浮橋とオノゴロ島の管理に当たっていたのは**オホゲツヒメ**という女神じゃった。

スサノヲは腹が空いているから何か食べさせてくれとオホゲツヒメに食べ物を求めたのじゃ。

すると、オホゲツヒメは大層に喜んで、自分の口から出した食材で、美味しい食べ物を作ろうとしたのじゃったが、その様子をすっかり見ていたスサノヲは喚《わめ》いたのじゃ。

「やい、女神《おんなかみ》！　われは見たのだ！　お前の口から吐き出した穢《きたな》いものを、われに食わせると云うのか！　たかが女神の分際で、われを馬鹿にしているのか！　われを、誰だと思っている！」

と、腰に佩《は》いた十拳《とつか》の剣《つるぎ》を抜いてオホゲツヒメの云い訳も聞かずに、理不尽にも斬り殺してしまった。

するとな、オホゲツヒメの女神の屍《しかばね》から、次々と『物』が生まれてきたのじゃ。最初に生まれたのは『蚕《かいこ》』で、続いて、『稲・粟・稗・豆・麦』等の五穀の種《たね》が女神の体のいたる所から出てきたのじゃった。

それを見たスサノヲは唾を吐いて立ち去ろうとしたとき天上から声がかかったのじゃ。

「待て、荒《あら》ぶるタケハヤスサノヲ！」

雲の上の天上から四方に響く声で、スサノヲに呪縛《じゅばく》をかけた。

「われは別天《わけあま》つ神のカムムスヒなるぞ！　お前と云う奴は、追放早々、又、重ねて罪を犯したものよのオ、しかも此処は、まだ天上界だ！　お前は此処で命を捨つるか、その五穀の種や蚕《かいこ》を持ちて葦原《あしはら》の中《なか》つ国《くに》に降り、かの国の土地のいたる処にその種を植え、蚕を育《はぐく》み、葦原の中つ国を繁栄させるのだ。その二つに一つである！」

カムムスヒは姿を現さずに、天上から杖だけを突き出してきた。

「カムムスヒの神！　こんな女《おんな》の屍から出て来たものは穢《きたな》いものばかりで、何の役にも立ちません！　それに、この女神《おんながみ》は己の口から吐き出した穢《けが》れたものを、われに食べさせようとしたのです！」

と、スサノヲは自分の正当性を主張した。

「いいか、よく聞け！　母が子に口に含んで与えるものを、お前は穢れた食べ物と申すのじゃな？　お前は父神イザナキの鼻から誕生したのだが、お前が手に懸《か》けたオホゲツヒメは父神イザナキと母神イザナミとの間に生まれた正当なるお前の大姉神《おおあねがみ》ではないか！」

「この女神は、われの大姉神のオホゲツヒメでございますか？」

「スサノヲ、お前は無知で愚かよのオ。大姉神のオホゲツヒメは、お前がツクヨミの神に捕らわれ、宮殿の梁《はり》に吊り下げられて弱っているお前の身を案じて、母が子にするように口の中で柔らかくした食べ物を、お前に与えようとしたのではないのか？　母の愛を知らぬお前に、母の愛を与えようとしたのだと思うぞ。大姉神のオホゲツヒメは五穀の神であり、豊穣《ほうじょう》の神でもある。また、全ての食餌《しょくじ》の神でもあるのだぞ！　オホゲツヒメの遺志《いし》をお前が受け継ぎ、葦原の中つ国を豊かにし、オホゲツヒメを五穀豊穣《ごこくほうじょう》の神として、地上に甦《よみがえ》らせ崇《あが》めるのだ！　それこそがオホゲツヒメの母の愛に応え得るお前の愛ではないのかな？　どうするつもりか、スサノヲ！」

うな垂れて大泣きしたスサノヲじゃったが、大姉神の屍を土中深く埋めて、五穀の種やら蚕やらを袋に詰めて、嗚咽《おえつ》しながら下界に降りて行ったのじゃ。

さて、スサノヲ自身は葦原の中つ国の何処に着いたのかは分からなかったようじゃが、カムムスヒの神に云われた通りに、道々、五穀の種を植え、蚕《かいこ》を桑の葉に置きながら、オホゲツヒメを五穀豊穣の神と崇め、霊を祈っての旅じゃった。が、袋の中の五穀の種も蚕も少しも減るように思えなかったのじゃ。

スサノヲは気がついてみると、「肥《ひ》の河《かわ》」のほとり近くを通っていたのじゃ。出雲の国の「肥《ひ》の河《かわ》」（今の島根県の出雲平野を通っていて宍道湖《しんじこ》に注いでいる『斐伊川《ひいがわ》』のこと）に添って上流の方に進んでいるうちに「鳥髪《とりかみ》」（現在の仁多郡の鳥取県との県境の鳥上《とりがみ》らしい）と云う処に辿り着いて、石の上に腰かけ、足を河の流れに入れて休んでいたのじゃが、足にぶつかったものがあったんじゃ。

（これは、箸《はし》とへらではないか？　とすると、この河上には人が住んでいるな。よし、河に沿って上るとしよう！）

と、スサノヲは更に流れを遡《さかのぼ》って行くと、老いた男と老いた女が若女《おとめ》を囲んで泣いているのを見た。

　そこでまず、スサノヲはやさしく声をかけてみた。

「お前たちは、この土地の者だな？　名乗る名はあるのか？」

「はエ、わっしはこの国の『国《くに》つ神《かみ》オホヤマツ』の子で……」と、老父《おきな》がスサノヲを警戒しながらも涙ながらに答えた。

「なに、国つ神とな？」

　老父はスサノヲの眼を見ていたが、やさしげだったので心を開いた。

「はエ、出雲の国つ神の縁《ゆかり》の者ですだ。わっしは肥《ひ》の河《かわ》の長《おさ》でアシナヅチと申しますだ。それにこれは妻女《つまじょ》のテナヅチですだ。これなる者はわっしらのたった一人残った娘のクシナダヒメと申しますですだ、はエ！」

「それにしても、お前たちは、なぜ泣いておるのだ、肥の河の長よ？」

「はエ、わっしどもには娘ばかり八人《やったり》もおったのですだが、この娘の姉の七人《ななたり》は、毎年、この時期になるとやって来よるコシノヤマタノヲロチに一人《ひとたり》づつ喰われてしまったのですだ、はエ！」

「コシノヤマタノヲロチ、とな？」

「はい、このクシナダヒメはたった一人残った八人目の娘でございます。が、この娘も可哀想に、間もなく、十日の後には、そやつらコシノヤマタノヲロチに喰われてしまうのです」

　と、云い終わると老母《おうな》は娘を抱き締めて泣いた。

「そりゃ、尋常《じんじょう》ならぬことだ！」

（人間を喰う魔物とはどんな奴なのだろう？）と、スサノヲは考えていた。

「で、そのコシノヤマタノヲロチとは、どんな姿《なり》をしているのだ？」

「はエ、体《なり》は一つですだが、頭《かしら》が八《やっ》つ、尾も八つあって、その頭にある八つの眼《まなこ》は焔《ほむら》のように赤く燃えていて、その体の中ほどには苔が生え、桧や杉も生え、その長さたるや谷を八つ、山の尾根を八つも渡っているほど大きく、その胴腹《どっぱら》はところどころ爛《ただ》れて血を垂らしておりますだ、はエ！」

と、老父《おきな》は血の涙を流さんばかりにコシノヤマタノヲロチの知る限りの様子を訴えた。

「コシノヤマタノヲロチとは、聞けば聞くほど、正《まさ》しくその姿は妖怪か魔物の類《たぐい》そのものだ。いや、何かの化身のようにも、悪しき神のようにも思える。で、お前はコシノヤマタノヲロチを見たのか？」

「はエッ？　とんでもございませんだ」

「さもあろう。それじゃ、その正体なる姿を見ていないのだな？」

「見て、眼《まなこ》がかちあったらヲロチの焔で焼き殺されてしまいますだ！」

「ようし、ならばこのわれがコシノヤマタノヲロチを退治してくれよう！」

と、スサノヲは十拳《とつか》の剣《つるぎ》を強く握りしめ、空に突き上げた。

「はエッ！　あなたさまお一人で……？」

と、泣きべそをかきながらも老父《おきな》のアシナヅチは疑わしき目つきでスサノヲを見上げた。

「案ずるな、思案がある！　によってだが、そこにいるお前の娘御《むすめご》をわれにくれぬか？」

と、にんまり顔でスサノヲは娘御を見た。

「はエッ！　男気《おとこぎ》に富む方とはお見受け致しますだが、あなたさまのお名前も存じませんで……」

アシナヅチは疑いの眼を更に大きく見開いて云った。

「なあ、肥の河の長よ。お主の娘御がコシノヤマタノヲロチなる化け物に喰われる方が良いのか、われの妻女《つまじょ》にくれる方が、どちらの方が良いと思うかな？」

と、スサノヲは腰をこごめてアシナヅチの目を見つめて云った。

「これでも、このクシナダヒメは出雲の国《くに》つ神《かみ》の孫娘でございます！」

老母《おうな》のテナヅチは娘のクシナダヒメを後ろにかばって、アシナヅチの前に割って入って、スサノヲの眼をキッと睨《ね》めつけて云うのだった。

「そ、そうじゃ！　畏《おそ》れ多くも、この娘《こ》の祖父のオホヤマツの神は、イザナキの大神とイザナミの神の子に生まれ、出雲の地《つち》の神として遣わされて以来、この地を治めている国つ神だぞ！　それをなんじゃい、衣は薄汚れ、何処の生まれとも身分も分からん者に！　はエッ、わっしの娘をやれるか！」

アシナヅチも妻女に負けずと勢いがついて立ち上がり、スサノヲに面と向かって同じように睨《ね》めつけた。

「そうであった。不作法であったわれを許してくれ！　われは、天照大御神《あまてらすおおみかみ》と父を同じくする弟である。高天ヶ原《たかまがはら》より降りて来たばかりなのだ」

とだけ云って、あえてイザナキとイザナミの血縁であることは口に出さなかった。

「そ、それでは、あなたさまは荒ぶる神と云われる、あ、あの、タケハヤスサノヲの神！」

と、へなへなになった老母《おうな》だった。

「自慢のできる名ではないが、そのスサノヲだ！」

「ヘイヘエッ！」

と、老父《おきな》はクシナダヒメの頭を押さえて地面に額をこすりつけていた。

「それほどに貴《たっと》いお方とは存じませなんだ。どうぞ、お許しを！」

老母《おうな》はスサノヲの悪評を聞き知っていたので、手を合わせて震えている。

「あなたさまの思し召《おぼめ》しであらば、喜んで娘を、このヒメを奉《たてまつ》ります！」

とアシナヅチはへいつくばったが、クシナダヒメは何のことやら解らぬようにポカンとしていた。

「こりゃ、やい、ご挨拶を申し上げるのだ、クシナダヒメ！」

「はい、クシナダヒメと申します！」

両親の恐怖を物ともしない屈託《くったく》のない笑顔でスサノヲを真直ぐに見た。

「おお、口を利いてくれたか？　あなにやし、えおとめを！　なんと芳しい姫御なのだ！」

「まあ、スサノヲの神こそ！　あなにやし、えおとこを！　なんて素敵な殿御なのでありましょう！」

と、例の愛の言《こと》の葉《は》を交わして、なるようになってから、スサノヲの神は妻女《つまじょ》となったクシナダヒメの姿を『櫛《くし》』に変えて、自分の角髪《みづら》にかざして云うたのじゃった。

「このように、愛するクシナダヒメを身につけておれば、われは何層倍もの力を得ようぞ！」

「御意《ぎょい》！」

アシナヅチは天上の神と親子になれた縁《えにし》を事の外、喜んでいた。老母《おうな》のテナヅチも同じく、天上の神と親子になれたことを喜んでいた。が、ダジャレも忘れていなかった。

「娘のクシナダヒメも、名の通り奇《く》しくも櫛《くし》になって、神の髪に翳《かざ》されて、あなたさまの御身を守ることでございましょう！」

「こりゃ、やい！　くだらんことをごちゃごちゃ申すな！　ところでタケハヤスサノヲの神、あなたさまは、どのようにして、コシノヤマタノヲロチを退治してくれるのだ、でしょうか？」

と、アシナヅチは不躾《ぶしつけ》にも恭《うやうや》しく聞いた。

そこでスサノヲは、ありったけの知恵を絞った秘策、コシノヤマタノヲロチ退治の秘策を、老父《おきな》と老母《おうな》に告げるのだった。

「それにはな、肥の河の民人の力も借りなければならん。まず、五穀や果実をすり潰《つぶ》し捏《こ》ねて、八度《やつど》繰り返し噛《か》んで、醸《かも》し出した強い酒を沢山造らねばならぬ。また、榊《さかき》の垣根を廻《めぐ》らし、中央には小社《こやしろ》を設け、廻らした垣根には八つの門《かど》を作り、その門ごとに八つの神棚を設け、それぞれの神棚には大きな酒船《さかぶね》を、そうだな、一斗《いっと》ほど入る酒船を奉《たてまつ》って、その中に、造った強い酒を注ぎこみ、溢れんばかりに満たしておくのだ！　中央の小社に何を飾るかは、われに任せておくがい！　ハハハハハ！」

スサノヲは自信ありげに高らかに笑ったが、真ん中の小社には何を飾ろうと云うのじゃろう、のオ？

肥の河の民人ばかりでなく、出雲の国のいたる処から、何百人もの人々が集まり、それぞれに分かれて仕事を始めたのじゃ。大桶に、すり潰した五穀や果実を噛《か》んでは吐き、発酵させて酒を造る者たち、山や森から切り出した桧で中央の小社と八つの神棚と酒舟を作る者たち、杉を切り出しては八つの門を作る者たち、それらをつなげる榊の垣根を作る者たちじゃった。

それらを民人たちは八日八晩かけて全てを作ったのじゃ。

その翌日の九日目、天が俄《にわ》かにかき曇り、稲光《いなびかり》が走り、雷鳴が轟《とどろ》き、コシノヤマタノヲロチの登場にはお誂《あつら》え向きの舞台装置と音響効果が整ったようじゃ。

正に劇的に、雷鳴に合せるようにオドロオドロしく地響きを立てながら、コシノヤマタノヲロチが八つの尾根を股にかけて、八つの頭《かしら》を前後左右に絡み合わせながらも、長い頸を伸ばし、八つの眼は爛爛《らんらん》と焔《ほむら》の如くに燃やしてやって来たのじゃ！　と、断定したくないのじゃが、とにかくやって来たのじゃ！

中央の小社に座っているのはクシナダヒメじゃった、いや、正確には、クシナダヒメに化けたスサノヲだった。つまりじゃな、女装《じょそう》したスサノヲが慎《つつ》ましく待っていたのじゃ。

ヤマタノヲロチは人身御供《ひとみごくう》の美しいクシナダヒメをみて、また、用意された酒船を見て、八つの頭の口を大きく開いて咆哮《ほうこう》したかと思うと、案の定、ヤマタノヲロチは八つの頭を八つの門に突っ込んで、整然と神棚の酒船の酒を飲み始めたが、八つの頭のどれもが一気に飲み乾してしまったのじゃて。酒癖の悪いのは人間ばかりではなさそうでな、八つの頭も他の酒船を狙って入り乱れての頸《くび》の乱闘じゃ。その中に、ヤマタノヲロチは頸を絡ませ捻じれたまま酔って動けなくなり、突っ伏して寝てしまったのじゃ。その鼾《いびき》たるや、野越え山越えじゃったが、スサノヲは、この期を逃がしてなるものかと、クシナダヒメの上衣《うわぎ》をかなぐり捨てて小社から飛び降りたのじゃった。

（なんだこりゃ？　面妖《めんよう》な！　少しだけ大きめの、胴体が五寸ぐらいの大蛇じゃないか！　どこが野越え山越えのヲロチだ。そやつら八匹が絡まってとぐろを巻いているだけじゃないか、人騒がせな！）

とばかりに、スサノヲは腰に佩《は》いていた十拳《とつか》の剣《つるぎ》を抜いて、泥酔し鼾をかいているヤマタノヲロチならぬ八匹の大蛇の頭を切り落とし、それぞれの胴を切り刻み、一番大きい大将らしい大蛇の尻尾を切り刻んだときに十拳の剣の刃がガチリ！　と欠けたのだった。
（変だなあ？　何だろう？　この十拳の剣の刃が毀《こぼ》れるとは！）

スサノヲはその尻尾を裂いてみたのじゃ。その尾からは立派な『ツムガリ（鋭い刃）の太刀《たち》』が出て来たのじゃった。余りに妖《あや》しい光を放つものだから、スサノヲは並みの太刀ではないと思って、天上に坐《おわ》します天照大御神《あまてらすおおみかみ》にそのツムガリの太刀を献上したのじゃ。天上では、その太刀は『天《あま》の叢雲《むらくも》の剣《つるぎ》』と名付けられ、後に活躍するヤマトタケルが佩《は》いた『草薙《くさなぎ》の剣《つるぎ》』となって行くのじゃ。

これで世にいう天皇家の三種《さんしゅ》の神器《じんぎ》が出揃ったのじゃ。一つは、アマテラスを岩屋から救出した折りの「八咫《やあた》の鏡《かがみ》」と「八尺《やさか》の勾玉《まがたま》」それにスサノヲの献上した「草薙《くさなぎ》の剣《つるぎ》」なのじゃよ。まあ、そのオ、余分なことじゃがのオ。スサノヲがヲロチを切り刻んだときに流れた血は肥の河に注がれ、肥の河は真っ赤になり、未だに現在の斐伊川《ひいがわ》（肥の河）が赤土色をしているのはその所以《ゆえん》じゃとか……

で又、このヤマタノヲロチ説には、こんな話もあるんじゃ。ヲロチは肥の河・斐伊川の蛇行描写《だこうびょうしゃ》ではないかとな。また、八つの頭や尾はあちこちの山間《やまあい》から流れる谷川として、体の苔や樹木は中州《なかす》に生えている風景を見たてたのではないかと。更にまた、毎年同じ時期にやってくるヲロチは河川の氾濫《はんらん》だったのではないかと。とすると喰われたと云う七人の娘たちは、河川の氾濫の度に人柱として「生贄《いけにえ》」に奉《たてまつ》られて犠牲になった娘たちではないだろうかと。そして、スサノヲの仕掛けた八つの門《かど》とは、自然の猛威の濁流をくい止める為の水門とか堰《せき》を作ったのではなかったかと、な？　道理ではあるが、何しろ神話じゃからのオ。

序《ついで》のことじゃがのオ、こんな穿《うが》った説もあるのじゃ。自然説に対して人為説じゃ。

・・・コシノヤマタノヲロチとは、越《こし》の国《くに》、つまり北陸地方で、出雲の国の人から見れば、当時の越の国の民はまだまだ未開の蛮族でのオ、その中でも一番野蛮で屈強な族《やから》は「八俣邑《やまたむら》の遠呂智《おろち》という部落」じゃったそうな。その部落の生業《なりわい》は盗みでな、盗みを行うときには、いつも、八人の盗賊集団で成り立っていてな、暗がりでも判別できるように光る赤い玉を胸に下げていた、のじゃないかと……。とすると、大蛇の尻尾から出て来たツムガリの太刀は盗賊の頭領の持ち物だったかも知れんのじゃ。当時、越の国は 鉄《くろがね》 の産地でもあったそうだからのオ。またまた脱線してしまったようじゃが、先に進まんといかんな。

スサノヲはクシナダヒメを元の美しい妻女《つまじょ》に戻したのじゃった。そこで二人は、住まいの宮殿を造るのに相応《ふさわ》しいところはないかと、出雲の国中を経めぐり、ある山の麓の丘に立たれたのじゃった。

「おお、ここは爽やかな風が吹き、清々《すがすが》しい気持ちにさせてくれるところだ！」

スサノヲは胸いっぱいに山の気《き》を吸って、クシナダヒメに聞いた。

「ところで、ここは何という処だ？」

「いいえ、存じません！　でも、そんなに清々しくお気に召されたのならば、ここに宮殿をお建てになれば宜しゅうございましょうに」

と、同じようにクシナダヒメも胸いっぱいに清々しい空気を吸った。

「そうするか！　そして、この地を須賀《すが》と名付けよう！」

ちょうどその時、宮殿の建立を祝福するかのように裏山から大雲が湧き上がってきた。いや、天上から八重雲が垂れ籠めてきたのかも知れなかった。そこで大雲を見たスサノヲは和歌《うた》を御詠《よ》みになった。

八雲《やくも》たつ　いずも八重垣《やえがき》　つま籠《ご》みに　八重垣つくる　その八重垣を
（天上より幾重にも垂れこめる雲よ　そのように威風堂々の宮殿をここに
　わが妻を住まわせる為に素晴らしい宮殿を　ここに建てましょうぞ）

スサノヲは、ここに宮殿を建てられて『須賀の宮』と命名されたのじゃ。そして、この須賀の宮の長《おさ》にアシナヅチを重用したのじゃった。「出雲風土記」の大原郡《こおり》の寺社の項に記載されておるでのオ。現在の南雲市の須賀の辺りと思ってくだされば良いじゃろう。

また、脱線するがの、『ナヅチ』というのは、「守りまとう」と云う意味で、老父《おきな》のアシナヅチと老母《おうな》のテナヅチとを合せると、「足手まとい」となるのじゃが、今とは違って当時は、「手足のように仕える」と云う意味になるのじゃて。

脱線のついでじゃが、皆さんには既にお気づきかと思うが、『八』という数詞がやたらと出てきておる。「大八島《おおやしま》（州）」、「八百万《やおよろず》の神」、「八咫《やあた》の鏡」、「八尺《やさか》の勾玉」、「ヤマタノヲロチ」、「八雲《やくも》」、「八重垣《やえがき》」……と上げれば限がないのじゃが、『八』は「数の多いさま」を現わしているばかりではなく、「優れている」とか「神聖である」とかをも表わす数詞なのじゃ。これからも、八八《やっぱち》、出てくるからのオ。

さて、このようにめでたくスサノヲとクシナダヒメは宮殿で過ごされて、出雲の国つ神として子から孫へと六代を経て、七代目に当たるのが勇名を馳せた「**オホクニヌシ**」なのじゃ。

それでは、タケハヤスサノヲから一足飛びに六継《むつぎ》の子孫であるオホクニヌシへと話を進めてみようぞ。

その五　オホナムジ（大国主）の冒険譚

「名は体を表わす」とか「名にし負う」と云う言葉があるが、オホクニヌシには他に四つも名前があったのじゃ。「オホナムヂ」、「アシハラノシコヲ」、「ヤチホコ」、「ウツシクニタマ」と云う名前じゃ。それぞれ謂《いわ》れのある名じゃろうが、ここからの話は出雲の国のオホクニヌシと名乗る前の「オホナムヂ」と呼ばれていた頃から始めてみようぞ。

出雲の国の七代目には異母兄弟が大勢いて、オホナムジは末っ子だった。**オホナムヂ**の兄神たちは一把一絡《いっぱひとから》げで『八十神々《やそのかみがみ》』と呼ばれておった。

稲羽《いなば》の国（後に因幡の国）にヤガミヒメと云う美しい女神《おんながみ》がいる、との噂を耳にした八十神々《やそのかみがみ》は、それぞれが自分の妻女《つまじょ》に娶《めと》りたいと思って、兄神の数人が稲羽の国妻問《つまどい》の旅に出かけることになったのじゃった。そこで、オホナムヂが末っ子でおとなしいのを良いことに、八十神々はオホナムヂを下僕《げぼく》のように扱い、自分たちの荷物を大きな袋に入れてオホナムヂに担がせ、お供として連れて行ったのじゃ。

兄神たちが伯耆《ほうき》の国から稲羽の国境《くにざかい》の気多《けた》の岬を通りかかった時に、皮を剥《は》がれた赤裸《あかはだか》のウサギが倒れ臥《ふ》せって泣いているのを見つけた。真っ先にそれを見た長兄の神が面白がって云った。

「おお、これは可哀想にのオ。さぞ、痛かろう！」

「痛かろう、痛かろう！」

と、長兄の意を察した弟神たちも相槌《あいづち》を打つように応じた。

「ほれ、前の海の塩水をザンブリと浴び、風通しのよい陽の照る処に臥《ふ》せっていると直《じき》に治るぞ！」

「直に治るぞ、直に治るぞ！」

とまた、弟神たちが口裏を合わせた。

「ありがとうございます、神々のみなさん！」

赤裸のウサギが心をこめて感謝の言葉を云うと、八十神々は後ろ手に振り、笑いながら去って行った。

ウサギは八十神々の教え通りに、痛いのを我慢して海水につかり、風通しのよい陽の照る丘に臥《ふ》せっていると、みるみるうちに塩が乾いてウサギの薄い皮膚はひび割れ裂けてしまった。ウサギは痛さと悔しさでオンオン泣いていると、今度は、大きな袋を担いだオホナムヂがのろのろと通りかかった。

「おお、これは可哀想にのオ。さぞ、痛かろう！」

オホナムヂも兄神たちと同じ言葉を使ったが、このウサギを助けられるものなら助けてやりたいと思う心が籠《こ》められていた。

「どうしたのだ、ウサギさん？」

「ぼくは騙《だま》して騙されたのです」

「騙《だま》して騙されたのか？　何のことか分からんが、詳しく話してごらん」

「ぼくは隠岐《おき》の島に棲んでいるウサギなのですが、こちらの気多《けた》の岬に渡りたいとずいぶん前から思っておりましたが、こちらに渡る手段《てだて》もありませんでしたので諦《あきら》めていたのです。するとある日、ぼんやり海を眺めていたら、海岸でワニたちの会話を聞いてしまったのです」

「ワニたちはどんな話をしていたの？　ウサギさんさえ良かったら聞かせてくれないか？」

「正直に話しますから聞いて下さい！」


『オレらの縄張りのワニはどのくらいいるか知っているかい？』

と、ワニの長《おさ》らしいのが仲間のワニに訊《き》いたのでしたが、同じように寝そべっていたワニたちの誰も知りませんでした。そこでぼくは、ワニを騙《だま》そうと企《たくら》んだのです。

『ねえ、ワニくんたち、ぼくたちウサギときみたちワニくんの数比べをしようよ！　どっちの方が多いか、ぼくが数えてあげるから、きみたちワニくんの一族や仲間をみんな連れて来て、この隠岐の島から向こうの気多《けた》の岬まで並んでくれれば、ぼくがきみたちの上を眺びながら数えて行って渡るよ！　そうすればウサギの数が多いかワニくんたちが多いかわかるじゃないか！』

と、ぼくはカマをかけてみたのです。

『よし、その話に乗った！　ウサギくん、間違えずにちゃんと数えてくれよ！』

と、ワニの長は云ったのです。ワニたちはまんまとぼくに騙されて、ぼくの云った通りに並んだので、ぼくがワニの上を踏みしめ、ひとつ、ふたつ、みっつ……と走りながら数え、もう一足で陸地に上がろうとした時に、ぼくは嬉しくなって、つい口が滑《すべ》ってしまったのです。

『バ～カ、きみたちはぼくに騙《だま》されたんだよ～っ！』

すると、最後に並んでいたワニの長がぼくを捕まえて、一噛《ひとか》みでぼくの白い皮を剥《は》いでしまったのです！

「そりゃ、ウサギさんが悪いなア。でも、命だけでも助かったのだから、いや、もしかしたら、ワニの長はウサギさんを噛み殺さずに皮だけ剥いで、命を助けてくれたのじゃないのか？　ワニさんたちを恨むのは間違いだと思う。違うかい？」

「その通りです。ぼくが悪かったのです！」

「それで、どうしたの？」

「余りの痛さに泣いていましたら、前に通って行った神々たちが教えてくれたのです。海水で体を洗い、陽に当たると直に治る！　って。ぼくは喜んでその通りにしてみたら、ぼくの皮膚は散《ち》り散《ぢ》りに裂けて、ますます痛くなってしまったのです！」

「それは気の毒なことをしてしまった。実は、私の兄者たちの八十神々《やそのかみがみ》だったのだ、許してくれないか！　その代わり、私がウサギさんのひび割れた体を治して上げましょう。私は出雲の国のオオナムヂと云います。私を信じてくださいますか？」

「はい、信じます！」

「それでは、今すぐ、河の辺《ほとり》に行って、真水で体を良く洗って、水辺に生えている蒲《がま》の穂《ほ》を敷いて、その上にウサギさんの体を転がして御覧なさい！　ウサギさん、君はたちどころに元の白いウサギに戻ります。　さあ、早く！　私も手伝って差し上げましょう！」

オオナムヂに教えられた通りにウサギはきれいな水で身を洗い、蒲の穂綿《ほわた》にくるまると、ウサギは元の白ウサギ！　と、歌の文句のように、白い毛に覆われた白いウサギになったのじゃ。

「ありがとうございました！」

と、ウサギは恭《うやうや》しく云ったかと思うと、急に声を変えて笑った。

「ワッハハハハ！　わしは稲羽《いなば》のヤガミヒメに遣わされたものです。わしはヤガミヒメを娶《めと》る資格のある者を捜していたのです。ですからワニを騙《だま》したと云った話は私の作り事です。ワニは海の神でいらっしゃいますからな。わしの赤裸《あかはだか》もわしの細工です。あなたのお兄さんたちには気の毒ですが、ヤガミヒメを娶る資格はございません。他人の不幸を見て知らぬ振りをするのも然《さ》ることながら、人に情けを施さない者も、更に不幸に貶《おとし》めて笑いものにするような者は、人の上に立つことはできません！　また人の上に立つ者は、物事の判断を真直ぐに見ることも必要です。

あなたは、ワニの話を聞いて、ウサギのわしを叱ってくれました。それこそが正しい判断なのです。あなたは大きな袋を担がされて汗水を垂らしていらっしゃいますが、わしの見立てと推測では、ヤガミヒメをお妃に迎えるのに相応《ふさわ》しい御方は、あなたさま、オホナムヂさまをおいて外にはございません！　さあ、ヤガミヒメの宮殿に御案内いたしましょう！」

このウサギはただのウサギではなく、**稲羽のウサギ神**《がみ》だったのじゃ。ウサギに騙されたというワニは、日本近海に棲む**ワニザメ**のことで、当時は、海の守り神として崇められておったのじゃよ。

さて、八十神々に妻問《つまどい》を受けていたヤガミヒメは、ウサギ神のお告げ通りに八十神々の申し出を断ったのじゃった。

「八十神々《やそのかみがみ》！　わらわは無慈悲なあなた方のどなた様をも選びません！　あなた方は旅の途中の気多《けた》の岬で、赤裸《あかはだか》のウサギに酷い仕打ちを致しましたね？　あのウサギは稲羽のウサギ神の化身だったのです！　わらわの夫《つま》に一番ふさわしい方は、只お一人、心のお優しいオホナムヂさまです！」

それを聞いた八十神々は怒り狂って、オホナムヂを敵視し、亡きものにしようと、何度となく殺しにかかるのじゃが、ここも長ったらしいから簡単に話すとじゃな、オホナムヂは八十神々の悪巧《わるだく》みで二度も命を失ったのじゃ。つまり、オホナムヂは二度、殺されたのじゃ。最初は、騙《だま》して呼び出したオホナムヂに、八十神々が赤い猪《いのしし》に見立てた真っ赤に焼いた石を転がして、オホナムヂをその石の下敷きにして焼き殺した、のじゃった。二度目は、大木の割れ目に誘い込み楔《くさび》を打ち込んでオホナムヂを押し込み、潰して殺したのじゃ。その度ごとに、高天ヶ原《たかまがはら》の別天《わけあま》つ神のカムムスヒによって蘇生《そせい》させられたのじゃ。そして、三度目に命を狙われた時に、カムムスヒはオホナムヂに云ったのじゃった。

「良いか、オホナムヂ、よく聞け！　このままではいかん。生き返りも幾度《いくたび》という訳には参らぬ。お前は、もっと、勇者にならねばこの先、生きては行けぬ。いつまた、八十神々《やそのかみがみ》がお前に襲いかかって来るかも知れぬ。だからじゃ、お前の祖先であるスサノヲの大神《おおかみ》がおる地底の根《ね》の堅州《かたす》の国に行くのじゃ！　必ず、お前にスサノヲの大神は良き議《はかり》ごとを授けてくれるであろう！」

七代も前の大祖先のスサノヲの大神がなぜ、どんな経緯《いきさつ》で根《ね》の堅州《かたす》の国にいるのか分からんのじゃ。

スサノヲがクシナダヒメと須賀に宮殿を建てられてからの消息は、古事記にも日本書紀にもその他の書にもはっきりと記《しる》されておらんのじゃからのオ。

そういえばイザナキの大神にスサノヲが駄々をこねた時のことじゃったが、

(妣《はは》の坐《おわ》す根の堅州の国に行きたい！)

と哭《な》き喚《わめ》いたのを思い出しますなア。

とすると、スサノヲはヤマタノヲロチから取り出したツムガリの太刀を天照大御神《あまてらすおおみかみ》に献上したにもかかわらず、天つ神にして貰えなかったので、出雲の地の神を子孫に譲り、マザコンのスサノヲは地底の妣《はは》を求めて自ら行ったのだろうか？　根の堅州の国の大神はイザナミであったから、スサノヲは地底の大神の地位をイザナミから譲り受けたのじゃろうか？

また横道に逸れてしまったわい。

さて、オホナムヂはカムムスヒの神に教えられた言葉のままに、一度、イザナキに閉じられた地底への出入り口「黄泉《よも》つ比良坂《ひらさか》」から、根の堅州の国にいるスサノヲの大神の許に参って面会したのじゃ。そこでまず、出迎えたと云うか、最初に逢ってしまったのが何とスサノヲの娘と云う「**スセリビメ**」じゃった。

スセリビメは異界に棲むだけあって、高天ヶ原《たかまがはら》にも葦原《あしわら》の中《なか》つ国《くに》でも見たことのない、肌は浅黒いが彫《ほり》の深い異形《いぎょう》で美しい女《おんな》じゃった。オホナムヂの心はときめき、スセリビメもオホナムヂに一目惚《ひとめぼ》れしてしまい、共に心を許しあったのじゃった。

「あなにやし、えおとめを！　おお、なんと見目麗《みめうるわ》しく芳しい媛御《ひめご》なのだ！」

とまず、オホナムヂが云った。

「あなにやし、えおとこを！　まあ、なんてお若く素敵な殿御なのでしょう！」

今度は、スセリビメが返して云った。

今までも何度か聞いた『愛の誓いの言葉』を返しあった二人は、そのまま結ばれたのじゃった。

昔も今も、色恋沙汰《いろこいざた》の素早さは変わりませんのじゃ。

オホナムヂはスサノヲの七代目の直系の子孫で、スセリビメはスサノヲの娘というのじゃから、一体、神話の世界の年齢設定や時の流れはどうなっとるんじゃ！　と余り思い悩まないことじゃ。何かと天上から声をかけ、関わりたがっている別天《わけあま》つ神のカムムスヒだって、まだ天上に坐《おわ》しまして**「神話噺《ばなし》」**に登場したがっておるのじゃから、細かいことは抜きにして、このまま先に進みましょうぞ。


スセリビメは翌日、父神のスサノヲの大神に全てを打ち明けたのでした。

「お父上の神、とても麗しく優しい殿御がいらっしゃいました！」

と、スセリビメはやや恥ずかしそうに云った。

「もう、来たのか、待っておったのだ！」

父神のスサノヲはひと膝乗り出し、待ちかねているように云った。

「はい、で……わらわは、そのお方と結ばれました！」

「何と！　まさかと思うが、此処にわれを尋ねて来た男はオホナムヂでは、あるまいな？」

「いいえ、アシハラノシコヲと仰《おっしゃ》います！」

「何てことを！　アシハラノシコヲこそ、オホナムヂの別名だ！　許す訳にはいかん！」

「なぜでございます？」

「禁忌《きんき》だ！」

「きんきとは何でございましょう？」

「とにかく、再び、交わることを禁ずる、いいな、スセリビメ！」


なぜなのじゃろうか？　近親相姦《きんしんそうかん》のことか、いや、そうじゃない！　とすると、現し世《うつしよ》の者と黄泉《よみ》の者が交わったからか？　現世から見れば骸《むくろ》と交わったことなるが……因《ちな》みに日本書紀の「一書にいう……」にはどのように記されているかと云うとじゃ、オホナムヂをスサノヲの七代後の子孫としておらんのじゃ。スサノヲの実子として記されており、それまでの六代として記されている神々は、皆兄神たちであり「八十神々《やそのかみがみ》」と呼ばれておるのじゃ。この日本書紀の説をとるとじゃ、スセリビメとは異母兄妹ということになる。当時、兄妹の媾合《まぐあ》いは禁忌じゃなかった筈なのになぜ、スサノヲは禁忌だと云ったのじゃろ？　もしかしたら、二人は姉と弟になるのじゃろうか？　だとしたら、禁忌《きんき》となる。スサノヲの心情もつんざくようであろうに！　それとも、スサノヲの真意は別にあったのじゃろうか？

ともかくスサノヲは有無《うむ》を言わさず、オオナムヂを生きて帰すわけにはゆかぬと、暗い室《むろ》に閉じ込めたのじゃった。オオナムヂは此処が何処なのかも分からぬうちに、後ろで鋭い音を立てて扉が閉まった音を聞いたんじゃ。まだ、暗闇《くらやみ》に目が慣れていないオオナムヂは手で辺りを探ったのじゃ。

「何だ、このヌルっとした長いものは！　蛇《くちなわ》ではないか！」

と、びっくりして、その蛇を放り出した。

「此処はな、ただの蛇の室じゃないわ！　この室の蛇《くちなわ》は皆、毒を持つ蛇じゃ！　じっくりと噛《か》み殺されることじゃな！　明日の朝、お前の屍《しかばね》を見に来る！」

スサノヲの大神は室の洞に声を響かせて出て行った。

（これでは、カムムスヒの神の仰《おお》せられた『スサノヲが良き議《はかり》ごとを授けて下さる』とは、嘘ではないか！　それとも、カムムスヒの神がこの根の堅州の国に助けに来るとでも云うのか！）

と、そのような恨み事を心の中で呟いていた時に、室に近づく音がして、スセリビメの声がかかった。

「アシハラノシコヲのオホナムヂのわが君、これは『領布《ひれ》の御守』と申しまして、その室の蛇が、あなたを襲おうとしたならば、この領布《ひれ》を三度振って打ち払いなさりませ。たとえ毒蛇であろうと、すっかり静まり、あなたに近づくことも襲うこともありません。そして領布《ひれ》をかぶってお休みなさいませ。あなたは安らかにぐっすりとお寝《やす》みになされます」

と、扉の覗き窓から領布《ひれ》の御守を中に垂らして、オオナムヂに渡してくれた。

のオ。

この領布《ひれ》と云うのは、マフラー、いや、スカーフのようなものじゃな。それぐらいの長さの絹の薄い布でな、三度振ると大きくなると云うのじゃ。孫悟空の如意棒《にょいぼう》のように伸縮自在の神通力のある布じゃな。まあ、天女《てんにょ》の羽衣に似たような布、といってもやはり納得はされんじゃろうが
殊に、ここでの領布《ひれ》の神通力は蛇が近づけないバリアを張ったとでも思えばいいじゃろう。

さて、翌朝、スサノヲの大神が室《むろ》の扉を開くと、オオナムヂは爽やかに目覚めて、しかも、ぐっすりと眠った態《てい》で室から出て来て、大欠伸《おおあくび》をしたのじゃ。それを見たスサノヲは怒りの形相《ぎょうそう》も凄まじく、と云いたいところなのじゃが、逆に鼻で笑って、次の夜にはサソリと毒バチの室《むろ》に閉じ込めたのじゃった。

その室でも、スセリビメの領布《ひれ》のバリアで救われ、その翌日も、爽やかにサソリと毒バチの室から出て来たのじゃった。

今度こそはと三度目になると、スサノヲはオオナムヂを根の堅州の国の草ぼうぼうの野原に誘い出して、オオナムヂに目隠しをし、その野に『鳴《な》り鏑矢《かぶらや》』を放ち、その鏑矢を捜して参れと命じたのじゃ。オオナムヂはそんなこともあろうかと鏑矢の音を聞き、鏑矢の落ちた方角と距離を

心中ひそかに、耳を澄まして測っていたのじゃった。オホナムヂが聞き定めた方角に鏑矢を捜しに、草の生い茂った野の中に分け入って、鏑矢を捜していると、四方八方から火の手が迫って来たのじゃ。オホナムヂの前にも後ろにも、右へ行けども左へ行けども火の手は四方八方から狭まるばかりでオホナムヂは逃げ場を失いつつあったのじゃった。

（そうだ、スセリビメの領布《ひれ》を使ってみよう！）

と、領布《ひれ》で火を払ったのだが、あっという間に、領布《ひれ》はメラメラと焼けてしまったのじゃよ。神通力のある領布《ひれ》も火には弱かったようじゃのオ。

これで、オホナムヂは絶体絶命のピンチ、万事休《ばんじきゅう》すと思った。

（われは黄泉《よみ》の根《ね》の堅州《かたす》の国で死ぬ運命《さだめ》だったのか！　別天《わけあま》つ神のカムムスヒも、堅州の国のスサノヲの大神も惨いことをするものよ、クッ！）

と、オホナムヂは無念の涙を流した。

『内はホラホラ、外はスブスブ。内はホラホラ、外はスブスブ……』

「何と、云ったのだ？」

（われの足もとで何やら呟いているが……赤いネズミではないか！）

『内はホラホラ、外はスブスブ。内はホラホラ、外はスブスブ……』

「なんと……内はホラホラ、外はスブスブ、内はホラホラ、外はスブスブ……とな？」

赤いネズミは大きくうなずき、手招きをして土の中に入って行ったので、オオホナムヂは不審に思い、土を踏んでみると、ホカホカ柔らかくなっていたので、エイッ！　とばかりに思いっきり、飛び跳ねてみた！

オホナムヂは、ドスン！　と土の虚《うろ》の洞穴の中に落ちたのじゃった。その虚で身を屈めると、横穴のあちこちから赤いネズミたちがいっぱい出てきて、オホナムヂの背中にへばりついて、自分らの毛を逆立てて燃え盛る火を追い掃《はら》ってくれたのじゃ。火はネズミの毛の上を通り越して行って、どうやらオホナムヂの命は助かったのじゃった。

「本当に危のうございました。私どもは、根の堅州の国に棲む**火ネズミ**です。あなたのお役に立てて嬉しく存じます。さあ、お受け取りください、あなたのお捜しの鏑矢《かぶらや》です。チビ共が齧《かじ》って矢羽根《やばね》をボロボロにしてしまいましたが、どうぞ、お受け取りください！」

「かたじけない、このご恩は決して忘れまい！」

「ささ、この火ネズミの鞜《くつ》を履いて外に出てください。まだ、地面は燻《くす》ぶって熱いようですから」

「御恩返しに、私に出来ることがあれば、何でも致しましょう！」

オホナムヂは火ネズミたちに恭《うやうや》しく礼を述べ、火ネズミの鞜を履き、鏑矢を握りしめ、まだ燻ぶっている野に出て行った。

そう云えば、後《のち》に書かれた『竹取物語』のかぐや姫が、求婚者の一人に要求した「火鼠《ひねずみ》の皮衣《かわごろも》」とは、根の堅州の国の火ネズミの皮のことだったとは！

また、余計なことを！　わしは、どうも道草好きのようじゃのオ。話を元に戻さぬとな。

その頃、根の堅州の国の大神スサノヲは、今度こそ、死んだと思っていた。

（ふん、とうとう死んだか……口ほどにもない奴よのオ！）

と、後ろを振り向いた途端に声がかかった。

「スサノヲの大神！　鏑矢《かぶらや》をお持ちいたしました。どうぞ、お改めください！」

そこには、火ネズミの鞜《くつ》を履き、煤だらけの顔をしたオホナムヂが蹲踞《そんきょ》の姿勢をとって、謹んで鏑矢を差し出しているのでした。

（なかなかの男じゃ！　だが、真《まこと》の男として生きて行くには、この事だけでは証《あかし》にはならん！　未だ、試練は終わった訳ではない！　父なるわれを乗り越えなければ！）

と、スサノヲは天を仰いで独り言を云っていた。

が、ちょっと待って下さいよ！　「試練」とは、どう云うこっちゃろ？

『英雄は神によって三度蘇る《みたびよみがえる》』と聞いているが、これは西欧の専売特許とばかり思っていたんじゃが、日本の神話でもオホナムヂが蘇生《そせい》させられていたじゃないか！　オホナムヂの場合は、地上での三度の死が別天《わけあま》つ神のカムムスヒによって蘇《よみがえ》らされていたのじゃが、地底でも二度まで一夜妻《ひとよづま》のスセリビメに助けられ、今一度は、火ネズミに助けられておるのじゃよ！　オホナムジは地上と地底とで六度も命拾いをしているのじゃ。とするとオホナムヂは世に云う英雄の上を行っていることになるのか？　どうにもこうにも納得のゆく話ではないが、しかし、引っかかるのは「試練」という言葉じゃ。

天上の別天《わけあま》つ神のカムムスヒと地底の大神のスサノヲとの間に、何か密約でもあったのじゃろうか？

「さて、オホナムヂ！　そなたの手柄を讃えて、一献《いっこん》差し上げようと思うぞ。われに付いてまいれ！」

スサノヲの大神は先に立ち、オホナムヂを根の堅州の宮殿の大広間に連れて入った。大広間は十丈四方（約三十三㎡）ほどの大きさだったが、中央奥には神殿らしきものがあったが、神殿も飾られているものも黒の色調だった。神殿の造りは天上と同じでも幣《ぬさ》も黒く、三方《さんぼう》も黒く塗られていた。スセリビメの用意した酒壺も、受ける盃も黒かった。

（大丈夫、毒は入っていませんから、御安心を！）

と、スセリビメは眼で合図を送りながら注いでいる。

スサノヲの大神は機嫌よくオホナムジと一刻ばかり酒を酌み交わしたのだったが、大欠伸《おおあくび》して云った。

「ああ〜、早くも眠くなった。どれ横になるとするか。ああ〜、それにしても頭が痒《かゆ》い！　済まんが、われの頭のシラミを捕って噛《か》みつぶしてくれぬか、オホナムヂ？」

と横になったかと思うと、スサノヲの大神の体躯《からだ》は巨大化し、広間いっぱいの八丈《はちじょう》（約二十七m）もの大きさとなった。

「いやいや、驚くほどの大きさではない。天上の神々はこんなものではすむまい！　根の堅州の国の宮殿の広間では、これ以上、大きくはなれないのじゃ！」

と云ったかとおもうと、もう鼾をかき始めていた。

オホナムヂは自分自身に安心を云い聞かせ、勇を奮ってスサノヲの頭のシラミを捕ろうとすると、太い髪の毛の間に巣くって蠢《うごめ》いているのは、シラミではなく大きなムカデだった。それを見た、オホナムヂは一瞬、気味悪く固まってしまった。

そこへ、再び、こっそりと現れたのはスセリビメで、オホナムヂにそっと耳打ちするのでした。

（これは、椋《むく》の木《こ》の実《み》です。ムカデを捕って踏みつぶすと同時に、この椋《むく》の木の実と赤土とを一緒に噛《か》んで吐き出すのです！）

二度までも助けられたスセリビメの云う通りに、オホナムヂはムカデを捕っては捨てて、すぐさま、椋の木の実と赤土とを一緒に噛んでは、ガリジャリペッペ！　ガリジャリペッペ！　と吐き出すのでした。これを何度となく繰り返すのだった。

タヌキ寝入りならぬ、オオカミ（大神）寝入りを決め込んでいたスサノヲは呟いていた。

（フフフフ……オホナムヂの奴《やつ》、ムカデを食いちぎって吐き出しとるな、愛《いと》しい奴じゃ！）

スサノヲは本当に心を許して、今度こそ大鼾をかいて寝てしまったのだった。

オホナムヂは、スサノヲがすっかり寝てしまったのを確かめると、スセリビメの手を借りて、スサノヲの長い髪を広間の柱に結び付け、すかさず逃げようとするのですが、黄泉《よみ》の道の方向がまるで分かりませんでした。

「わらわが案内します！　オホナムヂの君、わらわを一緒に地上の国に連れて行ってください！」

「スセリビメ、そなたは父神を裏切ることになるのだぞ！」

「もう既に、父神を裏切っています！　オホナムヂさまをお助けしたときに、何度も！」

「分かった。それでは、案内を仕《つかまつ》ろう！」

「わらわを地上にお連れすることをお約束くださいますね？」

「約束は守る！」

「それでは、父神スサノヲの大神の三つの宝を持って逃げましょう！」

「三つの宝とな？」

「根の堅州の国の三種の神器、『生太刀《いくたち》』と『生弓矢《いくゆみや》』と『天《あま》の詔琴《のりごと》』と云います」

それらは、眠っているスサノヲの頭の上に飾ってあった。オホナムヂとスセリビメは父神の頭を踏み台にして取り、オホナムヂは**生太刀**を腰に佩《は》き、**生弓矢**を背負い、左手に**天の詔琴**を抱えた。

真っ暗がりをスセリビメに右手を握られて、間もなく、黄泉の洞窟の果てのところで、天の詔琴の弦が地底の樹の枝に引っかけてしまい、詔琴の弦は地底国を揺がさんばかりの音を出して、おまけに、詔琴《のりごと》の弦《つる》は光を発したのだった。

ちょっと待った！　地底の大神のスサノヲの宝物に、何で、天《あま》とつく詔琴《のりごと》があるんじゃい？

とすると、やはり、スサノヲの大神はヤマタノヲロチから取り出したツムガリの太刀を天上に献上し、天上に恭順《きょうじゅん》の意を示した証《あかし》として天の詔琴は天照大御神《あまてらすおおみかみ》に授けられたとも考えられないだろうか？

脱線じゃ！


天の詔琴の弦を引っかけてしまい、地底国も割れんばかりに弦の音が「ジャララ〜ン！」と、鳴った！

スサノヲの大神の巨大な体躯《からだ》が立ち上がり、頭を振りまわすと、髪の毛は蛇のように動き、柱からするりと解《と》かれ、真っ暗な黄泉《よみ》の洞窟の中を風のごとくにオホナムジを追いかけ、黄泉の出口近くで追いついたのだった。

「スサノヲの大神！　すべてはわれの罪です。スセリビメは御容赦ください！　われが盗んだ、スサノヲの大神の三宝はお返しいたします！　その上で、われに存分の罰を下してください！」

オホナムヂは三つの宝とスセリビメをスサノヲの前に差し出した。

「いいえ、父神、すべてはわらわの罪です。わらわが、スセリビメがわが夫《つま》を唆《そそのか》したのです！」

　スセリビメはオホナムヂに寄り添った。

「案ずることはない、オホナムヂ！　お前たちは兄妹《あにいもうと》の間柄であるが、スセリビメを妻として迎え、子々孫々、栄えることじゃ。この愛《いと》しく憎《にく》いやつらよ、早く行くが良い！　はなむけとして、われの生太刀《いくたち》と生弓矢《いくゆみや》を持ってゆくがよい！　が、天の詔琴《のりごと》は返して貰う。それはわれにとって何よりも大事なものなのだ！　その代わりに、この現国玉《うつしくにのたま》をやろう！　この現国玉は見る者が視《み》れば、現世をも明日も未来をも視透《みとお》す事が出来る玉鏡《たまかがみ》なのじゃ。これらを地上で三宝とせよ！　そして、オホナムヂよ、お前は悪しき兄たちの八十神々《やそのかみがみ》を成敗し、出雲の国を平定し治めよ。その上で、出雲に高く聳《そび》える宮殿を建てるがよい！　出雲の国を葦原《あしはら》の中《なか》つ国《くに》の中心となし、オホナムヂよ、お前は『オホクニヌシノカミ』と名乗り給え！」

「**オホクニヌシノカミ！**　はい、お言葉、ありがとうございました！」

「それから、オホナムヂよ！　この黄泉の出入口は未来永劫《みらいえいごう》、誰も往来《ゆきき》が出来ぬよう、大岩で塞《ふさ》ぐのじゃ！　スセリビメも、この根の堅州の国に二度と戻ってはならぬ！　これからは、二人で、地上に生きよ！」

　スサノヲの大神は詔琴《のりごと》の弦の光が消えるとともに姿を消した。

　スサノヲの大神はオホナムヂを「真《まこと》の男として再生」させるべき目的をもって、天上のカムムスヒの神との約束を守り、オオナムヂに試練を重ねてきたのじゃった。

スサノヲの大神には、実の息子と実の娘としての複雑な感情は否《いな》めなかったのじゃろ。

その辺りの事については、芥川龍之介の「老《お》いたる素戔嗚尊《すさのおのみこと》」という短編に、スサノヲの心情が印象的に書かれておるから、気が向いたら読まれるのも何かの足しになるであろうのオ。


さて、オオナムヂとスセリビメは、葦原の中つ国につながる「黄泉《よも》つ比良坂《ひらさか》」の出口から出てきたが、三宝を持っていない、と思ったら、三つの宝は後から勝手に動いて来る……いや、火ネズミの子供たちが、エンヤラヤ、チュッチュ、エンヤラヤ、チュッチュと運んでいるのだった。もちろん、この子ネズミたちは今後、地上で生きることになり、所謂《いわゆる》、地上の鼠の元祖となったのじゃよ。


その後、オオナムヂはスサノヲの言葉通りに、大岩を五百人がかりで運んで、地底との出入り口を塞いだのじゃ。それから、兄者たち八十神々《やそのかみがみ》を退《しりぞ》けて、出雲の国を初めて統《す》べ治めたのじゃ。そして、出雲の国に天高く宮柱を建てて、地上の神としての偉容《いよう》を誇示《こじ》するかのような宮殿を建てたのじゃ。

その宮殿にスセリビメを「嫡妻《むかひめ》」として迎《むか》え入れたのじゃった。「むかひめ」とは、正妻のこと、第一の奥方じゃな。さて、ここに問題が一つあったんじゃ。稲羽《いなば》のヤガミヒメのことじゃ。

これは、この次じゃ、眠くなったからのオ。

その六　大国主神の国造り

古事記では、オホナムヂをスサノヲの七代目の子孫としているが、日本書紀の中の「一書に云う……」ではオホナムヂをスサノヲの実子としている説の方に、説得力があったようじゃったな。

前回では、そのオホナムヂが黄泉《よみ》の堅州《かたす》の国の大神《おおかみ》スサノヲの幾度かの「試練」を乗り越え、異母妹であるスセリビメを伴って地上に出て来たのじゃった。

それで、父神スサノヲの大神に云われた通りに、オホナムジを目の敵《かたき》にしている八十神々《やそのかみがみ》の兄者たちを山の尾根深く、また、河の瀬まで追いつめ、スサノヲの大神に賜った生太刀《いくたち》で斬り殺し、生弓矢《いくゆみや》で射殺し、平伏した者には土地を与えたりして、出雲の国を平定したのじゃ。

その後に、出雲の宇迦《うか》の山（現・出雲大社の東方）の麓に新しく宮殿を築かれたのじゃった。

そして、スサノヲの大神に命名されたように民人たちに次のように宣言したのじゃ。

「われは今日から、オホナムヂ改め、出雲の**大国主神**《おおくにぬしのかみ》と名乗ろうぞ！」

と、更にスサノヲの大神と約束した通りに、**スセリビメ**を「嫡妻《むかひめ》」、つまり第一の后として新宮殿に迎えたのじゃった。が、事もあろうに、余り日を待たずして、稲羽《いなば》の**ヤガミヒメ**をも迎え入れたのじゃて。

宮殿の広間には、「**カキーン！**」と、女と女の心の中に潜《ひそ》む嫉妬の絡み合う音が響き渡った！

今も昔も嫉妬の心の音は変わらんのじゃ。


広間の奥の中央には一段高くなっている神殿が造られていて、榊を左右に飾り、中央には大きな三方に乗せられた現国玉《うつしくにのたま》が飾られていた。

その神前の前にはケバケバしい衣で着飾り、腕を組んで立っている女がいた。スセリビメであった。

広間の中ほどまで静々と進んできたヤガミヒメにスセリビメは、さも軽蔑したように鼻声で云った。

「わらわは、出雲の国の大国主神《おおくにぬしのかみ》の嫡妻《むかひめ》なるぞ！　そちは稲羽とか申す小国の地の者と聞くが、名は何と云ったかのオ？」

「御存じないと申しますなら、お聞かせましょう！　わらわは、稲羽の国つ神の娘、ヤガミヒメと申す。お見知りおきを！　わらわが夫として選んだオホナムヂの殿御・大国主神こそ、わらわが仕える只一人の御方、わらわが大国主神の最初の正妻《むかひめ》でありますぞ！」

ヤガミヒメはスセリビメの眼をとらえて一歩一歩と、中央の台に詰め寄って、云い続けた。

「スセリビメとか申すそなたこそ、地底の黄泉《よみ》の根《ね》の堅州国《かたすこく》の女《め》とか？　なるほど、聞いてはおったが、地上には見ぬ異形《いぎょう》の面立《おもだ》ちの女ではないか！　フフフフ……」

（自らの衣にチャラチャラしたゲスな飾りものをつけて、地上の者に負けまいとする無様《ぶざま》な化け物よ！）

ヤガミヒメは口許ばかりではなく眼も笑っていた。

「黙りおろう！　そこに控え、それより申すな！　わらわは、地底の根の堅州の国の大神《おおかみ》スサノヲの娘、父神は天上界の天照大御神《あまてらすおおみかみ》と父を同じゅうする弟なるぞ！　オホナムヂの大国主神もまた父スサノヲの正当なる子であり、母は違えどもわらわの兄者でもある。この血の濃さを何と心得る！」

負けじと気炎を吐くスセリビメであった。

「畏《かしこ》くも恐れ多いことでございます。が、ここは天上界でも、ましてや地底界でもありませぬ！　地上の葦原《あしはら》の中《なか》つ国《くに》でございます！　まあ、お聴きなされ、スセリビメどの。わらわの腹には、既に大国主神《おおくにぬしのかみ》の御子《おこ》が宿っておりますのですよ！　ホホホホ……」

ヤガミヒメは天上と地底の血を笠《かさ》に着るスセリビメに壇上の下まで詰め寄って云った。

「御子と申すか！　アッハハハハ、ならば、わらわが正当なる子を幾人《いくたり》も生んで上《あ》ぎょうぞ！　既に、その腹にあるというなら、そなたの腹を割っ裂いてやろうぞ、待っておるがいい！」

と、スセリビメは手に持っていた鞭を鳴らし、紫の領布《ひれ》を翻《ひるがえ》して広間から去って行った。

ヤガミヒメは房のついた扇で、たおやかな風を送りながら見送っていた。

中央の台の神殿に飾ってあった現国玉《うつしくにのたま》は未来を映してか、いささか曇りを生じていた。

この時は、ヤガミヒメが勝ったように思われたのじゃったが、その後、ヤガミヒメはスセリビメの妬《ねた》みの危険に身をさらされていた。スセリビメは常に現国玉《うつしくにのたま》に向かって、根《ね》の堅州《かたす》の国の黒術を用いた怨念《おんねん》の呪詛《じゅそ》に脅《おびや》かされ続けて恐れてしまってのオ、やがて、ヤガミヒメは生まれた男の子を宮殿の樹の根方に置いて、泣く泣く稲羽の国に帰ってしまったとのことじゃ。

その男の子を名付けて「キノマタノカミ」と云うたのじゃそうな。

一体、このような時、男は為《な》す術《すべ》を知らんのじゃろうか、それとも知らぬふりをしとるのじゃろうか？

当の大国主神の方といえば、生太刀《いくたち》や生弓矢《いくゆみや》を携えて、葦原の中つ国のあちこちで戦《いくさ》に明けくれる毎日じゃった。向かうところ敵なしで、葦原の中つ国の国々を次々と平定して行き、大国主神はどの地に行っても、威風堂々と立っておったのじゃった。大きく角髪《みずら》を結い、腰に生太刀《いくたち》を佩《は》き背中に生弓矢《いくゆみや》を背負い、大きな矛《ほこ》を抱えた立ち姿は、出雲の民人にはもちろんの事ながら、葦原の中つ国の民人たちにも崇められておったのじゃ。『大国主神の八千矛《やちほこ》さま！』とな！

なぜ、**ヤチホコ**さまと呼ばれておったのかと云うとな、立派で大きく神聖な矛を抱えた立ち姿は、正しくその通りなのじゃが、大国主神は色事《いろこと》にかけても、並ぶ神は天上にも地上にもいないほどのオ。口の悪い輩《やから》とかやっかみ屋どもは、こう云って笑っておったと云うのじゃ。

ちょいと邑人《むらびと》たちの馬鹿っ話に聞き耳を立ててやろうかいのオ。

邑人１　立ち姿の矛も凄く立派だがよ、己《おのれ》のホコ立ちも凄いからヤチホコさまと云われているのに、気付かずに得意になっとるだよ、あのお方は！
邑人２　おめえ、見たのか、あのお方のナニを？
邑人１　バカこくでねえ、見なくともわかろうが、ところ構わず女《おなご》を選ばず、一夜に八人もだぞ！
邑人２　八人も一緒にか？　まるでヤマタノヲロチみたいだな？
邑人１　同時にじゃあるめえよ。矛立ちは一回、一度よ。じゃから、矛立ちは一晩に八回じゃ。それも毎夜だち云うからな？　それがヤチホコの所以《ゆえん》じゃ！
邑人２　いやいや、それにしても何とも達者なお方だな？
邑人１　ナニをされた娘っこらの中には、黄色い声を上げて喜んどる者もいるそうな。
邑人２　そりゃそうじゃろう、あんべえが良いのじゃよ、余程な。で、そのなんだ、ナニされた女《おなご》の親父はみ〜んな出世しとろうが！
邑人１　それよ、邑長《むらおさ》の隣のあの猪口才《ちょこざい》な案山子《かかし》野郎め、娘っこを差し出して、お社《やしろ》の下働《したばたら》きに召し抱えられたと云うじゃないか！
邑人２　あの木偶《でく》がか？　奴の出来るのは、せいぜい、馬の世話だろうが！
邑人１　馬の世話にかけちゃ、おらの方がよっぽど上手《うめえ》もんだ。あの案山子野郎はせいぜい馬の糞《くそ》の世話だろうが！

邑人2　でもよ、糞係りでも、お社の下働きとなりゃ、喰うに困らんだろうな？　ほな、おらの娘っこは、どうじゃろか？

邑人1　女《おなご》を選ばずというてもな、おめえんとこの娘っこは醜女《しこめ》、醜女《ぶおんな》、ぶす……

邑人2　何だと、この野郎！　てめえんとこの娘はどうだい、いい年頃だってのに鼻ったれの尿《いばり》ったれじゃねえかい！

今、聞き耳をたてたようなもめ事は、どの書にも記《しる》されておらんのじゃが、いやいや、大国主神《おおくにぬしのかみ》の噂は当たっておったのかも知れんのオ。

どうも、古事記には、このヤチホコに因《ちな》んだ話が、エピソードが詩語りとして、長々と書かれておるんじゃよ。でまあ、ヤガミヒメとスセリビメの話は別格として、中でも、チト訳ありそうなのを選んでみるとじゃ、**タキリビメ**、ほれ、アマテラスがスサノヲの十拳《とつか》の剣《つるぎ》を噛《か》み砕いて吐き出した三姉妹の長女じゃよ。タキリビメ・サヨリビメ・タキツヒメのこの三姉妹の女神たちは、最初は、豊後《ぶんご》・大分の地に御降《おくだ》りになって「宇佐《うさ》神宮」に祀られ、その後に、安芸《あき》・広島の「厳島《いつくしま》神社」と筑前・福岡の「宗像《むなかた》神社」にも祀られておるんじゃよ。中でも、長女のタキリビメはのオ、いわゆる宗像海人族《むなかたかいじんぞく》を率《ひき》いて暴れまわったという女族長《おんなぞくちょう》であったんじゃ。なんで大国主神と結ばれたのか、理由《わけ》が分からんのじゃが、多分、こんな事じゃないかと思うんじゃ。大国主神が海の向こうの葦原の中つ国の筑前を平定しに行き、宗像族を降伏させた折に、大国主神が女族長のタキリビメを要求したものか、タキリビメが身を挺《てい》して妹たちを庇《かば》ったのじゃないか、と思っとるんじゃ、わしは。

「出雲の大国主神《おおくにぬしのかみ》よ！　この度の戦は、われら宗像族《むなかたぞく》の負けと認めよう！　噂によると、大国主神は支配した属国《ぞっこく》から女を召されると聞く。わらわが御寝所《ごしんしょ》に参ろうと思うが、如何《いかが》、思《おぼ》し召《め》す、か？」

「宗像一族には、三姉妹の姫がいると聞くが……タキリビメどのが進んで身を挺すと云うのか？」

「そう思われるのなら、その通りでございます。妹姫のサヨリビメとタキツヒメにはご無用に願います！」

タキリビメは言葉に威厳を保ちながらも、鎧衣《よろいぎぬ》を脱ぎ、太刀も外し、男髪にしてあった角髪《みずら》を潔《いさぎよ》く解き、髪を流して平伏した。

「タキリビメの心情はしかと心に銘じて置く。悔しく思うだろうが、われは忝《かたじけな》く思うぞ。他には何ぞ、願い事はあるのか？」

「ならば、お約束ください。わらわが御子を産んだなら、最初の御子は男子《おのこ》であろうが女子《にょし》であろうが、大国主神に差し上げます。が、次の御子は男女《なんにょ》にかかわらず、わらわが宗像にお預け下さるように、お願い申し上げます！」

「相分《あい》かった！　宗像族の血を絶やしてはならぬからのオ」

「では、御寝所に参りましょう！」

タキリビメは率先して館の寝所へと導いて行った。


とにかくタキリビメは、二十一世紀になっても、映画やテレビや舞台などで宗像海人族《むなかたかいじんぞく》の怨念劇《おんねんげき》の主役になっとる女なのじゃよ。ついでにもう一人、トトリと云う女がおるんじゃが、この女は隠岐《おき》の島の国神《くにつかみ》ヤシマムヂの娘でな、大国主神との幾度かのコトに感極まったとか、大国主神との別れが辛すぎたのか、理由《わけ》ははっきりせんのじゃが、どうしたものか口が利けなくなってしまった。つまり唖《おし》になってしまったんじゃ。おまけに、狂女《きょうじょ》と化してしまい、トトリは愛欲の焔で村中を焼いてしまったんじゃな。

昨今の舞台では、江戸八百八町《やっぴゃくやちょう》を焼いた「八百屋《やおや》お七《しち》」のモデルになっとるんじゃよ。

今も昔も因縁話は怖いものよのオ。

だが何の因果か、このトトリの産んだ子が出雲の国神の主流になって行くんじゃよ。

さて、話を戻してじゃな、スセリビメはヤガミヒメに地底の黒術の呪詛《じゅそ》を掛けたのじゃったが、現国玉《うつしくにのたま》の光を浴びて、自分も子を産めぬ身になってしまったのじゃて。その辺の話は『出雲の神話ものがたり』などに任せるとしよう。

で、大国主神はと云うと、まだまだ地上の総ての葦原の中つ国を征服した訳ではなかった。

長い戦いに疲れ果てて来る民人たちも多くなってきて、不平不満を云う者や、『大国主神は色を好む！』等と陰口を叩く者も現れて来た。そこで大国主神は檄《げき》を飛ばしたのじゃった。

「われ思う！　大国主が色を好む、とは笑止千万《しょうしせんばん》！　われには葦原の中つ国を統一し、平定する仕事があるのだ。その国を治める度に捧げられたのが姫君たちなのだ。好むと好まざるとにかかわらず、姫君たちとの和合の儀式も和平・平穏を願う双方の妥協なのじゃ。われも姫たちも辛く痛い思いも我慢《がまん》せねばならぬ時もある。それが現今の複雑な心境の政《まつりごと》というものだ。こう云ったことは、姿形《すがたかたち》を変えるとはいえ、未来永劫《みらいえいごう》に変わらぬと思う！　たとえ和平協定の為であれ、取るに足らぬ国とは云わぬが小国を守る安全の保障の為であれ、それぞれの葦原の中つ国々が小さく固まっていては何の発展もない！　また、それぞれの国の濁った泉水《せんすい》や湖《うみ》のような政務《まるりごと》は、いずれ平穏で澄んだ大きな流れに則した政《まつりごと》に変えなければなるまい。今こそ、地上の国々が手を携《たずさ》えて団結をしてこそ、葦原の中国《なかつくに》から諍《いさか》いや戦《いくさ》を無くすことができるのだ！　そうしてこそ、天上と対等に向き合うことも出来るのだ！　われは、その国造りを目指しているのじゃ！　天上の何さまに、とやかく云われる筋合いはない！　われは地上界での平穏で安定した政《まつりごと》を行使するに当たって、国体と国益に邁進《まいしん》せねばならぬ。これがわれの大義《たいぎ》であり、これこそが民人の大義でもある！　しかと心得よ！」

こりゃ、何だか分かったような、分からんような、己の個人の大義を勝手に民人の大義に置き換えるなんどは、そんなに遠くないどっかの国の大統領か首相の言葉に似《に》とるわい！　じゃが、ここまで大仰《おおぎょう》に檄《げき》を飛ばして、天上が黙っているだろうか？

大国主神はまだ檄を続けるようじゃ。が、今度は、檄を飛ばしているのではないようだ。呟《つぶや》きのように聞こえるがのオ……

（……が、われに生まれてくる男子《おのこ》も、われの周りの男も、どうにも頼りにならぬ者ばかりだ。われの国造りに必要な者は、何事にも勇断で、頼りになる優れた男でなければならぬのに……）

どうやら、大国主神は極めて男の協力者を必要としているようじゃな。そこで古事記や日本書紀では、その相方としてスクナビコナという落ちこぼれの天上の神を登場させているのじゃ。そこんところをチョコッとな。

大国主神が三保の岬の葦の野原にやって来た時のことだった。

「やい、お前がオホクニヌシノカミとかアシハラノ色男《いろおとこ》とか名乗る奴か？」

「無礼な奴め！　われは大国主神《おおくにぬしのかみ》ではあるが、アシハラノ色男でないぞ！　アシハラノシ・コ・ヲだ！」

大国主神が声の聞こえて来た方を見渡したが誰もいない。

「ケッ！　色男を自慢したいために、わざと卑下《ひげ》したシコヲ（醜男《しこお》）と名乗っているのではないか？　そんなこと民人の誰でも知っとるわい！　好き者のくせに！」

「何を偉そうに！　われに遺恨《いこん》でもあるのか？　隠れていないで姿を現わせ、卑怯者めが！」

大国主神は腰に佩《は》いた生太刀《いくたち》の柄《つか》に手をかけた。

「卑怯者ではない！　さっきから、すぐ目の前にいるだろうが。お前の前の葦の葉の上だよ！」

葦の葉の上で飛び跳ねている一寸ぐらい（約三㎝）の男が眼に入った。

「大声の主はお前か？　それにしても小さく化身《けしん》したものだ。まるで蓑虫のようではないか！」

われは数倍もの大きさに化身したものを見たことはあるが、小さくなったのを見たのは初めてだぞ！」

（が、これは容易ならぬ奴だぞ！）と、大国主神は油断をしてはいけないと、更に、太刀の柄に力を籠《こ》めた。

「ケッ！　これがわれの実の体だ！　化身するなら大男にでもなれるぞ！」

「そうか！　では、小さき男よ、われに何の用だ？」

「お前が、何事にも勇断で、頼りになれる優れた男が欲しいと云ったろ？」

「われは、云っておらんぞ！」

「嘘を吐《つ》くな！　天上のカムムスヒが聞いたと云っていたぞ！」

「では、心で呟《つぶや》いたのを聞かれたのかも知れんな……」

「それだ！　われはな、別天《わけあま》つ神カムムスヒの子でスクナビコナと云う！　カムムスヒがお前のボヤキを聞いて、われに地上界に降りて大国主神の手助けをせよと命じたのだ。われは好かぬからそっぽを向いていたら、カムムスヒの手から零れおちてしまったのじゃ。それで仕方なしに、お前の手助けにやって来たのだ！　この厄介《やっかい》な奴めが！」

「それは、それは、畏《かしこ》くも恐れ多いこと！　（化体《けたい》な落ちこぼれめが！）」

「このままでは話が遠すぎる。われをお前の掌《てのひら》に乗せてくれぬか？」

スクナビコナは葦の葉の上でふんぞり返って腕組みをしていた。

（ちょこざいな、のっけから無礼千万な奴！　だが、カムムスヒの神の子とあっては、粗略に扱う訳にもゆくまい……）

「ああ〜、スクナビコナ神《のかみ》、この手に乗るがよかろう！」

大国主神が手を差し伸べると、一寸ばかりのスクナビコナは葦の葉から飛び上がって、大国主神の掌《てのひら》を台としてまたジャンプして、大国主神の頬を撫《な》でて地に降り立った。

「ハハハ……許せ！　お前の気性も相分かった。そなたと全く同じ姿に身を変えよう！」

少なくとも、今ならば、**変身！**と云って、音響効果も派手に鳴るのじゃろうが、大国主神も煙《けむ》に巻かれたように見ている間にも、音もなくもう一人の大国主神が目の前に現れたのじゃ。

「そなたはわれか？　われはそなたか？」

大国主神は合せ鏡でも見るように、目を瞬《しばたた》かせて、スクナビコナの化身した大国主神を見つめた。

「われは、そなたであり、そなたはわれだ！」

スクナビコナは態《わざ》とらしくクルリと一回転してポーズをとった。

「イエイッ！」


姿形をかえたスクナビコナは大国主神《おおくにぬしのかみ》にそっくりになったのじゃ！　古事記でも日本書紀でも、そうは云っておらん。勝手に、わしがそう云うておるのじゃ。勝手仟版じゃからのオ。

が、以後、二人はペアとなって活躍した話は、『出雲国風土記《いずものくにふどき》』にも『伯耆国風土記《ほうきのくに》』にも、稲羽国《いなばのくに》や筑紫国《つくしのくに》や伊予国《いよのくに》などの風土記にも出てくるんじゃ。ただ、ペアで活躍したのではなく、諸国の風土記に花を持たせるとじゃ、同体が二人いたとしか思えんのじゃ。同時期、同時刻に別々のところで大国主神は出現し、活躍して居るのじゃから。わしの理屈にも一分に利があろう。この二人の活躍は国土平定ばかりでなく、その地その地に適した農耕（田畑を耕し、五穀を植える）、医療（草花や樹皮から作る薬を飲ませたり塗ったり）、文化（天上から伝えられた神楽舞や巫女舞や祝詞《のりと》の伝播）に至るまで、それらの業績がそれぞれの国の風土記に書かれておるのじゃ。

そして、葦原の中国をほぼ手中に治めると、スクナビコナは何処へとも云わず、ただ一つの条件だけを付けて消えてしもうたのじゃよ。

「われらの仕事はほぼ終わった。われの御霊《みたま》を倭国《やまとのくに》の青々とした山垣《やまがき》の東の方《かた》の山の頂《いただき》に祀り給え」

現在の三輪山《みわやま》のことじゃよ。知っての通り、三輪山の麓の大神《おおみわ》神社には御神体がなく、拝殿の向こうにある三輪山を御神体としておるのじゃ。三輪山は『大物主神《おおものぬしのかみ》』が鎮座ましましておる山なのじゃ。

大物主神《おおものぬしのかみ》は何ものかと云うと、スクナビコナ神と大国主神とが一体化した神さまなのじゃよ。まあ～、それについては色々と説もあるようじゃが、一体神でも、そっくりさん神でも、ペア神でも、影武者神でも正体は何でもいいんじゃよ。

ただ、ここだけの話しじゃがのオ、このスクナビコナの伝説が後に、『一寸法師』として、お伽草紙の説話に書かれたのではないかと、わしは勝手仟版ながら思っとるんじゃよ。

脱線、脱線！

その七　天照大御神の陰謀

その頃、天上界の天照大神は自らを天照大御神《あまてらすおおみかみ》と呼《よ》んでいた。その天照大御神は地上界が何やら騒いでおると聞き及んで、天《あま》の浮橋《うきはし》から様子を探らせていたんじゃが、その報告を聞けば、大国主神と名乗る出雲の国神《くにつかみ》が葦原の中国《なかつくに》をほぼ手中に収めていると知れたのじゃった。

「オホクニヌシノカミとは何者ぞ！　別天《わけあま》つ神のタカミムスヒの子のオモヒカネ、答えよ！」

天照大御神は今や若きエースとなったオモヒカネを重用《ちょうよう》していた。

「ハ、ハ！　我が知っている限りで思いますには、大国主神《おおくにぬしのかみ》は、タケハヤスサノヲの神の娘の夫であり、また、スサノヲの神の七代目の子孫とも云われております」

「ややこしいことを申すな！　早い話が、吾《わ》の弟スサノヲの娘婿《むすめむこ》で子孫だとも申すのじゃな？　そやつが葦原の中国《なかつくに》を支配しておるのか？」

「仰《おお》せの通りでございます」

「吾《わ》の弟スサノヲは恭順《きょうじゅん》の意を示し、ツムガリの太刀を奉《たてまつ》ってくれたが、オホクニヌシノカミと名乗る奴輩《やつばら》は、吾《わ》とは何の縁《ゆかり》もない！　葦原の中国の統治は吾《わ》が長《たける》の皇子《みこ》アメノオシホミミに託《たく》そうと思うておったのだ！　更に、向後、地上の葦原の中国で神と名乗ることは許さん！」

天照大御神のお怒りの中に割り込んでしまって、ごめんなさいじゃ。この、アメノオシホミミと云うのはじゃ、ほれ、アマテラスとスサノヲが『子生みのウケヒ』で、アマテラスの勾玉《まがたま》から生まれた五柱《いつはしら》の中の最初の御子じゃよ。どうぞ、続けてくだされ！

「スサノヲの娘婿だろうが子孫だろうが、出雲の国《くに》つ神《かみ》、いや、出雲の国《くに》の長ごときに勝手を許す訳には参らぬ！　速やかに、地上界のオホクニヌシとやらに葦原の中国の統治権を委譲《いじょう》せよと、申し渡すように遣いを出せ！　天上界にとっても、又、吾《わ》にとって、オホクニヌシが葦原の中国で繁栄することは神意ではないし、神慮《しんりょ》にかなうものでもない！」

「ハハッ！」

とばかりに居並んでいた天上界の重だった神々たちは、天照大御神の 詔《みことのり》 を受け、天《あま》の安河原《やすのかわら》に八百万《やおよろず》の神々を集めて、談合し、勅使《ちょくし》に相応《ふさわ》しい者を選んだのじゃった。勅使に選ばれたのはアマテラスの勾玉《まがたま》から生まれた五柱の中の二番目に生まれた**アメノホヒ**に決定した。

何事においても兄神アメノオシホミミの後なので、鬱々《うつうつ》としていたものだから、アメノホヒはこれ幸いとばかりに、すぐさま、地上界に降りて行ったのじゃ。

大国主神は天上からのお遣いのアメノホヒ神を大切に御もてなしをし、出雲の豊穣《ほうじょう》な様や美しい景色などを見せてやったのじゃった。夜ごとの宴《うたげ》は出雲の女人《にょにん》たちを侍らせて、艶《あで》やかで、華やかで、賑やかなものであった。アメノホヒ神は、単調で退屈な上に鬱陶《うっとう》しい天上界に帰る気などさらさらなく、楽園とも思える葦原の中国のあちらこちらを見物して、その土地の者に土地の名産と酒で歓待されると云うそんな毎日じゃった。だから、アメノホヒ神は天上の天照大御神に何の報告もしなかったのじゃ。また、それが役目だとも思ってもいなかったらしいのじゃ。

ずっと後の事になるが、アメノホヒ神は天つ神の身分を捨てて、自らを国神《くにつかみ》になることを望んだのじゃ。そして、出雲の国造《こくぞう》（出雲では国造《くにのみやつこ》とは云わない）の祖となったのじゃ。

「地上界の葦原の中国に遣わしたアメノホヒからは、久しく経っても返し言さえ寄こさぬ。何か重大事が発生したのかも知れぬ。今一度、勅使を出すが良かろうのオ。オモヒカネよ、タカミムスヒら別天《わけあま》つ神と談合せよ、あまり多くの八百万の神々の意は無用じゃ！」

オモヒカネは別天《わけあま》つ神々だけを天の安河原《やすのかわら》に呼び集めて、若くして知略に富んでいる**アメノワカヒコ**を勅使として、改めて、地上に送ったのじゃが、その二人目の勅使も大国主神の術中に嵌《は》まり、夜伽《よとぎ》に与えられた**シタテルヒメ**……この女は、ほれ、宗像族の女族長のタキリビメと大国主神との娘なんじゃよ。今更のことながら、神話の世界での名前というのは、ほとんどが取って付けられたような名前ですじゃ。いかにも「シタテルヒメ」とは、淫靡《いんび》な名でいかん。このような名前のような性格を持った女にかかってしまったら、男は一たまりもなくコロリよのオ。勅使のアメノワカヒコ神《のかみ》は、直に、シタテルヒメを妻女《つまじょ》として、大国主神の宮殿でのうのうと八年も暮らしておったのじゃ。

このアメノワカヒコの神はしたたかな男でのオ、アメノホヒの神のように豊穣な地上に定住したいと思うより、いずれ、葦原の中国を自分のものにしようと思っていたのじゃ。

「おのれ、オオクニヌシめ、謀《たばか》りおって！　目に物見せてやる！　オモヒカネよ、ナキメノキジを探りに入れさせ、急を要するようなら鳴いて知らせるのだ！」

地上界に降りて来たナキメノキジは大国主神の宮殿の神聖な桂《かつら》の樹の枝にとまって、アメノワカヒコ神とシタテルヒメが夫婦で仲睦ましいる様子を知ると、その事を天上に知らせようと独特の声を発《た》てて鳴き叫んだ。宮殿の者たちにも近隣の民人たちにも、キジの鳴き声がただ喧《やかま》しく甲高《かんだか》く耳ざわりだった。

と、アメノワカヒコが天上より連れて来た天探女《あめのさくめ》と云う情報収集の隠密の女が御注進に及んだ。

「あのキジは、ただ鳴いているのではありません。ナキメノキジと云う天上の密偵のキジです。地上での情報を、特に、アメノワカヒコ神の御様子を天上に鳴き知らせているのです。今、直に射殺さないと大事に至ります！」

また、奇声に悩まされていた大国主神も娘婿のアメノワカヒコに命じたのだった。

「あの、尾長鶏《おながどり》のような奇妙な鳥を射殺してしまえ！」

アメノワカヒコが天下りするときに天照大御神《あまてらすおおみかみ》より賜った天の強弓《こわゆみ》に天の羽矢《はや》をつがえて、桂の樹の枝にとまって鳴いているナキメノキジを射殺したのだった。が、アメノワカヒコが余りに強く弓を引き絞ったので、ナキメノキジは矢で刺し抜かれたまま、天上の天照大御神の宮殿まで飛んで行った。

天上では、タカミムスヒがナキメノキジから矢を引き抜いて云った。

「この矢は、アメノワカヒコにお授けになった天の羽矢です！」

天照大御神の顔がゆがんだ。

「ク〜ッ！　悲しや、悔しやのオ！　無抵抗のナキメノキジを警告もせずに射殺すとは！　この矢を射った者は、神罰を受けよ！　たとえアメノワカヒコであっても、天罰をうけるが良い！」

天照大御神はその矢に呪詛《じゅそ》を籠《こ》め、その呪術の籠もった矢を地上に投げつけた。その矢は真直ぐに出雲の宮殿に向かい、花の庭園で昼寝をしていたアメノワカヒコの胸を貫いたのだった。


どっちもどっちじゃが、天上界の強引な外交政策は、悉《ことごと》く失敗しおったのじゃ、この段階まではな。また、余計なことじゃと思うだろうが、今に残る諺や格言としての言葉、「キジも鳴かずば打たれまい」とか、「キジの片道使い」とかは、この事が本《もと》になっておるのじゃ。


「もはや、是非もあるまい！　折衝和議などでは手ぬるい。皆の者、武力を以《もっ》て威嚇行動に出るのじゃ！　どのような手段を講《こう》ずるも宜しい、タカミムスヒの子のオモヒカネよ！」

「ハッ！　畏《かしこ》まり承《うけたまわ》りましてございます。武力を以て強談判《こわだんぱん》とあらば、雷神《いかずちのかみ》でもあり剣神《つるぎのかみ》もある**タケミカヅチ**が宜しいかと。それに、大御神《おおみかみ》のお兄上であらせられます船神《ふねのかみ》**アメノトリフネ**

さまを総大将として、天上の総ての軍団を派遣いたしましては如何かと存じ奉《たてまつ》ります」

「相分かった！　タケミカヅチを勅使として、兄上のアメノトリフネを総ての軍団の大将として地上界に派遣し、天上の威力を見せてやれ！　場合によっては、神罰を下し壊滅させるも宜しい！」

いささかどうも、ヒステリックな神令じゃったが、アメノトリフネを総大将として、宇宙戦艦まがいの空飛ぶ船の軍団を率いさせ、勅使のタケミカヅチを乗りこませて、「宇宙戦艦ヤマト」まがいの勇壮な調べに乗せて、地上へと出発させたのじゃった。

伊那佐《いなさ》の浜（現・福井県の若狭湾の小浜）の天空には雷《いかずち》が轟《とどろ》き渡り、稲光に照らされし出された空には、突如、アメノトリフネの宇宙戦艦の軍団が威嚇するように現れた。

大国主神の戦士たちや葦原の中つ国の兵士たちも砂浜に溢れんばかりに集まっていたが、天空を取り巻き覆っている戦艦の威容さに手も足も出なかった。

波打ち際の最前列に立っているのは、大国主神とその重臣たちであったが、皆が信じられないと云う風にポカンとして口を開けているだけだった。

少し前の比喩《ひゆ》を借りれば、Ｂ29の爆撃機に竹やりで護ろうとしている図に近かったのじゃ。

勅使《ちょくし》のタケミカヅチは天空に浮かぶ船から稲光に乗って一人降りて来た。タケミカヅチは長髪を靡《なび》かせて荒波の上に長剣を逆さに刺し立て威嚇するように、その剣《つるぎ》の切っ先に載《の》り、胡坐《あぐら》をかいて座った。そして、居丈高《いたけだか》に葦原の中国の譲渡を要求し、最後通牒《さいごつうちょう》を突きつけるのであった！

「われは天照大御神《あまてらすおおみかみ》の命を受けて、この浜辺に降りて来た勅使のタケミカヅチと申す者である！

浪打ち際の最前の中央に立つ者をオホクニヌシとみたが、どうじゃ！」

「左様でございます、われが、大国主神！　でございます」

「のオ、オホクニヌシよ、二度にわたり天上より遣いを出したが、何故、天上に帰してくれなかったのだ！　残念に思っている、との天照大御神の御言葉である！」

「勅使のタケミカヅチと申されましたか？　二度の遣いの神たちは勅使《ちょくし》とは思っていなかったようです。天照大御神の御子であらせられたアメノホヒ神は天上に居れば兄神に迷惑をかけることになるし、われが天上に居なければ天上も何かと都合が良いのだと仰って、地上に住む決断をされたようです。二度目に来られたアメノワカヒコ神は、地上に降り立った途端に、迎いに出させたわれの娘シタテルヒメと早々と通じて、夫婦になってしまったのじゃ。そして、永遠の平穏を願っておりました」

「なに！　遣いの者が天上に帰らなかったのは、本人たちの意思だったと申すのか？」

「さようでございます。が、残念なことに、アメノワカヒコ神は何処からともなく飛んできた矢に射られて死にましてございます。それが不思議なことに、わが娘シタテルヒメに云うところによりますと、その矢は、アメノワカヒコ神のとても大事にしていた矢だったとのことでございます。われの宮殿の庭の桂の木に止まって煩《うるさ》く鳴き叫ぶ一羽のキジを射たのです。アメノワカヒコ神は弓を余り強く弾いたばかりに、キジも大切な矢も失ったのだそうです。が、アメノワカヒコ神はその失った矢で射抜かれたのです！」

「アメノワカヒコは、己《おの》が矢に射抜かれて死んだのだな？　正に、神罰ですな、アメノワカヒコは！」

「何とも、心ない不慮の出来事で亡くなってしまいました！　お二人の天上への不平不満や不服は、天上に居られる時かちあったようでございます。地上のわれらが、御二人の神に強要した訳でもありませんし、吾らに何を致す事が出来ましょう！」

「そこまでは相分かった！　で、オホクニヌシよ。そなたが己《おのれ》のものとして治めている葦原の中国は、元はと云えば、イザナキ神《のかみ》とイザナミ神《のかみ》が生んだ地《つち》であった。この地に後に遣わされたのが、イザナキ神とイザナミ神の御子のオホヤマツ神であった。何代かの直系の子孫であれば、当然ながら、オホクニヌシのお主《しゅう》も天上界の子孫でもある。のオ、だから、その地もまた天上に帰属すると思わぬか？　天上では、天照大御神の御子アメノオシホミミ神《のかみ》が葦原の中国を治めるとの神託が出されている。速やかに、譲渡して欲しいのだが、どうかな？」

　タケミカヅチは、命令口調ながらも穏やかに話し始めた。

　大国主神は波打ち際に跪《ひざまず》いて云った。

「ハッ！　御遣いのタケミカヅチの神！　天照大御神の御神意であらせられるならば、われに何の異存がござりましょう。なれど、われは老いた身なれば祭祀《さいし》を仕《つかまつ》るばかりで、この国の統治はここに控えおるわが子の**ヤエコトシロヌシ**に任せております」

大国主神はひと膝《ひざ》退いて、ヤエコトシロヌシを前面に押し出した。

「それでは、ヤエコトシロヌシの王に訊ねよう。素直に恭順《きょうじゅん》の意を以て、天上界に服するか、それとも、あれなる天上の軍団と一線を交えるか、返事を承《うけたまわ》ろう！」

空に浮かぶ船団は、怪しげな数種の色の混じった光と轟音を発して威嚇した。

大国主神は、意味ありげにヤエコトシロヌシの尻を突っついた。

「畏《かしこ》くも恐れ多いことでございます。天照大御神の御子アメノオシホミミ神が地上を統治されるにつきましては、われにも大国主神《おおくにぬしのかみ》と同様、異存はございませんが、われの弟**タケミナカタ**が何と云いますやら、些《いささ》か、乱暴者でして！」

ヤエコトシロヌシは言葉を濁して平伏した。

「ほお、面白い話だ！　そやつの名は、タケミナカタと申すのか？　われの名と似ておるどころか、われの気性にも似て、多いに恐れを知らぬようだのオ、何処にいる？」

「はッ！　ただ今は、葦原の中国のほぼ中ほどの信濃《しなの》の山中の諏訪《すわ》の地におります！」

と、波打ち際に並ぶ大国主神の軍団の後ろから声がかかった。

「われの国に天上からのこのこやって来て、威嚇《いかく》するとは笑止《しょうし》よ！　剣《つるぎ》の切っ先に座り、浮き身の術を使い、空の船団を後ろ盾にして威張りくさって！　お主も勇者なら、一対一で勝負するが良いとは思わぬか！　ごちゃごちゃほざいている奴輩《やつばら》は、この大岩《おおいし》を受けて粉々になるがよい！」

と、云い終わらぬうちに、片手に乗せていた大岩をタケミカヅチの頭を砕かんばかりに投げつけ、先制攻撃をした。

「何と笑止なことやら、愚か者めが！」

タケミカヅチも云い終わらぬうちに大岩を片手で受け止めて、両手でいとも簡単に揉《も》み砕《くだ》き粉々にした。

「タケミナカタとやら、お主の云うように粉々にしたが、こんなものは勇者の自慢にもならん！　弱き者の下手な力自慢の類《たぐい》よ！　お返しをしなければ天上の威信にかかわる。それではわれの番だな？」

タケミカヅチは剣《つるぎ》の切っ先を蹴って、波打ち際から百丈（約三百ｍ）も飛んで、タケミナカタの前に下り立った。

「タケミナカタ、お主の腕《かいな》を貸してもらおう！」

云うや否や、タケミカヅチはタケミナカタの腕を掴《つか》んでいた。が、掴むと同時に、タケミカヅチの腕は鉄《くろがね》の腕に変わった。

「な、何とこしゃくな！」

驚く暇もなくタケミナカタは八丈（二十四ｍ）も先に投げつけられていた。タケミカヅチの腕が伸びてきて、タケミナカタの腕を若い葦でも抜くように力を入れた。

「お前の腕も足もへし折ってやろうか？　それとも、天上の意に添うか？」

タケミカヅチは、タケミナカタの腕をひと捻りした。

「ウウッ！　お許しください、タケミカヅチの神！　天照大御神の御意思に従います」

「タケミナカタよ、お前は信濃の諏訪の地に住め！　但し、お前の子孫どもも、未来永劫《みらいえいごう》に諏訪の地から出《い》ずる事はならぬ。固く申しつけておくが、もし叛意《はんい》を示した暁《あかつき》には、その身は勿論、オオクニヌシもヤエコトシロヌシも、一族一統の血筋は絶えると思うがいい！」

「われに諏訪の国つ神をお命じ下さるのなら、この先遠く、諏訪の地に身を潜め、囲まれた山々と湖に糧《かて》を求めて、決して諏訪の地から出ることは致しませぬ。父の大国主神《おおくにぬしのかみ》にも兄のヤエコトシロヌシ神《のかみ》の命《めい》にも従います！」

「よく云ってくれた、タケミナカタよ！　われが地上界の者であれば、良き友になれたであろうに！　ん、タケミナカタに、諏訪の国神《くにつかみ》を命ずる！」


長野県諏訪のことじゃ。上諏訪神社も下諏訪神社もタケミナカタ神を祀っているのじゃ。が、どうして上諏訪・下諏訪の御柱《おんばしら》には騒動が多いのじゃろう？　タケミナカタの悔しさは余ほどのものだったのかも知れんし、その怨念《おんねん》が未だに祟《たた》っているのかのオ。

「どうかな、オオクニヌシ、いや、大国主神《おおくにぬしのかみ》？　あなたの目論見《もくろみ》とは違ったかも知れぬが、見ての通り、御子息の二人も承知した。だから降伏《こうぶく》と断言したいのだが、無条件降伏とは天上界も天照大御神も思っておらん。あなたの身が立つように計《はか》らって上げようと思うが、何か望みでもあるかな？」

「ハハッ！　畏《おそ》れ入ります。葦原の中国の統治権は確かに、天上にお譲り致します。が、出雲の祭祀《さいし》権を祭祀を司《つかさど》る権限はわれらの一族に仰《おお》せくださいますように、お願い申し上げます。して、この出雲の地にわが一族の永遠の住処《すみか》の象徴として、雲をも貫く宮殿を建てることをお許し下さい！　そして、大国主のわれは、宮殿の高楼《こうろう》に住まいし降りる事はありません。われは高楼のみにて祭祀を仕ります。お約束いたします！」

大国主神は目を伏せたまま云った。どんな難題を云うのだろうと興味を持っていたタケミカヅチは鼻で笑って云い返した。

「容易《たやす》きことではないか、われも一命に賭けてお約束致そう、大国主神《おおくにぬしのかみ》、好きにせよ！」

宇宙船の出撃となれば神話ばなしも面白くなったのじゃろうが、残念ながらそうはならず、武力衝突は回避されたのじゃった。勅使《ちょくし》タケミカヅチと総大将アメノトリフネら全軍団は意気揚々と、天空高く去って行ったのじゃ。だが、老獪《ろうかい》な大国主神は転んでもタダでは起きる男ではなかった。祭祀権《さいしけん》はしっかりと握ったのじゃからのオ。

そこで出雲の地に立てた宮殿とは、出雲大社《いずものおおやしろ》じゃ。規模は現在の出雲大社《いずもたいしゃ》の比ではないぞ！　その偉容さを知っていたならば許す筈がなかったと思われる程の巨大な建物じゃったと、古事記でも日本書紀でも伝えておるからのオ。と云うことは、勅使のタケミカヅチは半分勝って半分負けたのじゃ。

余談じゃが、大社の高さは四十八m、階段の数は一七〇段余。宮の奥行きが一〇九m。中央の心御柱《しんのみはしら》は、直系一mの丸太を三本組み合わせて一柱とした大きさであったのじゃ。

その遺跡が発見されたのは西暦二〇〇〇年の遺跡調査で、大林組の設計班がコンピュータで復元し、解明したのじゃった。発掘された心御柱《しんのみはしら》の一部が出雲大社で公開された折りもあったそうじゃ。でもな、一般公開はしとらんのじゃ、残念じゃのオ。

今回の脱線話は良かったじゃろう？

その八　天孫降臨の前章

天上の高御座《たかみくら》（玉座のある高台）のある大広間では、天照大御神《あまてらすおおみかみ》が玉座に深く身を沈めて低い声で云った。

「これでオホクニヌシの地上での支配も終わったのオ！　良き謀《はかりごと》であった。勅使タケミカヅチ、兄神《あにかみ》のアメノトリフネよ、褒《ほ》めてつかわす！」

天照大御神は地上への勅使としての役割を終えたタケミカヅチと兄神のアメノトリフネを労《ねぎら》っていた。

「ハハッ！　ありがたき幸せ、畏れ入りましてございます！」

「皆の者！　今、漸《ようや》くにして葦原の中つ国を和《やわ》らげ終えた。先に、言《こと》の葉《は》を寄せて委《ゆだ》ねた通りに行う！」

「畏《おそ》れながら、いよいよ、アメノオシホミミの神を葦原の中つ国に御遣《おつか》わしなされますか？」

と、勇んでタケミカヅチは天照大御神に申し上げた。

「遣わすのではない、降臨《こうりん》じゃ！　ならば、どうする、タケミカヅチ！」

「畏《かしこ》み奉《たてまつ》り申し上げます！　われも、アメノオシホミミの神のお供をさせて頂きとう存じます！」

「ほお、お供とな？　ならぬ！」

天照大御神はこれまでとは態度を一変させて立ちあがった。

「タケミカヅチ！　吾《わ》は天上の武力を以て攻め滅ぼすか、神罰を与えよと命じた筈だ。それなのにお前は、ただのお遣いでありながら、高天ヶ原の勅使《ちょくし》の権限を越えてしまったとは思わぬのか？

葦原の中つ国の統治権をアメノオシホミミに譲渡させたのは当然の御役目として褒めるほどの事ではなかったが、出雲の国の祭祀権をオホクニヌシに与えたというではないか！　それに地上の者に『神』と名乗らせてならぬと云った筈なのに、お前は、勝手に神を付けて『大国主神《おおくにぬしのかみ》』と呼んだというではないか！　更に、出雲の国に吾《わ》の宮殿と同じような高楼のある宮殿を許したというではないか！」

「しかし、それは……」

「なにも云うな！　云い訳は聞きとうない！　天上の勅使としての労は認めるが、それらは裏切り者の仕儀《しぎ》に相当する。裏切り者の仕置《しお》きは知っておろうな！」

「お待ちください！　お怒りの通りタケミカヅチの越権行為《えっけんこうい》かと存じますが、それは、相手あっての戦闘の交渉中なれば、しかも相手は葦原の中つ国のオホクニヌシともなれば、その成り行きも詳《くわ》しく調べた上で判断しなければなりません。一先《ひとま》ず、タケミカヅチをわれが御預かり致します！」

「何と！」

　天照大御神をお諌《いさ》め出来るのは、ただ一人、オモヒカネだけであった。他の神々たち、別天《わけあま》つ神の五柱《いつはしら》も天照大御神の顔色を伺うだけであった。天照大御神もまた、そんなオモヒカネの意見を重視していた。

「……オモヒカネのたっての願いならば、好きにするが良い！　但し、タケミカヅチを政《まつりごと》には用いてはならぬぞ！」

いやいや、どうも、天照大御神の 政《まつりごと》もヒステリックどころか、地に堕《お》ちたようじゃのオ。

「わが愛《いと》しき長《たける》の皇子《みこ》オシホミミよ、そちは葦原の中つ国に降《お》り入《い》りて、統《す》べ治《おさ》めるが良い！」

天照大御神は、隣に坐しているアメノオシホミミの手を取って云った。

「申し上げます、母者人《ははじゃびと》、いえ、天照大御神《あまてらすおおみかみ》！」

アメノオシホミミは高御座《たかみくら》を下りて、天照大御神の前に膝たちになって云った。

「何事じゃ、オシホミミよ、吾《わ》と皇子《みこ》の間で、そのような事はお止めなされ！」

「いえ、申し上げます。われは些《いささ》か病弱の身、地上への下倖《げこう》は無理かと思われます。われの長子ニニギに下倖《げこう》を賜りたく存じます」

天照大御神は、天を向いて黙ってしまい、やがて、大きく息を吸ってから、苦々《にがにが》しげに重々しく口を開いた。

「なるほど、そなたは天海《てんかい》の旅には耐えられぬやも知れぬ。わが孫《まご》**アメノヒコホノニニギ**は未《いま》だ成《な》り出《い》でて（成人して）おらぬが、若い生命力に満ち溢《あふ》れんばかりの逞《たくま》しいヒコよのオ！」

天照大御神はタカミムスヒ神の意向を尋ねようとしたのだが、タカミムスヒは視線を逸《そ》らして俯《うつむ》いた。

（吾の孫でもあり、タカミムスヒの孫でもあるのだから、心中は察せられる。無理に問うこともあるまい。やはり、このような場合は冷静沈着なオモヒカネに決断させるのが良いのかも知れん）

「吾《わ》は、その任をヒコホノニニギに授けようと思うが、どうであろうのオ、オモヒカネ？」

「大御神は、アメノオシホミミの神の下倖《げこう》を前々から望んでおられましたが、病身の辛さは御本人がよく知っておられるのでしょうが、天海の船旅にはわれも心配ないとは言い切れません」

「歯切れが悪いぞ、オモヒカネ！　良いのか悪いのか、簡潔に申せ！」

天照大御神はいらいらした様子で、房の付いた扇で椅子の肘当てを強《したた》かに打った。

「そのような、御短慮はいけません！　まず、御命令を出す前にアメノヒコホノニニギの皇子の御考えをお聞きになることも必要かと思いますが……われと致しましては、大御神の御決断に従います！」

「ずるいのオ、オモヒカネ。吾《わ》に責任を押し付けるとは……オシホミミよ、アメノヒコホノニニギを呼ぶように、申しつけよ！」


アメノヒコホノニニギの皇子とは、天照大御神の長子・アメノオシホミミの神とタカミムスヒの神の娘・トヨアキツヒメ（オモヒカネの実妹）との御子じゃ。まだ、年端も十歳を満たしておらんのじゃよ。

「よう来たな、ヒコホノニニギ、今日は初めて逢《おお》うたのじゃったな？　朝食《あさげ》は、よう噛《か》んで食べたかな？」

「おばばさま、朝食は粥でございました。粥でも噛むのですか？」

「そうか、粥であったか？」

「それに、ニニギは、もう子供ではありません！」

宮殿に居並ぶ者たちも笑った。

「これは、吾がやられましたな。そうであった、皆の前で恥をかかせるような事であったな？」

「いや、そうではございません。のオ、ヒコホノニニギの皇子よ！」

「何でしょう、タカミムスヒのおじじさま？」

ニニギは温厚な御祖父《おじじ》さまのタカミムスヒが大好きで微笑んで聞いた。

「粥であっても、噛むものです。そのまま呑み込んではいけません。われも、穀《こく》は一粒ひと粒噛んで頂いておりますぞ！」

「カムカムか？　分かった、そうする！　おじじさまの云う通りにする！　今度から粥も一粒ひと粒かむぞ、おばばさまも、そうなさりませ！」

「はいはい、おばばも噛みますぞ！」

天照大御神とタカミムスヒの神は目を合わせて笑いあった。宮殿の空気が和らいだようである。

「ところで、おばばさま、何の御用でございましょう？　父神のお使いの方が、天照大御神《あまてらすおおみかみ》の御用があると仰《おっしゃ》っておりましたが」

「そうなのだ、ヒコホノニニギよ、お前は、吾が天照《あまてらす》の孫、つまり天孫《てんそん》じゃ。良く聞け、ヒコホノニニギ、父神のアメノオシホミミは病弱でもあるし、向後は、天上にあって、吾《わ》の 政《まつりごと》 の補佐をして頂くのだ！　だから、ホノニニギよ、吾の命を受け、葦原の中国に下倖《げこう》し、地上界を治めてほしいのだが、異《い》はないか？　良く考えて返事をするのじゃ、今すぐとは云わぬ……」

「異存ありません！　畏まりました、おばばさま、いえ、天照大御神《あまてらすおおみかみ》！」

「下倖《げこう》すると申すのか？　天上の神として、吾が親族では一人で行くのだぞ、ニニギ！」

「はい、良く分かっておりますので、御心配はいりません。ニニギは、もう、子供でありませんから、下倖《げこう》を賜りたく存じます！」

「そうか、そうか……」

天照大御神の目にもタカミムスヒの神の目にも涙が光っていた。宮殿の中のざわめきも粛々としてしまった。

「大御神の御意思に従い、それに添いますように葦原の中国を統《す》べ治《おさ》めます！」

「よう云うた、立派な心がけじゃ！　幼《いたい》げな吾がヒコホノニニギよ、苦労をかけるのオ。さて、ニニギよ、ここに天《あま》の三つの宝がある。これらをニニギに受け取って貰おう！」

天照大御神は、巫女が運んできた神棚に飾ってあった三つの三方《さんぼう》の一つ一つを、ニニギの皇子の前に差し出しながら云った。

「これは、**八尺《やさか》の勾玉《まがたま》**といい、これを地上の新宮殿の神前に飾り、祈りの度ごとに頸にかけるのじゃぞ。また、この鏡は**八咫《やあた》の鏡《かがみ》**といい、吾《わ》の霊魂そのものとして崇《あが》め 奉《たてまつ》り、いつも神前に飾って置くのじゃ。そしてこれは**叢雲《むらくも》の剣《つるぎ》**といい、これで、下界の悪逆非道なる者どもに鉄槌《てっつい》を下すが良い！　向後《こうご》、これらを皇尊一系《すめらみことといっけい》の『**三種《さんしゅ》の神器《じんぎ》**』と呼ぶが良かろう！」

「畏まりました、三種の神器でございますね？」

「そうだ、ニニギ、何ぞ難儀がある時には、神前の八咫《やあた》の鏡《かがみ》に向かって申すが良い。吾が天上で聞き及び、その難儀をなんとでも解決しましょうぞ！」

「ありがとうございます、おばばさまの天照大御神《あまてらすおおみかみ》！」

「それから、葦原の中国は、ホノニニギの名のホを戴き、『瑞穂《みずほ》の国《くに》』と改めるのだ！」

「ミズホノクニ！」

「そうじゃ！　この字を使うのじゃ。瑞々《みずみず》しい瑞、豊かにたわわに実る穂、つまり、五穀豊穣《ごこくほうじょう》の意じゃ」

「はい、瑞穂《みずほ》の国《くに》でございますね、おばばさまの天照大御神！」

「ニニギの皇子に、いや、今からは、ホノニニギ神《のかみ》じゃ。地上のあれやこれやの国の神ではない、瑞穂《みずほ》の国《くに》の地神《つちのかみ》となるのじゃ。だが、天つ神である事も忘れんようにな！」

「はい、ありがとうございました、天照大御神！」

「さて、ホノニニギの神に仕《つか》える従者についてはこれから選ぶのだが、ホノニニギの神の望みも聞いておかんとな？」

「われは多くの神々の方を存じておりません。ただ、お許しを頂ければ、伯父上のオモヒカネの神と天上で一番の勇者であるタケミカヅチの神を共にしたいと思います！」

「オモヒカネの神はニニギの皇子の母上トヨアキツヒメの兄上でもあり、ニニギの養育の傅《もり》であったのだから、当然だと思っていたが……さて、タケミカヅチとなると……」

「何か、不都合がございますか？」

と、ニニギ神が問いかけると天照大御神飲の目はオモヒカネに向けられた。ニニギが妙な間と雰囲気を感じ取って、タケミカヅチに目をやると、タケミカヅチは両手を着き、肩を落とし頭も垂れていた。

「いや、なにもありませんぞ、そうでしたな、天照大御神？」

オモヒカネは、天照大御神に次のように眼で訴えていた。

（ホノニニギの神の御出立に影を残してはなりません。それに、タケミカヅチがおれば出雲との交渉も、戦もさけられる！）

「んん、そうであった、何事もない！　むしろ好ましいことである。ホノニニギの神、良き人選であった。ホノニニギの神の第一の副神をオモヒカネとし、第二の副神をタケミカヅチに申しつくる！」

「天照大御神の詔勅《みことのり》、承《うけたまわ》ります！」

と云ったオモヒカネは、座をタケミカヅチに譲って、前へ進ませた。

「天照大御神の詔勅、確かに、承りましてございます！　それに、不服従の……」

「コホン！　それでは、ホノニニギの神は準備に入るがよかろう、また、母上に思いっきり甘えて置くが宜しい！」

「われニニギは、もう、子供ではありません！」

と、天孫降臨《てんそんこうりん》となるのじゃが、それは、『神話おもしろ噺』の第二話とするかのオ。**ネットット！**

ネットット！　とは山形県の庄内地方で、子供に寝物語りの最後に云う言葉。

『これでお終い！（もう寝なさい！）』という意味。

第二話　天孫降臨と日向三代

これからはじゃ、天孫降臨ということで舞台は天上界から地上界へと移って行くのじゃが、まだまだ足が地についていない浮世の話が多いのじゃ。皆さんが知っている話も色濃く出てくるからのオ、わしもな、なけなしの想像力を働かせて語ってみようと思っとるのじゃ。

その一　ニニギの神の天孫降臨

天照大御神《あまてらすおおみかみ》がタカミムスヒの神に秘かにお命じになられたのはじゃな、天孫の**ヒコホノニニギ**の神が無事に天上から葦原の中国《なかつくに》（中つ国改め）に降臨するに当たって、最適の道を定めよとの仰せであったのじゃ。

そこで、タカミムスヒの神はアメノオシヒとアマツクメの二柱の軍神《ぐんしん》を選んで、天の浮橋からオノゴロ島まで露祓《つゆはら》いとして、また先遣《せんけん》の先払いとして出しておったのじゃったが、その二柱の神は日数を置かずして天上にあたふたと帰って来たのじゃった。

「申し上げます！　オノゴロ島の天《あま》の八衢《やちまた》、地上に降りる数多《あまた》の分かれ路に、一人の国神《くにつかみ》（国つ神改め）が兵を率いて出張っております。その国神の風貌たるや、赤ら顔に照り輝いて、鼻が七握《つか》（二尺位）ばかり高く、背の高さは七尺余寸、眼は赤い鬼灯《ほおずき》の如く爛々《らんらん》とさせて天上界への道を睨《にら》んでおります！　そして、後ろの地上につながる八つの岐路には、武装した眼光の鋭い八十万《やそよろず》（多数の）の兵が道を塞《ふさ》いでおります。われら二人は雲の中に隠れて、射殺《いころ》される前に、ほうほうの態で逃げ帰って参りました！」

「なにと！　それで先遣が仕《つかまつ》ろうか！　このたわけ者めらが！」

タカミムスヒの神は先遣の二柱の神の不始末に腹を立てていた。

「待ちや、タカミムスヒ！　この者たちは不届きであるが、事態は容易ならぬようじゃ。もう一度、遣いの者を出して、葦原の中つ国のオホクニヌシの真意を伺わせようではないか……」

天照大御神は先遣の者たちに腹を立てるより、ヒコホノニニギの神の降臨が大国主神《おおくにぬしのかみ》に約束されていない事に腹を立てていた。

「それでは、タケミカヅチを遣いに出しましょうか？」

「駄目じゃ！　もはや、力や脅《おど》しでは通用しないだろう……そうだ、その任にふさわしいのは、何事にも動ぜず恐れを知らぬ女神《おんなかみ》が宜しかろう。とすると、普段は手弱女《たわめ》であるが、アメノウズメが良いではないか！　如何《いかが》じゃ、タカミムスヒ？」

「御意！　早速、アメノウズメをオノゴロ島の天《あま》の八衢《やちまた》に遣わしましょう！」

岩ばかりで草木の全く生えていないオノゴロ島の天の八衢《やちまた》にはな、鼻の長い赤ら顔の勇者らしい男が、天上からの道を見詰めたまま、柄に握玉《にぎりたま》のついた太刀を佩《は》き、強弓を携え、鋭い鏃《やじり》の付いた矢を入れた箙《えびら》を背負い、じっと天界を見つめて立っていたのじゃ。

するとな、どこから降ったか湧いたのか、その男の前に土煙も立てずに忽然《こつぜん》と、いや、フワリと現れ出たのは女神アメノウズメであったのじゃ。その姿といったら、例の天の岩屋の時と同じ・・・・・くあられもない裸《はだか》同然じゃった。勇者らしい男も八十万《やそよろず》の兵たちも吃驚仰天《びっくりぎょうてん》してしまったんじゃ。

いやいや、人間どもだけじゃないぞ、空高く垂れこめていた七重八重の白雲も、アメノウズメの身なりを見た時には恥じらって、夕焼けのように雲の面を赤らめたのじゃった。

「わらわは、天照大御神の御傍に仕えているアメノウズメという女神じゃ！」

アメノウズメは、これ見よがしに腰裳《こしも》の一片《ひとひら》を垂らし、ちらつかせながらも居丈高《いたけだか》に云った。

「その者に訊ねる！　今、天孫が葦原の中国《なかつくに》に降臨なさろうとしているが、お前は、天上に弓を引こうと云うのか？」

アメノウズメの声は八雲に響いて、撥《は》ね返ってきた。

「め、滅相もございません！」

勇者らしい男は、強弓を置き、膝を折ってアメノウズメの前に控えた。

「では、名を名乗るが良かろう！」

勇者らしい男が顔を上げながら見上げると、アメノウズメの足元から薄衣《うすぎぬ》の裳が現れ、次第に全身を煌《きら》めく衣《きぬ》で包んで行くのを見た。

（これは一体、アメノウズメなる女神は妖術を使って、我らの目を欺《あざむ》いたのであろうか？　それとも、霊能力の持ち主なのだろうか？）

兵たちには自分たちが瞬《まばた》きする間に、アメノウズメの姿が一変したとしか思えなかった。

「名は、**猿田彦**《さるたびこ》と申します。葦原の中国《なかつくに》の伊勢の国神《くにつかみ》でございます！」

猿田彦と名乗る男は、もう一度、頭を垂れて云った。が、心なしか声が震えているように聞こえる。

「サルタビコとやら、この物々しい所業は何故《なにゆえ》じゃ？　オホクニヌシとやらの真意を知りたい！」

「我らは、天孫ヒコホノニニギの神を御迎えに参じました。出雲の大国主神《おおくにぬしのかみ》は、出雲に大社《おおやしろ》を造られて、雲にも届く高楼に住まわれて、スサノヲの大神より賜ったと謂《い》われております現国玉《うつしくにのたま》にて神事を行っておられます。御自身も、自らを『ウツシクニタマ神《のかみ》』と名乗っておられます。大国主神は天上にお約束を致しました通り、高楼から降りて、世事の政務《まつりごと》はいっさい行っておりません。それで、葦原の中国《なかつくに》の代表として、われにオノゴロ島まで天孫をお迎えに出て、無事に地上に降臨できるように御護り申せよとの事でした。また、天と地の間に太古から棲んでいる悪神・悪鬼悪霊どもが攻撃や悪逆の数々を行わぬとも限らぬので、心してお護り申せと、現国玉《うつしくにのたま》のお告げにございました。この伊勢の猿田彦が葦原の中国を代表し、葦原の国々の兵を集めて御迎えに参上した次第にございます！」

「左様か、サルタビコどの、済まなかった！　天照大御神に代わってお礼を申しあげます。先程は無礼にも見苦しい姿を見せ、恥ずかしく思います」

「いえ、アメノウズメの神の霊能力には畏れ入りましてございます」

「あなたの心底を読み取ろうとした非礼をお詫び申します。ところで、サルタビコどの、地上へは数多《あまた》の路があるようだが、どの路を選べば良いであろうのオ？」

「天孫ヒコホノニニギの神の降臨なさる地は、日向の高千穂の霊峯をお薦め申し上げます。又、如何なる邪魔立てがあろうと、我らが道を開き、御導き致します」

「して、その後はどうするのじゃ？」

「ヒコホノニニギの神の降臨なさる日向は大きう《きゅう》ございます。じっくりとご検分されて、お気に入りの処に宮殿をお造り致しましょう。地上での初めての宮殿は、天神《あまつかみ》（天つ神改め）の宮造りの技人長《わざびとのおさ》の御指示の通りに、葦原の中国《なかつ》々の宮造りの技人が御手伝いをさせて頂きます。その頭領には日向の国神《くにつかみ》が仕ります。又、われ伊勢の猿田彦は天孫を御送り致しましたなら、一旦、伊勢の狭長田《せなた》にある五十鈴《いすず》の館《やかた》に戻りたく存じます。われには宮造りの技がありませんので。天孫の宮殿が完成した暁には、再び、天孫の許に参じて、永く御役に立ちとうございます」

「分かった！　サルタビコどの、一つ約束をして欲しい！」

「なんなりと！」

「天孫降臨の暁には、わらわをもサルタビコどのの伊勢の狭長田《せなた》にある五十鈴の館とやらに連れて行ってくれぬか？」

「……お約束致しましょう、アメノウズメの神のあなたさえ良ければ！」

「ただのウズメで良い！」

天上では、**天孫ホノニニギの神**の主なる随行者が決められておったのじゃ。

第一の副神の**オモヒカネ**は政《まつりごと》の実務の長、第二の副神のタケミカヅチは名を**アメノイワマド**と賜って、地上での外交・外務交渉の長、そして、第三の副神となったのは、天照大御神を天の岩屋から連れ出した**タヂカラオ**を親衛・軍事の総大将とした。降臨となった場所に新しく建てられる宮殿の祭祀《さいし》の長には**アマノコヤネ**、太占《ふとまに》（鹿の骨や焼いた骨の灰で吉凶を定める占い）の卜《うらない》の長に**フトダマ**。その他、宮造りの技人《わざびと》の長、農耕や食餌《しょくじ》の長、鍛冶や玉造の長、鎧や盾や矛や弓矢作りの長や機織りの長などを選び、それぞれの下に必要に応じて人選されておったのじゃ。

準備万端整ったところに、アメノウズメが帰ってきて、天照大御神に大国主神の意思と伊勢の国神猿田彦《くにつかみさるたびこ》についての委細を報告したのじゃった。そして、ヒコホノニニギの神の降臨されるところは、日向の高千穂の霊峯であることを伝えた。そして、天照大御神より最後に任命されたのは、オノゴロ島の八衢《やちまた》から日向の高千穂への案内に、猿田彦と共に先導を仕《つかまつ》ることになったアメノウズメじゃった。

「行け、ヒコホノニニギの神！　分かれではない、出発なのじゃ！」

天照大御神は涙を押し殺して命じた。

呼応する随行者たちの雄叫びは天空に響き渡った。

タカミムスヒは空になったニニギの御座所に追衾《おふすま》（今の衝立のような物）を立てて、その中でニニギの母のトヨアキツヒメと肩を抱き合って泣いていた。

ほら、聞こえるじゃろうが、勇壮と云うより妙《たえ》なる楽《がく》の音《ね》じゃ。

天照大御神の孫・天孫のヒコホノニニギの神と数人の副神と数多《あまた》の共神を従えて、今まさに、高天ヶ原《たかまがはら》からオノゴロ島に、天照大御神の兄神のアメノトリフネの船団に守られて、八重雲を掻き分け、楽の音に合わせて静々と降りてきたのじゃ。

オノゴロ島の八衢《やちまた》からの降臨は、天と地の間に棲み隠れている悪神・悪鬼悪霊どもに強い刺激や挑発を与えてはいけないと思ってじゃな、アメノトリフネの船団をオノゴロ島から天上に帰したのじゃ。

そこで、ヒコホノニニギの一行は、新たに隊形を整えて、今や、威風堂々と出発しようとしているところなのじゃ。

「いざ、出発！」

ヒコホノニニギは檄《げき》を飛ばした。

ダダダダーン！　ダダダダーン！　と、どこかで聞いた勇壮な音楽の冒頭じゃ。
どうじゃ、今度は妙なる楽の音ではないぞ！　あの楽の音はニニギの「**運命**」の扉を開く音楽のように聞こえるのじゃ！　〈生かしてもいいが、なくても良い！　後に関係するので生かす！　やはり生かす！〉
行く手には七重八重の白雲が立ち湧《わ》き上がって、まるで、ヒコホノニニギの降臨を祝福するかのようじゃ。

猿田彦とアメノウズメを先導として、アメノオシヒとアマツクメが続き、降臨の神々の両脇には、矢筒を背負い弓矢を手挟《たばさ》み、太刀を佩《は》いた八十万《やそよろず》の従者（実際は数百人）ともども、後衛にはアメノイワマド（タケミカヅチ改め）とタヂカラの部隊であった。一行は、白雲と白雲との間の天下りの道を進んで行く。

行く手が開けたと思うと、今度は、次々と湧きあがる雲は白雲でなく悪逆無道の色雲であった。色雲は形や色を様々に変化させ、邪気を吹き付け、雲の触手《しょくしゅ》を伸ばして迫ってくる。そのような邪気の色雲を払い除けては、天下りの道を作り、再び、穏やかになった道を進んで行く。

とまた、黄土色の雲が立ち上がり、行く手を阻む。その黄土色の邪気の大雲の壁の端が五指の形となって、天孫ニニギの神の一行を握りつぶしてやろうと襲いかかる。天孫ニニギの神は天照大御神から授かった三種の神器、八尺《やさか》の勾玉《まがたま》と八咫《やあた》の鏡《かがみ》と叢雲《むらくも》の剣《つるぎ》を取り出して、八尺《やさか》の勾玉《まがたま》を自分の頸にかけられた。そして八咫の鏡を祭祀のアメノコヤネに手渡して、叢雲の剣を武勇のアメノイワマドに手渡した。

アメノコヤネは八咫の鏡をかざして雲間の薄明かりの中から陽の光を呼び込み、アメノイワマドの持つ剣に反射させると、叢雲《むらくも》の剣《つるぎ》は数倍にもなり、怯《ひる》んだ黄土色の雲の五指の親指の付け根に刺し通した。その怯んだすきに親指を薙ぎ払った。そして他の四指にも斬りかかった。五指は散り散りに斬りきざまれて、雲霧となり消えてしまった。すかさず、アメノイワマドは叢雲の剣を大雲の手のひらの壁に差し込んで、四角く切り込んで扉を作った。その雲の扉の間からその中に猿田彦やタジカラオや兵たちがなだれ込んだのだ。黄土色の大雲はたちまち消えてなくなった。

そして、一行はまた進んで行く。

まるで何度となく繰り返される運命を賭けた天上からの試練の下倖《げこう》である。

第一、第二、第三の試練を乗り越えて、ヒコホノニニギの神の一行の行く手に、日向の高千穂の霊峯がかすかに見えてくると、第四の試練の青黒雲の雲海が押し寄せてきて、全く視界を封じてしまった。その時、とりわけ甲高《かんだか》ヒバリのような声で檄《げき》を飛ばしているのは、ヒコホノニニギの声であった。ニニギの神の心にも音楽の華が降るように聞こえていた。

不思議な香りのする華、いや、異香《いきょう》の薫りのする音楽とも思えていた。

わしにはじゃ、甲高く聞こえる声は横笛の音に聞こえるのじゃ。ベートーヴェンの「運命」の第四楽章の途中から最後まで響いているのが甲高い横笛じゃ。そのニニギの神たちの一行の情景が、わしには苦難の上にも勇壮なベートーヴェンの「運命」と呼応するのじゃ。そして、第四楽章の横笛はニニギの神の喜びの声にも聞こえるのじゃ。

壮麗な楽の音で終曲となり、猿田彦とアメノウズメを先導としたヒコホノニニギの一行は日向の襲《そ》の高千穂の霊峰・槵触峯《くしふるたけ》（二上山《ふたかみ》）に降り立たれた。

そして、自らの運命を開いたニニギの神は、日向の平地に地底の磐根《いわね》に届くまで深く掘って、太い宮柱を打ち立てて、雲をも貫く千木《ちぎ》（氷木《ひぎ》とも云い神社の屋根の尖塔に天を突くように交差させた木）を聳《そび》えさせた。

次に入る前にな、猿田彦《さるたびこ》とアメノウズメにほんの少しだけ触れておこうかのオ。後になると触れにくくなるでのオ。

先導役を無事に務めた猿田彦の案内も此処までであり、この先あのニニギの神たちの決定には、一切、口を挟まなかった。そして、約束通りにアメノウズメを同行して、伊勢の狭長田《さなだ》の五十鈴《いすず》の館に連れて行ったのじゃ。伊勢の五十鈴の館というのは、ずっと後にじゃが、「伊勢神宮の内宮」となったのじゃて。

ここで一つの事件が起きるのじゃ。猿田彦が阿坂《あざか》の浜（伊勢湾に面した浜）に漁に出た時の事じゃった。

猿田彦がアメノウズメに恰好のいいところを見せてやろうと、海中深く潜ったところ、大きなヒラブという貝に手を挟まれて溺れ死んだんじゃ。そこで、アメノウズメは猿田彦の供養として、その浜の伊勢にいる大きな魚貝も小さな魚貝も総てを浜に呼び出してこう云ったのじゃ。

「お前らは、誰も猿田彦を助けようとしなかった。猿田彦の名誉の為にも、供養の為にも、お前らは向後、猿田彦に代わって天孫を敬い仕え、天孫に自らを饗《きょう》するか？」とな。

するとじゃ、総ての魚も貝も皆が口々に、『敬いお仕え致し、自らを饗します！』と答えたのじゃが、ナマコだけは黙っていたので、アメノウズメは懐剣を出してナマコの顔を引き裂いたと云うのじゃ。それから、ナマコは今もあのような面構えになったんだ、と！　本当かどうかはどうでもいいことだが、伊勢湾の阿坂《あざか》の浜一帯が、伊勢神宮の御漁場となり、一般の漁師には禁漁となったのは本当のことじゃ。

そこから、禁漁と漁師とのあつれきから様々な芸能が生まれて、その中でも有名なのは、阿漕《あこぎ》と云う名の漁師が禁を破って密漁をし、見つかって殺され地獄に堕《お》とされると云う物語から、この阿坂《あざか》の浜一帯を「阿漕の浦《あこぎがうら》」として知られるようになったのじゃ。

アメノウズメはその後、五十鈴の館の女長《おんなおさ》となり、猿田彦の猿の字を戴いて「猿女の君《さるめのきみ》」の名を賜り、伊勢の国のアメノウズメの係累《けいるい》の巫女は皆《みな》が「**猿女の君**」と呼ばれるようになったと云うのじゃ?

さて、話を元に戻して、降臨の先を続けんとな。ここで天孫降臨を終わってしまえば良いのじゃが……そう簡単には行かぬのじゃ。

まず、取っ掛かりとして、ニニギの神の建国に当っての言葉を聞いてみようぞ。

「此処は、風も頬に優しくそよぎ、水の流れ落ちる音も聞こえる。緑も豊かに鳥も鳴いている。このような事は天界では気にも留めていなかった。しかも、ここは遠く韓国《からのくに》に面し、笠沙《かささ》の岬《みさき》にもつながり通っており、朝な夕なに照り輝く実に素晴らしき日の神の宿《やど》る地である。外《よそ》に比べようのない御息所《みやすどころ》となろう。われは、この日《ひ》の本《もと》の国を**葦原の瑞穂《みずほ》の国《くに》**と名付けよう!」

まあ、わしは思っとるのじゃが、古事記も日本書紀も、よくも天孫降臨などとでっちあげたものだ……あっ、いやや、つい口が滑ってしもうた。口は災いの元と云うからのオ。くわばらくわばら……。

それにしても、ニニギの神はどうして見たことも聞いたことも、またこの日向の高千穂から見える筈もないのに『カラノクニ』などと朝鮮国を唐突に云ってしまったのは何故じゃろのオ? また、『笠沙《かささ》の岬』などと、なぜ鹿児島県の西南端にある岬(という説もあり、後につけたらしいのだが)の名を出してしまったのじゃろう? その後の現代の考古学の学者たちも、歴史学者たちも『触らぬ神に祟《たた》りなし!』と云わんばかりに口を閉ざしたおるが、わしは口をつぐんでおられん質《たち》じゃから内緒で云うがのオ。

まず、古事記や日本書紀の作られたのは八世紀の初頭の頃で、大和朝廷も地方の国も韓国とは切っても切れない状況にまで発展していたのじゃ。そこでじゃ、日本の歴史でも韓国をないがしろには出来なくて、神話の世界に入れたんじゃないかと思っとるんじゃ。

大国主神に強談判《こわだんぱん》したタケミカヅチが伊那佐《いなさ》の小浜に降りたった頃も、伊那佐《いなさ》は太古から朝鮮民族と接触の多かったところなのじゃよ。出雲にしても、筑紫にしてもな。韓国との交易は大和朝廷の専売特許ではなく、むしろ大和朝廷は地方に遅れをとっていたんじゃな。

わしが思うには、天孫降臨に似た移動は二度・三度あったかも知れないのじゃ。最初は、天孫降臨と云うよりも朝鮮民族の侵略行為、いや、日本列島への移動行為か、新天地を求めての漂流だったかも知れない、と思うのじゃ。日向地方のみに限って云えば、太古と云う程の昔ではあるまいが、朝鮮民族は日向の浜に切りたつ「馬ケ背《んまがせ》」の尾根辺り（延岡より南で青島より北）から上陸して、幾つもの山や尾根を越えて、一時は「百済《くだら》の里」と名付けられた村落を作り、やがて幾百年を経て大移動を始めた。その百済の里から幾つかの山を越え、二上山《ふたかみやま》の峯を越えて、高千穂の里に辿り着き、そこに改めて彼らの定住地を定めたのじゃった。つまり高千穂に定住したのは朝鮮民族だったのじゃ。

困ったことに、高千穂には「高天ケ原遥拝所《たかまがはらようはいじょ》」も、アマテラスが御隠れになった「天の岩屋」も、八百万の神々が談合した「天《あま》の安河原《やすのかわら》」もアマテラスがスサノヲとのウケヒに使った勾玉《まがたま》を洗ったとされる「天真名井《あまのまない》」も、榊《さかき》を根こそぎ持ってきた「天の香具山《かぐやま》」まであるのじゃ。という事は、朝鮮民族云々は別にしても、日向の高千穂は古事記や日本書紀に書かれた天孫降臨の地ではなく、「高天ヶ原」そのものとしての舞台が後に作られたとしか思えんのじゃ！

神話を記す歴史のどこかで、天上との取り違えや間違いや不都合やこんがらがりが生じたのも知れん。それ以来、うやむやになっとるんじゃ。

仮に、高千穂を天上の高天ヶ原として、その地からニニギの神が降臨したと謂われている「二上山」の峯には、わずかに、十一㎞しか離れて居らんのじゃ。余りに近いというより、高天ヶ原から高天ヶ原に降臨したことになるからのオ。

もう一つ、ニニギの神が口にしている「笠沙《かささ》の岬」のことじゃが、笠沙《かささ》の「かさ」と云う語は、朝鮮語の古語の接頭語のようなもので、『美しい』とか『慶《よろこ》ばし』とかの意に使われていた修辞語じゃそうな。

「さ」は文字通り細かい砂じゃ。だから、「かささの岬」とは、美しく、輝く、素晴らしい砂浜のある岬、海辺とかの意味なのじゃ。だから、「笠沙《かささ》の岬」は、なにも後から名付けられた鹿児島の西南端にある岬に設定して拘《こだわ》ることはないのじゃよ。ああ、失敬、ごめんなさい！

云いすぎてしまいましたな。

その二　かささの岬の塩地老翁《しおつちのおじ》と古鳥蘇《ことりそ》

で、わしはこのように考えとるんじゃ。

日向の国の槵触峯《くしふるだけ》（二上山《ふたかみやま》）のある高千穂を高天ヶ原と見立てて、ヒコホノニニギの神が降臨したとされるのは、高天ヶ原の高千穂に住んだ一族の子孫の移動じゃないかと。だから第二話の最初に書いた威風堂々たる天孫降臨のあり様とはかなり違ってくるのはやむを得んじゃろ。

飽くまでも仮説として、この観点から話を進めますぞ。

ニニギの神の一行は、急勾配の高千穂峡に沿って現在の五ケ瀬川を下って、今の延岡辺りの浜に出て、そこから海船で日向灘《ひゅうがなだ》を南下し、宮崎の大淀川の周辺に着いた。

ああ、そうじゃ、手間暇かけさせて申し訳ないが、宮崎県の地図を参照にして貰うと、良く理解して頂けると思うんじゃよ。

そこから河舟に分乗して、大淀川を遡《さかのぼ》って行き、現在の野尻湖から岩瀬川をぎりぎりまで、高原町ぐらいまで進んだものかのオ。それから陸路の野原や高原や尾根を上って日向の韓国岳《からくにだけ》（標高一七〇〇ｍ）に到着したのじゃ。ここからだったら、朝鮮半島が良く見えたのじゃった。この韓国岳より高く視界を遮《さえぎ》る山はないのじゃ。今でも晴れた日には朝鮮半島が薄く見えると云うからのオ。まあ、この韓国岳の名前も後に付けられたのかと思うが、それはそれで理屈に合っておるから問題はない。

ここで、もう一度ニニギの神の言葉を戴いてみよう。


「此処は、風も頬に優しくそよぎ、水の流れ落ちる音も聞こえる。緑も豊かに鳥も鳴いている。このような事は天界では気にも留めていなかった。しかも、ここは遠く韓国《からのくに》に面し、笠沙《かささ》の岬にもつながり通っており、朝な夕なに照り輝く実に素晴らしき日の神の宿《やど》る地である。外《よそ》に比べようのない御息所《みやすどころ》となろう。われは、この日《ひ》の本《もと》の国を**葦原の瑞穂《みずほ》の国《くに》**と名付けよう！」


もう、とやかく云う必要もあるまいが、この韓国岳から尾根続きの霧島の山（標高一四二一m）の麓に、韓国岳から一〇kmばかりのところにニニギの神は壮大な宮殿を造られたのじゃ。それで、彼らは故郷を偲んで、その周辺を「霧島の高千穂」と名付けたのじゃよ。

宮殿は『霧島神宮』と名付けられたが、これまで霧島山の噴火で何度も焼失し、その度に建て替えられたのじゃ。現在の霧島神宮の社殿は、約五百年前に薩摩藩の第二十一代島津吉貴によって建立・寄進されたものなのじゃ。因《ちな》みに霧島神宮で祀《まつ》っている神は「ニニギノミコトとコノハナサクヤヒメ」なのじゃ。

今では、女の子のパワーアップとか恋愛成就のラブラブスポットで賑わってるそうな。

日向の高千穂を飽くまでも天上または神々の地として、天照大御神が中心となっている高天ヶ原から、ニニギの神は降りられて、川から海、海から川そして陸路で辿り着いた処が霧島山の麓じゃった。

そして、もう一度云うが、霧島山を仰ぎ見る地を「**霧島の高千穂**」と名付けたのじゃ。(雲に聳《そび》ゆる高千穂の……)の歌を知ってる人もおろうが、天に聳える山は、霧島山のことじゃ。

なんでこんな訳の分からぬ神話を作ったかじゃが、万世一系《ばんせいいっけい》の皇室の祖先が朝鮮民族では、奈良時代の大和朝廷《やまと》の外交の上でも困る、だけの発想だったのじゃなかろうか、と。

天上界から降りた天孫の子孫も大和民族の先祖が、朝鮮民族の子孫末裔《しそんまつえい》であってはいけない！そんな発想があったのじゃな、多分とわしは思うじゃが……。が、否定しようもないほど大和民族と朝鮮民族はとてつもなく似ておるからのオ。面立ちと云い、精神と云い、芸能文化と云い、衣服と云い……また……もうこの辺にするか。

いかんのオ、興に乗って脱線してしもうたわい。これらについては大いに異論もあると思うが……まあ、もう少しお聞き下され、「おもしろ噺」をするからのオ。

少し話を戻して、笠沙の岬の話にしてみるか。と云うのも、ニニギの神の言葉に、「笠沙の岬にもつながり通っている」とわざわざ断《ことわ》って、いや、拘《こだわ》って云っているのには何か理由《わけ》があるからじゃよ。

高天ヶ原の高千穂峡から宮崎の大淀川の周辺に着いたニニギの神の一行は、大淀川を少し上った辺りの丘陵に、暫く、逗留《とうりゅう》することにしたのじゃった。

まるで幸いにも、天孫ニニギの神がここに来ることを知っているかの如くに建てられた真新しい幾棟もある館を、ニニギの神の一行は借り受けることが出来たのじゃ……いや、正確には、持ち主の所在不明のまま勝手に借り入れたのじゃった。

話を元に戻してニニギの神の一行はここから葦原の中国《なかつくに》の何処に進み、何処に宮を建てた方が良いか、第一の副神のオモヒカネは主だった者と談合し、まず、四方の国々に国見の使者を遣《や》ることになった。また、伊勢の猿田彦《さるたびこ》の具申《ぐしん》によって、なるべくなら大国主神《おおくにぬしのかみ》を崇める葦原の中国《なかつくに》の各国との摩擦も避けたいと思っていた。もちろん大国主神もその事を十分に承知していて猿田彦に日向の地に降臨を進めたのだったが、日向の何処に御座所を定め、何処に宮殿を建てるかはニニギの神に任されていた。

天孫が降臨して以来、ニニギの神の側にはオモヒカネを筆頭に何人かの傅役《もりやく》がいて、その誰かが少なくとも一人は夜となく昼ともなく、いつも必ず侍《はべ》っていた。ニニギの神は新しい土地に降りて来ても、外の景色を眺めたり、一人で出歩いたりすることのない退屈《たいくつ》でもあり窮屈《きゅうくつ》な日々を送っていた。

天上の世界（高天ヶ原の高千穂）とは別世界だけに、ニニギの神の外への好奇心は膨らんで行った。

（何事も自分の目で見、自分の耳で聞き、自分の足で歩き、地上のあらゆる物に自分の手で触れみて、自分の心で受け止めなければ、地上を治める資格はない！）

この日は、ニニギの神は逗留している丘の上の館から、海から昇る太陽を眺めていた。

（太陽があんなに大きく、海を輝かせて昇るのを初めて見た！　高千穂では、陽は山から昇り、山陰に沈むものと信じていたのに！　此処から見える太陽は、正に、『日輪』と言うにふさわしい神秘的な太陽ではないか！　館の後ろの山々も朝日に映えて黄金色に輝いているではないか！　今日は、何とか館の外に出て、あの日輪と話してみたい！）

ニニギの神は定まった時刻に厠《かわや》に行く習慣になっていた。その隙を狙って外に出ようと思っていたのだが、今日の傅役《もりやく》は第一の副神のオモヒカネであり、傍までついて来ていて、表で手水《ちょうず》の用意をしていた。ちょうどその時、館の外が賑々しくなり、明るい歓声に変わった。厠の表で侍っていたオモヒカネが大声で呼ばれた。

「ニニギの宮さま、どうやら、国見の使者が吉報をもたらしたようです！　暫く座を離れますが、直に、傅役《もりやく》を向かわせますので、そのままお部屋にお直りなさっていてください」、と、慌てたようにではなく、浮き浮きと広間としている棟に向かって行った。

空は、青くまぶしく輝いていて雲の棚引《たなび》きもない。

海は青より濃く、藍色から真っ白な波を生んでいた。

砂浜はきらきら光って、波が穏やかに渚を洗っていた。

岩は、青白い飛沫《しぶき》を浴びていた。

さまざまな鳥たちが、群れては離れ、離れては海面に潜《もぐ》って魚を咥《くわ》えて飛び上がってくる。

総てが、ニニギの神には初めて見る光景だった。

『クエーッ！　クエーッ！』という奇妙な鳴き声が岩陰の方から聞こえて来たので、ニニギの神は恐る恐る岩陰を覗いてみた。すると、大きいとも、小さいとも云えない鋭い嘴《くちばし》を持った妙な鳥が、脚《あし》を何かに取られて翼をばたつかせていた。なんと、その鳥には四本も脚があり、しかも、足首から爪先にかけて金色であった。

（鳴き声も奇妙だったが、四本脚の鳥なんて初めて見た。それに金色の足爪は鉤《かぎ》のように曲がっている。あれ？　頭は獣かな、獣に嘴《くちばし》があったかなア？　翼があるのだから、やはり鳥なのだろうが、それにしては奇妙な鳥だ？　獰猛《どうもう》のようにも見えるから、小動物や小鳥や魚には天敵なのであろうか？　でも、可哀想に！　見てしまったからには、知らぬふりも出来まい。罠を外してやらなければ！）

「やい、突っつくんじゃないぞ！　助けてやるのだから。よしよし、そのままでいろ、罠を外して自由にしてやるからな！」

奇妙な鳥にニニギの神の言葉が伝わったのだろうか、解き放された金色の四本脚の鳥は、空高く舞い上がって、宙を一回転《ひとまわり》して急降下して岩に降り立った。後ろの二本脚で立ち、前脚の二本は翼の脇に添えて『クエーッ！』と鳴いて、恭《うやうや》しく頭《こうべ》を垂れて感謝の意を表しているようだ。

（へんな恰好？　良かったな！）

と、ニニギの神も相槌《あいづち》を打って微笑んだ。

「あなたは、心の優しい方のようですな？」

ふと、後ろから声がかかった。

杖を持った老爺《ろうや》が立っていた。天上のカムムスヒの神の持っているような拳《こぶし》のついた杖だった。天上に居た幼いころは、悪戯《いたずら》がばれるごとにカムムスヒの杖が飛んできた。そんな厭《いや》な思いで、顔をよく見てみると、柔和《にゅうわ》で長く髭を伸ばしたところは、祖父のタカミムスヒに似ているようでもあったので、恐れるよりも先に懐かしさがこみ上げて来た。

「老爺《ろうや》は、この辺りの者ですか？」

「はい、この土地の者でございますよ」

「この辺りは、とても素敵なところですね？　空も海もきれいだし、何よりも潮風が美味しい！」

「ほお、お気に召されましたか？」

「はい！　われは幾多の国々を存じませんので、今のところ、ここが一番気に入っております」

「おやおや、これは又、正直なお方ですな？」

「ところで、あの鳥は何と云う鳥ですか？」

四本脚の奇妙な鳥は、まだ、二本脚で立ったまま動かずにじっとニニギの神を見ていた。

「あれは鳥には違いないが、古《いにしえ》の鳥で、わし等は**古鳥蘓**《ことりそ》と呼んでいるんじゃ。海神《わたつみ》の遣《つか》いの鳥なのじゃよ」

「海の神のお遣いの古鳥蘇《ことりそ》の鳥ですか？」

「どのくらい前の鳥か知らんが、鳥とも獣とも魚類とも違って、いつも独りで、群れをなさず生きて来ておるのじゃ。空にあっては、鷹にも鷲にも烏《からす》にも小鳥にも、海にあっては鰐にも鮫にも亀にも小魚にも、陸にあっては、熊にも狼にも鹿にも鼠にもなる、不思議な生き物なのじゃよ。あの金色の脚はじゃ、今は四本脚をしとるが、その時々によって、三本にも二本にも一本にもなって、しかも金色なのじゃ」

「一本に？　何になっても足は金色なのですか？」

「そうじゃよ。魚になる時には脚はないがのオ、ひれが金色になるのじゃ。海神《わたつみ》のお遣いの事柄や内容によって、いろいろな姿形《すがたかたち》に変えるのじゃ」

「海神のお遣いの古鳥蘇《ことりそ》なのに、何故、罠《わな》に嵌《は》まったのですか？」

「それはじゃ、ニニギの神の心を計る海神の戯《ざ》れ事《ごと》だったのだ。戯れ事だったとしても、古鳥蘇の危難を救ったのは事実じゃ。古鳥蘇《ことりそ》には、命を助けてくれた者に、その三代後の尊属《そんぞく》まで助けてやらなければならぬ定めがあるのじゃ」

「ふ～ん……」

ニニギの神には老爺の言葉の意味がはっきりとは分からなかったが、古鳥蘇《ことりそ》に声をかけてみたくなって振り返って云った。

「コトリソ！　コトリソ！」

古鳥蘓《ことりそ》は岩の上で頷《うなず》いたようにも思えたが、次の瞬間には、金色の四本脚で岩を蹴って舞い上がった。小さい筈なのに空中で翼を広げると片翼が一尋《ひろ》（約一間・一八〇cm）にも見えた。金色の四本脚が陽を浴びて、翼に照り返し煌《きら》めかせて、天空を舞う火の鳥のようだった。

「滅多に見せないのだが、あれをわしは古鳥蘓《ことりそ》の**火の舞**《まい》と名付けておるのじゃ」

五度くらい古鳥蘓は火の舞を舞って、『クエーッ！』と一声鳴き、回転しながら急降下で海原に突っ込んだ。飛沫《しぶき》は珠玉《しゅぎょく》が飛び散ったように色鮮《いろあざ》やかであった。飛び込んだ後の波の輪が納まった頃、海原には、一尋《ひろ》くらいの鰐《わに》が海面に浮かんで、目玉をギョロッとさせてから、海原に消えて行った。

「あのワニも古鳥蘓ですか？」

「そうじゃ、海神のところに帰るのじゃろう」

もう、陽は高く昇っていた。

「ところで老爺《ろうや》、この辺りは、どなたの国なのでしょう？」

「この地は事国勝長狭《ことくにのかつながさ》の国でございます。」

「コトクニノカツナガサですか？　どこにお住まいなのでしょうか？」

「まあ、住まいはあってないようなものです。平たく云えば、わしの国でございますのじゃ」

「この土地は、老爺の国なのですか？　それでは私たちが逗留《とうりゅう》している館は老爺の、いえ、国神《くにつかみ》のお館でしたか？」

「そうですじゃよ」

「われの従者たちが持ち主を捜したのですが、見つからなかったもので勝手に入り込んで使ってしまったようです。お許しください！　私は、天孫・ニニギの神と申します！」

「畏《おそ》れながら、天孫のニニギの神、あなた方が勝手に入ったのではございません。そのように約束させられていたのです。ですからお館をお造りし、万端整えて待っておったのです。この国は今までわれが預かり護って参りましたが、これより先は、天孫ニニギの神の国でございます」

「約束させられていたとは、どんな謂《いわ》れでございますか？」

「この国を天孫にお渡しする為に、わしは長い間お待ちしていたのです。それが、わしの役目ですのじゃ」

「誰から授かったお役目なのです？」

「わしの生みの親は古《いにしえ》のイザナキの神で、わしがこの日向の地神《つちのかみ》を仰せつかったのでございます」

「それでは、コト、コトクニ……老爺の名を失念してしまいましたが……」

「事国勝長狭《ことくにのかつながさ》という長ったらしい名じゃが、別に、塩土老翁《しおつちのおじ》とも云いますのじゃ」

「シ・オ・ツ・チ・ノ・オ・ジ……それでは、シオツチノオジは、わが祖母の天照大御神《あまてらすおおみかみ》のお兄神《あにかみ》に当たられるお方なのですか？」

ニニギの神は塩土老翁《しおつちのおじ》の前に跪《ひざまず》いて頭《こうべ》を垂れた。

「まあ、お手を上げてください。わしが天神《あまつかみ》であれば、そうなのであろうが、わしは地神《つちのかみ》じゃからのオ。イザナキの父神とイザナミの母神が地上の国々をお産みなされた後に、わしら数多《あまた》の兄弟は地上の神として生まれ、それらの国々に遣わされた者なのじゃよ。天神とは天と地ほど神(格)が違うのじゃ」

「そんな事はありません。シオツチノオジはわれの知っている天神に比べても、一番の品格者です！」

「これは、これは買いかぶられたものですな。神格がなくとも品格があるか？　ハハハ、愉快じゃのオ！」

塩土老翁《しおつちのおじ》は独り上機嫌だった。

「ところで、われを待っていたとか、この国がわれのものだとか仰っていましたが、何故なのです？」

「わしは、父神イザナキに日向の地に遣わされる時に申し渡されたのじゃ。何代も後の事になるだろうが、天孫がこの地に降りられるであろう。日《ひ》の本一《もといち》の日向の土地を、降臨した天孫に譲ってあげて欲しいと。それまでは身罷《みまか》ってはならぬと、きつく、申し受けたのじゃ。そして又、その後《のち》、天孫三代の子孫までは仕えよとのお言いつけを承《うけたまわ》っておるのだ。だから、わしは、何十年何百年かかろうが、待っておったという次第じゃ」

「ありがとう、シオツチノオジの地神《つちのかみ》！　あの、シオツチノオジって、どんな字を当てるのです？」

「ハハハ……しょっぱい塩、ツチは大地の地、そして老《お》いた翁《おきな》と当てて老翁《おじ》と読むのじゃ」

「良い名だと思います！　塩土老翁《しおつちのおじ》の神、日の本一の日向の国を譲り受けます！」

「そのようになされ、ヒコホノニニギの神！　いや、これからは、ニニギ尊《のみこと》と名乗るが宜《よろ》しかろう」

「ミコト、ですか？」

「そうですじゃ。尊《たっと》いと当てて『尊《みこと》』ですじゃ。この国では『神』は似合わぬでのオ。そしてニニギ尊《のみこと》の御子たちは、○○命《のみこと》、同じミコトでも命《いのち》の字を用いるのじゃ。『尊』が第一の尊称で、『命』は二番目の尊称じゃ。お分かりかのオ、ニニギ尊？」

「ニニギ尊《のみこと》！　心地よい響きの名前です。われも大いに気に入りました。これから館に帰って、早速、皆にわれの事をニニギ尊と呼ぶように申し渡しましょう！」

「実はじゃな、ニニギ尊の従者たちも……従者もいかんな、これからは『臣下《しんか》』と呼ぶが宜《よろ》しかろうぞ。そのニニギ尊の臣下たちも、今頃は、わしの家臣の者たちの案内で日向の国見の韓国岳《からくにだけ》と霧島山の下方にある、日向の国の霧島の里に向かっとる頃じゃろう」

「日向の霧島の里ですか？　これも響きの良い地名ですね？」

「ここからは、さほど遠くない、一日ばかりの道のりじゃよ」

「それでは従者の、じゃなかった第一の副神でもない、第一の臣下のオモヒカネも、われが居なくなって大わらわであろうか？」

「それも心配ありませんぞ！　この塩土老翁《しおつちのおじ》とこの海辺におる事はオモヒカネどのもとっくに存じておる。わしが遣いを出しておいたからのオ。だから、ニニギ尊《のみこと》は、せっかく授かった機会なのだから、ほら、あそこに見える『かささの岬』に行《ゆ》かっしゃるが良かろう」

「何かあるのですか？　それとも、見晴らしが良いのですか？」

「両方じゃな。あのかささの岬からは、浜の渚に建てられた小さな館が見える。その館には、色白の見目麗《みめうるわ》しい姫御《ひめご》がおってな、楽《がく》の音《ね》を奏でておいでじゃ」

「どなたの姫御なのでしょうか？」

「それはじゃ、ニニギ尊がお出《い》でになった上で、お気に召されたら御自身でお聞きになる事じゃな」

「もし、気に入ったら、われも名乗っても宜しいでしょうか、ニニギ尊と！」

「当たり前ですじゃ。その上で、あなたの第一の臣下のオモヒカネどのをお遣いに立てて、姫御の父上と御婚姻の約束を交わしてください。そうすれば、この地上での今後の婚姻の仕来《しきた》りになりましょうから」

やっと、わしの語りに戻って来たわい。爺さまが二人も登場していると言葉も混乱していかんからのオ。

さて、ニニギ尊《のみこと》は塩土老翁《しおつちのおじ》と別れた後に、かささの岬に立ったのじゃ。遠くまで白砂の続く綺麗な浜辺じゃった。二つばかりの先の砂州《さす》と海に建てられた床高《ゆかだか》の館があって、館の床の下の柱は満潮の海水に浸っているのじゃった。

ニニギ尊は岬の砂に足をとられながらも駆け下りて、館の階《きざはし》の入口まで行って、訪《と》うてみたのじゃ。すると、間もなく召使であろう女が出てきて云ったのじゃった。

「この辺りでは見ぬ殿御《とのご》じゃが、ここは葦原の中国《なかつくに》の山々を司《つかさど》る長《おさ》オオヤマツミの別館《わけつやかた》で、わらわは娘の磐長姫《いわながひめ》と申しますが、どちらの国の殿御でございましょうか？」

（この女人が、召使でなく、姫御なのか？）

ニニギ尊は一瞬、ガクッとめまいに似《に》たものを覚えた。

余りにも期待とは裏腹な、色白の見目麗《みめうるわ》しい姫御どころか、赤ら顔の醜女《しこめ》であった。

ニニギ尊は、残念無念の大きなため息を吐いて、そのまま立ち去ろうとすると、ニニギ尊の背に磐長姫の声が浴びせられた。

「お若い殿御、無礼であろう！　女のわらわが名乗ったのに、こちらを訪《と》うた男が名乗らずに帰られると云うのか？」

磐長姫の声には棘《とげ》があった。

「そうであったな、御無礼を致しました。われは天《あま》……ニニギ尊《のみこと》でございます」

「もしや、あなたさまは、て、てん、天孫のニニギの神……？」

磐長姫は驚いて、階《きざはし》を降りようとして自分の長袴《ながはかま》を踏んでつまずいて転がり落ちようとした。

その磐長姫の体を、ニニギ尊が確《しっか》りと抱き止めた。

磐長姫はニニギ尊の胸の中で息遣《いきづか》いも荒く、うっとりとニニギ尊の顔を見上げた。

そしてニニギ尊の瞳の中に煌《きら》めく星を見た思いで、磐長姫がニッと笑った！

その顔たるや、ニニギ尊にとっては赤鬼が歯を剥《む》き出したように思えて吐き気をもよおした。

「姉上、何をなさっているのです！」

階《きざはし》の上から語気は強いが温かみのある声が聞こえた。

ニニギ尊が目をやり、その女人を見た途端、ニニギ尊の目は凍りついてしまった。

五体は強張《こわば》ってしまい、磐長姫を抱いている腕にも力が入った。

磐長姫は呻きにも似た声を発し、両腕をニニギ尊に絡めた。

「まあ、はしたないこと、姉上！　そこの殿御、わらわはオオヤマツミの娘の**木花開耶姫**《このはなさくやひめ》と申します！」

にっこり微笑まれたのを見て、呪縛から解かれたニニギ尊は腕の力も抜けた——と同時に、磐長姫は砂州《さす》に落ちた。

「コノハナサクヤヒメ！　われ、われが、そなたをわれの妻姫《つまひめ》にしたいと思うが……」

「わらわにはお答えする事ができません。父オオヤマツミのお答えに従います！」

如何にも毅然《きぜん》とした態度で応えた。

この何とも長ったらしが響きの美しい「コノハナサクヤヒメ」は、今日でも能楽や舞踊やまた歌舞伎や人形浄瑠璃《にんげんじょうるり》などの主人公なのじゃ。また、「コノハナサクヤヒメ」には色んな当て字があるが、ここでは木花開耶姫《このはなさくやひめ》として話を進めますぞ。

その三　木花開耶姫、海幸彦と山幸彦の母となる

ニニギ尊《のみこと》は木花開耶姫に自らの名を名乗り、早々と丘の上の館に帰ると、浮き浮きと落ちつかぬ態《てい》を為《な》しながらしてニニギ尊の帰りを待っていた重臣のオモヒカネの国見の報告はそっちのけで、オモヒカネよりも更に浮き浮きとして、オオヤマツミの娘の木花開耶姫《このはなさくやひめ》に出逢ったことを話したのじゃ。そして、オモヒカネにオオヤマツミの娘に妻乞《つまこ》いの使者を立てて欲しいと迫ったのじゃった。恋のとりこになってしまったニニギ尊に、今は何を話しても「心ここにあらず！」の様子に、オモヒカネも観念したらしく、まず、恋の思いを遂げさせねば何事も進まぬと思いかねたのじゃった。

そこで、オモヒカネは自《みずか》らが、オオヤマツミの館に妻乞いの使者に立ち、娘御《むすめご》を天孫の妻姫に賜りたいと申し上げたのじゃった。日頃から冷静沈着なオモヒカネもこのようなお遣いは初めて

でもあり、苦手らしく、口も定まらぬしどろもどろしていたのじゃった。

が一方、山の司《つかさ》の長オオヤマツミの方はと云えば、これ幸いとばかりに両手を挙げての大喜びで、オオヤマツミは左の手に磐長姫《いわながひめ》と書いた板柵《いたざく》と右手に木花開耶姫《このはなさくやひめ》と書いた板柵と、山ほどの契りの品々（後の結納品）と、それに、かささの浜にある別館をも差し上げると約束されたのじゃった。

つまりじゃな、オオヤマツミは姉と妹とを同時に婚姻させたかったのじゃ。大喜びのオモヒカネも打算的なオオヤマツミも、こんなに簡単に決まったのだから、早いうちが良いと思い、いっその事、明日にでも契りの夜にさせたいと老人二人で勝手に決めたのじゃった。

まあ、塩地老翁《しおつちのおじ》の地上での新しい婚姻の仕来《しきた》りも、その後はどうやら、「親どうしの勝手の婚姻」として受け継がれてきたようじゃ。昨今では、「子の勝手！」になっとるようじゃがのオ。

オモヒカネとオオヤマツミの男どうしの婚姻の交わしごとは大雑把《おおざっぱ》と云うか、心細やかではなかったようじゃのオ。迷惑するのは当人たちだったのじゃ。このことがすぐ後に、とんでもない事件を起こすことになるとは誰にも予想が出来なかったのじゃ。

契夜《ちぎりよ》（初夜）に姉と妹が同時と云うのはのオ。

その事は押して知るべしと思うのだが……云わにゃならんのかのオ。

磐長姫《いわながひめ》は砂州《さす》に落とされた痛みも愛しく、ニニギ尊の腕に抱かれた感触も忘れられずに、例の目付《めつ》きで『ああ〜、姉のわらわを最初に！』とばかりにニニギ尊《のみこと》に纏《まと》わりつくのじゃった。

ニニギ尊は何かと理由を見つけて逃げ回っているのじゃった。がしかし、磐長姫もさるもの、木花開耶姫《このはなさくやひめ》には先に手を出させまいと確《しっか》りと見張り続けていたのじゃ。が、緊張の糸も緩むと、人間誰しも、睡魔に襲われてしまうものじゃて。

磐長姫も寝息を立て始めた。これ幸いとばかりに、ニニギ尊は木花開耶姫を自分の寝間に連れ込んで、契夜《ちぎりよ》のたった一回きりの契りを行ってしまったのじゃ。

妻乞いの儀式の契夜《ちぎりよ》は、両者がどんなに意気盛んであっても、ア、ウンの呼吸だとしても、心の底から昂《たかぶ》っていても、契りはたったの一回だけなのじゃ。覚えておくといいぞ！

天上のニニギ神《のかみ》から地人のニニギ尊《のみこと》と名前を変えても、まだまだ天上の神の身であるのじゃから、その天神《あまつかみ》の御利益なのかも知れぬが、初夜のたった一回だけの契りで木花開耶姫《このはなさくやひめ》は懐妊してしまったのじゃ。

木花開耶姫はその事実をニニギ尊に話すべきかどうかと、姉の磐長姫に相談したら、磐長姫は笑みを浮かべ、明朝にもニニギ尊に話すべきであると大変喜んでくれた、と木花開耶姫が思うのは甘い話じゃった。その夜、怒りの般若顔《はんにゃがお》となった磐長姫は悪霊の呪術の力を借りて、生霊《いきりょう》となってニニギ尊に取憑《とりつ》いたのじゃった。

翌朝の事であった。木花開耶姫《このはなさくやひめ》は静々とニニギ尊の部屋に参ったのでした。

「御目覚めでございましたか、ニニギ尊《のみこと》？　大事なお話がございます。わらわは、木花開耶姫《このはなさくやひめ》は天孫・ニニギ尊《のみこと》の御胤《おたね》を戴きました、つまり、その、身ごもりました。天孫の御子でありまから、父の家でこっそり産む訳にも参りませんので、どのように致したら宜しいかと、お伺《うかが》いに上がりました」

《そうか、一夜《ひとよ》の契りのたった一度の契りで、われの子を孕《はら》んだと云うのか？　われが天孫であっても、一夜のたった一度の契りで子を孕ませることが出来よう筈もあるまい！　その腹の子はわれの子、天孫の子ではない！　そこらの国男《くにつおのこ》の輩《やから》の子であろう！》

ニニギ尊の声は吃驚《びっくり》して震えているからなのか、事の大きさに驚愕《きょうがく》しているからか、明瞭ではなく陰《いん》に籠《こ》もった二重に聞こえるような声をしていたのだが、煮え湯を飲まされたような気持ちの木花開耶姫には、声の正体を見抜くことなど出来なかった。

「そのような御言葉、残念に思います。わらわが不義をはたらいたと仰いますのか？」

《不義ではないと云うのなら、証《あかし》でもあるのか！》

こんなにも惨めな思いをするのなら、巫女の修業をした姉上の磐長姫にお願いして、呪詛《じゅそ》をもってニニギ尊を呪ってやろうとさえ思ったのだが、口からは別の言葉が飛び出してきた。

「ニニギ尊《のみこと》が御望みなのは、わらわが潔白であると云う証ですね。それでは、どのような証を立てれば良いのでしょうか？　どんな証の仰せにも従います」
《そんなに証を立てたければ、こうするが良い！　この館に火を点けて、火の中で子を産むが良い！　天孫の子は、たとえ火の中であろうが水の中であろうが、生きて産まれるのじゃ！　おまえをも神は火傷をさせたりはしない、どうじゃ！》
「分かりました。わらわが焼け死に腹の子も死んだならば、国男《くにつおのこ》の子と思ってくれて結構です！　しかし、わらわも生まれた子も火の中で無事でしたなら、天孫の子と信じてくれるのですね？　そのウケヒ、申し受けます！」
《ほう、そんなに証を立てたければ、そうするが良かろう！　われはそちの出産の邪魔はせぬ！　われはこの館を離れるとしよう！　われが階《きざはし》を下りたら、直にも、火を点けるがよい！　これは、天孫ニニギの命《めい》じゃ！》
と、ニニギ尊は虚《うつ》ろの眼《まなこ》のままに、何かに誘《いざな》われるように足取りも覚束《おぼつか》なく、階を下りて砂州に倒れた途端に、ニニギ尊の身体に入り込んでいた磐長姫の生霊《いきりょう》は抜け出して、ニニギ尊を抱くように階から遠ざけるのだった。

間もなく別館《わけつやかた》に火が上がり、館は炎に包まれて行くのだった。別館の使用人たちや侍女たちが恐怖の金切り声を上げ、『木花開耶姫《このはなさくやひめ》が！』と叫び、泣きながら飛び出してきた。

炎が館の屋根の全体に燃え盛ってきたと思うと、館の扉から階《きざはし》の上に現れたのは裸の男の子であった。そして、云った。

「われは天孫の子、名は火照命《ほでりのみこと》（火進命とも）である。わが父ニニギ尊《のみこと》は何処におられる！　われの母はどこにおられる？」

ニニギ尊は、まだ夢から覚めやらぬ朦朧《もうろう》とした様子で、何事が起ったのかも分からずにいた。

磐長姫が階の上の火照命《ほでりのみこと》に手を差し伸べると、男の子は階を下りて磐長姫の腕の中に飛び込んだ。

と、別館《わけつやかた》の炎がやや収まりかけようとした時、又、館の扉から、もう一人の裸の男の子が階に現れた。そして、同じように云った。

「われは天孫の子、名は火遠理命《ほおりのみこと》（火火出見命とも）である。わが父ニニギ尊《のみこと》は何処におられる！　われの母はどこにおられる？」

ニニギ尊はどうやら意識が戻ったらしい。が、事の重大さを見て叫んだ。

「これは、一体、どうしたことじゃ、磐長姫《いわながひめ》！　木花開耶姫《このはなさくやひめ》はどこにおる？」

「落ち着きなさいませ、ニニギ尊《のみこと》！　どうした訳か、木花開耶姫が別館《わけつやかた》に火を放って、火炎の中で子を産んだようです。ごらん下さい、わが腕にいるこの男の子は最初に産まれた火照命《ほでりのみこと》と申します」

「これがわが子か？　誰が名付けたのだ？」

「自ら、火照命《ほでりのみこと》と名乗りました。そして、階《きざはし》の上で煙に巻かれまいとうろうろしている子が二番目に産まれた御子で、何とかと申しております」

階《きざはし》の男の子・火遠理命《ほおりのみこと》は館の外にいる者たちを一瞥《いちべつ》し、燃え盛る館の中に再び入って行った。

　ニニギ尊も磐長姫もそして駆けつけたオオヤマツミや親類縁者も近隣の民人たちも、皆みな唖然《あぜん》とした面もちで手をこまねいている中に、火遠理命《ほおりのみこと》は母の木花開耶姫を助け出して階に現れた。木花開耶姫の顔は煤けているものの全く無傷であった。館の扉からは火焔が噴き出しているが、階の二人には熱くもなく平気らしい。

「ニニギ尊《のみこと》、わらわのウケヒをしかと見届けられたでしょう！　尊《みこと》の仰せられた子たちは国男《くにつおのこ》の輩《やから》の子ではありません。お分かりになりましたか？」

「何を言っておる、木花開耶姫《このはなさくやひめ》！　われは、そなたの懐妊もウケヒも今の今まで知らなかったぞ！」

「それこそ、何を仰います！　今朝、懐妊のことを申し上げましたら、天神《あまつかみ》ニニギの子ではない！国男《くにつおのこ》の輩の子であろうと仰せられたではありませんか！」

「今朝のことだと？　われは知らぬぞ！　待てよ、われは眠っている間も苦しく、中有《ちゅうう》をさまよっていたような気がする。が、それにしても何故、このような事で命を粗末にしようなどと考えたのか！」

「それこそ余りにも情けない御言葉です！　ニニギ尊《のみこと》ご自身が、階《きざはし》を下りたら直ちに館に火を点けて子を産めと命じられたではありませんか！」

木花開耶姫は階を下りてニニギ尊の足許に伏して、身を震わせて泣いてしまった。

ニニギ尊は人間の細やかな感情を得るに至っていなかったものだから、ただオロオロするばかりで辺りの人々の目だけを気にしていた。

「ニニギ尊《のみこと》、これには何か訳《わけ》があるようです。われが、このオオヤマツミが後ほど裁きをつけます故、まず、木花開耶姫《このはなさくやひめ》の手を取って上げてください！」

と云いながらオオヤマツミは膝立ちで礼を尽くし、これらの仕業《しわざ》は磐長姫の呪術によるものだと確信して、磐長姫をジロリと見据えた。

ニニギ尊は、やはりどうしたものかと手も出せぬままでいると、火遠理命《ほおりのみこと》が父のニニギ尊の手を取り、母の木花開耶姫の手を握らせるのであった。

先に産まれた火照命《ほでりのみこと》は、自分を引きよせてそっぽを向いている磐長姫を真似てそっぽを向いていた。

「さあ、ニニギ尊《のみこと》、木花開耶姫《このはなさくやひめ》と火遠理命《ほおりのみこと》をお連れになり、日の本一の日向の霧島に御子の御座所《ござしょ》をお定めなされ！」

いつの間に現れたのか、地神《つちのかみ》の塩地老翁《しおつちのおじ》であった。この土地の者たちは日向の国守《くにのかみ》「事国勝長狭《ことくにのかつながさ》」であることを知っているので、一様に平伏した。

どうやら、青くさいニニギ尊より﨟長《ろうた》けた塩地老翁の方の位が上だと勘違いをしているようだ。

「オオヤマツミの山の司《つかさ》よ、お主は何を為すべきか存じているだろうな？」

「ハ、ハイ！　事国勝長狭《ことくにのかつながさ》の守。われは、磐長姫だけを伴ってと申し上げたいところなのですが、見ると、先ほどから長子の火照命《ほでりのみこと》が磐長姫の手を握って放さぬようですので、わが実家で火照命をお育て致したく存じますが、如何でございましょうか？」

オオヤマツミの目は、この場ではこれ以上の詮議《せんぎ》は、お許し下さいと訴えていた。

別館の骨組の柱も萱葺きの屋根も音を立てて崩れ落ちた。

「皆の者、見るがよい、別館《わけつやかた》は燃え落ちてしまった！　誰が命じ、誰が火を点けたのでもなし。われの御子たちが無事に産まれた事を祝《いお》うてくれ！」

と、皆の目を焼け落ちた館に誘ったところに、その焼け跡から赤い炎のような衣を纏《まと》い金色の脚をした鳥が飛び立った。

「あれは、金色の四本脚、古鳥蘓《ことりそ》ではないか！　古鳥蘓の舞は、火の鳥の舞のようじゃ！」

オオヤマツミの館に連れ戻された磐長姫は悔し涙に濡れて云ったのじゃ。自分は容貌が醜《みにく》く産まれたために、ニニギ尊《のみこと》に全く相手にされず、妹の木花開耶姫《このはなさくやひめ》にも素気《すげ》なくされ、二人の屈辱《くつじょく》には耐えられなかったと云い、それらの事はみな、父のオオヤマツミの所為《せい》だと恨み事を云ったのじゃ。オオヤマツミは不幸せに産まれた姉の磐長姫を妹の木花開耶姫と一緒に、ニニギ尊が可愛がってくれれば、どんなにかありがたいと思い、オモヒカネとの間に両手の約束（片手に、妹の木花開耶姫、もう一方の手には姉の磐長姫共々の約束）があった筈なのに、裏切られたような思いで歯ぎしりをしていたんじゃ。

（わしが二人を連れ添わせたのは、姉娘の磐長姫を御側に置かれれば、天孫の身体は雪にも雨にも風の強さにも負けないものとなり、政《まつりごと》も磐石《ばんじゃく》に永遠不滅であろうと願い、また、妹娘の木花開耶姫を差し上げたのは、ニニギ尊の末裔《まつえい》までも木の花々が華やかに咲き誇るようにと、二人揃えて献上したのに、磐長姫とは一度も契らずに疎《うと》んじ、木花開耶姫だけを伴って霧島の宮に行かれたとは、いかにも無念じゃ！）

と、オオヤマツミは怒り心頭《しんとう》に発《はっ》したのじゃ。

　邪悪心というものは相手の心が狂っているところに土足で踏み込んでくるものでのオ。磐長姫も、この時とばかりに、ニニギ尊《のみこと》が事国勝長狭《ことくにのかつながさ》の守《かみ》と組んで、日向の国ばかりか葦原の中国《なかつくに》の総てを自分らのものにしようと企んでいると、悪意を更に輪をかけて父のオオヤマツミに云ったのじゃ。そして、それに対抗するたくらみを磐長姫はオオヤマツミに云ったのじゃ。それはじゃ、ニニギ尊を亡きものにして、長子の火照命《ほでりのみこと》を後継ぎにさせれば良いと吹き込んだのじゃ。

　勿論《もちろん》、親娘《おやこ》の考えは一致した。二人は、オオヤマツミの神殿に入り、呪詛《じゅそ》を唱えた。

《天孫も天孫の末裔《まつえい》までも、また、民人の命も草木の如くに短くあれ！　美しき者、薄命であれ！》

　そして、それからというもの地上では天孫もその末代に至るまで、また民人も同じように、ある年齢に達すると死を迎えるようになったのじゃそうな。

天上の天照大御神《あまてらすおおみかみ》を始め、いつ果てるともなく影響を及ぼす神々は地上には必要なくなったのじゃ。オオヤマツミの呪詛《じゅそ》によって年齢制限を受けた地上の人々の最初の犠牲者となったのは、年齢を重ねていたオオヤマツミ自身であったのじゃ。いずれ、ニニギ尊《のみこと》も木花開耶姫《このはなさくやひめ》も、磐長姫《いわながひめ》もそうなるのじゃが、それは後《のち》の事として、次代の二人の御子について語らにゃいかんのオ。

その四　山幸彦、ワタツミの宮に沈む

天孫ニニギ尊《のみこと》の御子の一人はオオヤマツミの館で磐長姫《いわながひめ》に育てられて成長した火照命《ほでりのみこと》であり、別名、**海幸彦**《うみさちひこ》と呼ばれ、もう一人は山を越えた日向の霧島の高千穂の宮で木花開耶姫《このはなさくやひめ》に育てられて成長した火遠理命《ほおりのみこと》は、**山幸彦**《やまさちひこ》と呼ばれていたのじゃ。

さて、火照命《ほでりのみこと》の海幸彦と火遠理命《ほおりのみこと》の山幸彦の兄弟が成長するにつれて、兄の海幸彦は名の通りに、海で漁をして、海のどんな魚でも釣り鈎《つばり》に引っかかった魚は決して逃がさないという釣りの名人になっていたし、弟の山幸彦は山や森林で狩猟に励み、これまた、大きい獣のや小さいのやどんな獲物でも狩るという名人になっていたのじゃ。

ところが海幸彦は、どんな大物の魚を釣っても欠伸《あくび》の出るほど単調な毎日に飽きていた。釣り

自体は嫌いではないのだが、釣り糸を垂れれば直ぐに魚が釣れるし、そこにはもう、身震いするような戦慄《せんりつてき》的なものを望めなくなっていたからであった。

そこで海幸彦は、山幸彦の狩り場を訪ねて申し入れたのじゃった。

「あぁ〜っ！　退屈と思わんか山幸彦！　来る日も来る日も同じことの繰り返しで、たまには獲物を捕る道具を、つまり、俺《おれ》の釣り鉤《ばり》とお前の弓矢を交換し、互いに持場を換えて漁猟を楽しんでみるのも一興ではないか！」

海幸彦はわざと大欠伸をし、兄貴風を吹かせて、山幸彦に強要するように云った。

「海幸彦の兄さん、われは釣りになど興味はないし、得意でもありません。それに山や森の狩りは、獲物を追っかけて毎日違う場所で行いますから、われは結構楽しいのです。気の荒い猪なんかに手こずることもあるけれども、それが尚、身震いするほど楽しいのです」

山幸彦は弓の弦《つる》を鳴らし、弦の張りを締めながら云い返した。

「じゃ何か、お前は俺がいつも同じ場所で釣り糸を垂れているだけだから退屈だと云いたいのだな？」

「そう云う訳ではありませんが、海幸彦の兄さんも毎日、釣り場所だけでなく釣り方を変えてみたら楽しいと思いますけど？」

「何を生意気に。俺だって、舟をあちこちの沖に出して魚釣りをやっているのだ。だけどな、どこで釣っても馬鹿な魚どもが、直ぐに釣れてしまうから楽しくないのだ！」

「魚がたくさん釣れるのに、楽しくないのですか？　大きな魚と格闘することもないのですか？」

「お前が獣と格闘するような野蛮なことは魚釣りにはないのだ！　魚釣りというのは、釣れるか釣れないかの瀬戸際で釣り糸を垂れてせめぎ合うから楽しいのだ。なのに、俺の場合はこの釣り鈎を使ってからというもの、釣り糸を垂れただけで直ぐに釣れる。わくわくするようなせめぎ合いにも遊びにもならん！」

「それなら、別の竿とか釣り針とかに換えてみてもよいのでは……釣れない針で魚と根競《こんくら》べをすれば楽しくなりましょうに」

「それも面白くない！　竿も針も何十本もあるが、外の針を使ったら、今度は俺をコケにしたように魚が一匹も引っかかって来ないのだ」

「どうして、そのお気に入りの釣り針にだけ魚が喰いつくのでしょうね、不思議ですね？」

「あの釣り鈎《ばり》は、磐長姫の義母上《ははうえ》に頂いた大切なものなのだ。綺麗な釣り鈎で光に当てると虹色にも輝くのだ。が、釣れ過ぎて楽しくない！」

「兄さん、それは贅沢《ぜいたく》と云うものです！」

「何だと、俺に説教するな！　まあ、いい。なあ、山幸彦、俺も山を走りまわる猟をしてみたいのだ！」

「獣と格闘するような野蛮なことをですか？　でも、それほど海幸彦の兄さんが山の狩りを楽しみたいと云うのなら、一日限りで貸してやってもいいです」

「一日限りだと、お前も随分と吝《しわ》いことを云うじゃないか、ま、最初だから一日でも良いとするか！」

「きっと、一日限りですよ！　それじゃ、この弓矢を兄さんに預けます。その代わりに兄さんのその竿と釣り針を貸してください」

「この釣り鈎《ばり》は駄目だ！　義母上《ははうえ》に頂いた大切なものだと云った筈だ。お前にはこの釣り鈎を上手に扱えないと思う。だから、誰にでも扱える別の釣り針を貸してやろう。どうせ、釣りには興味がないと云っていたではないか」

海幸彦が義母から頂いた釣り鈎《ばり》を陽にかざすと、その鈎《はり》は虹色の光を放った。

「凄《すご》い！　われはやっぱり、兄さんがいつも使っている、今、陽にかざした磐長姫の伯母上《おば》の釣り針でなければ、嫌です！　その釣り針で一匹でもいいから大きな魚を釣り上げてみたくなりました。ですから、その釣り針でなければ嫌です！」

「強情な奴だな、山幸彦！　釣り道具はだな、自分に馴染《なじ》んで扱いなれているからこそ、上手《じょうず》に操《あやつ》れるものなのだ。この俺の釣り鈎とは……兄弟以上の信頼関係があるのだぞ！」

海幸彦は『親子ほど』の信頼関係と云いたかったのだが、生みの母の木花開耶姫《このはなさくやひめ》に育てられた山幸彦が羨《うらや》ましく恨めしくもあったので、『親子ほど』とそう云えなかったので『兄弟以上』のと置き換えて云ったのだった。

海幸彦は伯母の磐長姫《いわながひめ》に何不自由なく育てられたのだったが、そのことが却って海幸彦の心を屈折させていたのだった。実母の手で育てられた山幸彦には、海幸彦の羨《うらや》ましさに気がつく筈もなかった。それが分かるだけに山幸彦に対する海幸彦の嫉妬心も深かったのだ。

「われの弓矢だって同じです。何度も作り変えて、弦《つる》も毎日張り換えて手入れを怠《おこた》っていません。だからこそ、この弓矢はわれに馴染んでいるばかりでなく、兄さんの云った通りに狩りを上手《うま》く出来るのです。その日の狩りの方法も、この弓矢がわれに教えてくれるのです。でもわれは、この大事な弓矢を兄さんに貸そうと云うのです。ですから、われにも兄さんの大事な叔母上の釣り針を貸して下さい！」

「ほんとにくどい奴だな、お前は！　ダメなものは、ダメだ！」

「じゃ、海幸彦の兄さん、交換はナシと云うことで良いですね？」

「ほう、開き直るつもりか？　それとも喧嘩《けんか》を売るつもりか？　喧嘩なら受けて立ってもいいぞ！　お前の山や森林なんか俺の館の者に命じて、全部、焼き払ってもいいのだぞ！　お前は俺の海水を全部干《ほ》すことなど出来ないだろう？」

海幸彦の言葉づかいは急に脅迫じみてきた。

「海幸彦の兄さん、それは諍《いさか》いを越えた戦になってしまいます。もうお忘れになったのですか、父上のニニギ尊《のみこと》が、われらに仰《おっしゃ》っていた言葉を。上に立つ者は下の者の云うことに耳を貸さればならぬ、と！　兄さんは皇太子《ひつぎのみこ》・火照《ほでり》の尊《そん》の尊《みこと》になり、この国を治められる方になるのだし、われは兄さんに仕える臣下の身で命《めい》を受ける命《みこと》なのだから」

と云って、山幸彦は片膝立《かたひざだ》ちで軽く頭《こうべ》を垂れ両手をついた。

「分かった、山幸彦。分かったから、もう、頭をあげよ！　それにもう分かったような、分からぬような屁理屈《へりくつ》を云うな！　お前は、よく昔のくだらない事ばかり覚えているな。それじゃ仕方がない、上に立つ者として、お前にこの釣り鈎《ばり》を貸してやろう！　だが、怪我をするんじゃないぞ、また、決して失ってはならんぞ！」


と云うことでじゃ、海幸彦は渋々と承諾顔《しょうだくがお》をしながらも、山幸彦から未来の皇太子の尊《みこと》の位を約束された良い気分にほくそ笑《え》んで、大事な釣り鈎《ばり》と山幸彦の弓矢を交換したのじゃ。

それで海幸彦は、その日のうちに館の者たちを引き連れて意気揚々と山幸彦の山に狩りに行ったのじゃが、慣れぬ狩猟の上に、山の地は急に高くなったり低くなったりで、どこをどのように進んでよいものやら見当もつかなかったんじゃ。ただ息が切れるばかりであった。海の釣りばかりで足腰の鍛錬《たんれん》不足というよりも、使う筋肉が海と山とでは全く違っていたので、海幸彦たちはどんなに知恵を廻らし策を練って罠を仕掛けても、後手《ごて》ごてになって獲物はかからず、四方から攻めて絡めて獲物を罠に追おうとしてもじゃ、その獲物から逆に追われる始末でのオ、ほうほうの態《てい》で逃げ帰って来るばかりじゃった。

三日目も獲物を一匹も捕まえることが出来なかった海幸彦は、とうとう四日目には山の猟は嫌になってしまって、岩場で釣り糸を垂れている山幸彦のところに現れて云ったのじゃ。

「おい、山幸彦の弟、そろそろ釣り鈎を返せ！」

「だって、まだ一匹も釣れていないいんだもの」

「何を云っとるのだ、大体、お前が一日限りと云ったんだぞ！　今日で、もう四日目じゃないか！」

「だって、兄さんは一日過ぎても弓矢を返してくれなかったじゃないですか。だから、われは退屈しのぎに渋々ながら、一昨日《おととい》から海に出て糸を垂れてみたのです。兄さんは、この釣り針を垂れると直ぐに釣れるから退屈だと云ったけど、なのに、われがやっても一匹も釣れないのです。本来、釣りは好きじゃないけれど、二日も経っても魚が一匹も釣れないというのは、余りに悔しいじゃないですか。だから、今日もこうして糸を垂らしているのです」

「釣り鈎がどんなに優《すぐ》れものであろうと、それを操《あやつ》る者に術《すべ》がなければ土台無理な話だと云ったろう。まあ俺もな、山で良い経験をさせて貰ったよ。山の獲物を捕る道具も方法も、慣れた者の為《な》せる業《わざ》だってな！　もう、互いに道具を元通りに返そうではないか、な、山幸彦！」

「あっ！　かかった！」

山幸彦の釣り竿の先がしなって、二度三度、浮き沈みした。

「よし、慌てて引くな！　このしなり方だと、大鯛か大ひらめだぞ！　そうと、そ～とだ！」

「ああっ！」

「逃げられたか？　アッハハハ……」

「兄さんが、傍でごちゃごちゃ云うから逃げられちゃったじゃないか！　ああっ！」

「今度は、どうした？」

「釣り針が……針が、ない！　兄さん、釣り針を海の中に落としてしまいました……」

山幸彦の上げた竿の糸は、切れたまま揺らいでいた。

「何だと！　だから、早々に返せと云ったんだ！　直《すぐ》に捜して来い！」

「捜して来いって、海の中に潜《もぐ》ってですか？　魚に持って行かれたのかも分からないのに？」

「ツベコベ抜かすな！」

「そうそう、兄さん、われのこの十拳《とつか》の剣《つるぎ》で五百本の釣り針を作って差し上げましょう」

と、腰に佩《は》いた玉を散りばめた十拳《とつか》の剣《つるぎ》を叩いた。

「ダメだ！　俺の釣り鈎を返せ！」

「それじゃ、千本の釣り針を作りましょう！」

「並みのくだらぬ針の数を云っているのではない！　何百本何千本作ったって俺の釣り鈎《ばり》にはならん！　お前は、俺の釣り鈎をただの『針』と云っておろうが、俺の義母上《ははうえ》の釣りばりのはりは、『鈎《かぎ》』と書いて、釣り鈎《づばり》と云うのだ。だから、あの釣り鈎は俺の宝なのだ！　元の俺の義母上《ははうえ》の釣り鈎でなくてはダメだ！　潜《もぐ》ってでも捜して来い！　三日過ぎたら、お前の山を焼き払うぞ！」

山幸彦がどんなに謝っても海幸彦は聞き入れようとしなかったのじゃ。

山幸彦には為《な》す術《すべ》もなく海ばたで嘆き悲しんでいると、そこに何処から現れたのか、漁師風の人が出て来たのじゃった。この人こそ、例の塩地老翁《しおつちのおじ》じゃった。覚えておるかのオ？

「のうのう、わしはこの辺りで舟を使《つこ》うて漁をしておる者でのオ、塩地老翁《しおつちのおじ》と云う者ですじゃ。心配せんでもいい。あなたが何で泣いているのか気になってのオ。まず、あなたのお名前を伺おうかな？」

塩地老翁は優しく山幸彦の背中をさすりながら云った。

「われは山幸彦、火遠理命《ほおりのみこと》と申す天孫の子です」

「すると、ニニギ尊《のみこと》の御子の弟の方《かた》でございますな？　何か訳ありのようじゃが、宜しければ、わしにお話をしてくださらぬか？」

「はい、われは兄上からお借りした釣り鈎《ばり》を海の中に失くしてしまったのです。それで、われの十拳《とつか》の剣《つるぎ》で代りの釣り針を沢山拵《こしら》えて返すと云っても、お聞き入れ下さいません。元の兄さんの釣り鈎でなければダメだと云うのです。海に潜ってでも捜して来い、と迫るばかりなのです」

「なるほどな、そりゃ、お気の毒じゃ。あなたのお兄上は火照命《ほでりのみこと》の海幸彦さまではござらぬか？」

「そうです！　ご老人はご存知なのですか、われの兄上を？」

「そりゃ、知っておりますとも、海幸彦さまは毎日、この辺りの海ばたで釣り糸を垂れて魚を沢山釣っておりますでのオ」

「それじゃ、兄上の火照命《ほでりのみこと》と話した事があるのですか？」

「話した事はないがのオ。あなたには悪いが、独善的でわがままでな、海幸彦さまとは話す気にもならんと云うのが正直のところじゃ」

さっき仲たがいをしたばかりだったが、兄弟の悪口を言われて、さすがの山幸彦も少しムカついた。

「どうして、話してもいない兄上に対して、独善的だとかわがままだとか云えるのですか？」

「そりゃ、態度を見れば分かるというものじゃ。わしが声をかけ頭を下げても、素知らぬばかりでのオ。魚の扱いを見ても分かるというものじゃ。どんな獲物でも大切に扱わなくてはならん。それに、釣った魚には感謝をせにゃならんものだ」

「獲物を大切に扱い、感謝するか……」

「そうじゃよ。ただ、気の毒なあなたを見ていると、素知らぬ振りも出来まいと思い、声をかけたのじゃ。優しいあなたになら力を貸して上げても良いと思うてな」

「力を貸してくれるって、本当ですか？　お願い致します！」

純粋で真直ぐなところはニニギ尊《のみこと》とそっくりだと塩地老翁《しおつちのおじ》は思った。

「力を貸すには貸すが、一つだけ知っておいて貰いたいのじゃ。海幸彦さまがあれだけ拘《こだわ》る釣り鈎は、只の釣り鈎ではないのじゃ。あの釣り鈎は魚にとっては呪われた釣り鈎でのオ、どんな魚も海幸彦さまの操る釣り鈎に引っかけられたら、どんなにもがき暴れても釣られてしまうのじゃ。

あの呪いの釣り鈎は、海幸彦さまの育ての親の磐長姫《いわながひめ》が呪術をかけた釣り鈎なのじゃ。魚にしか分からぬ匂いか、特殊な光か、まやかしが施《ほどこ》されている鈎じゃ。それも、誰でもが使える代物ではなくて、海幸彦さまが使った時にのみ呪術が働きますのじゃ。だから、山幸彦さまが借りて扱ってもタダの釣り針に過ぎないのじゃ。わしは、何としてもあの釣り鈎の呪術を解いてやらねばならぬのじゃ！」

山幸彦は、海幸彦が磐長姫の釣り鈎を大事にしている事は知っていたが、塩地老翁の云う事はよく理解できなかった。塩地老翁は海幸彦の釣り鈎の呪術を、何故、解かなければならないと主張するのだろう。何かと、磐長姫の伯母上と海幸彦を悪者扱いにしているようで、少し気が滅入《めい》るようだった。

「あの、オジさんは……」

「老翁《おじ》でよいのじゃ！　まだ、御子は十分に納得されておらぬと思えるが、今に分かるじゃろう。それはそれとして、御子には天下万民を治めるにふさわしい相が、お顔にお見受け致しますぞ！　じゃによって、わしが御子の為に良い策を授けましょうかな？」

「良い策とは、何の為の策ですか？」

「海幸彦さまの釣り鈎を捜す策じゃよ」

山幸彦は、この漁師の老人の顔が皺《しわ》くちゃで目も口も皺の中に埋もれていて、どこか胡散臭《うさんくさ》く、只者ではなく悪魔か悪霊か何かの類《たぐい》かとも思わなくもなかった。が、窮地に立たされている山幸彦は半分乗りかかった舟だからと、半信半疑ながら、一応は頷《うなず》いた。

塩地老翁《しおっちのおじ》は山幸彦の心の底を見るように瞳《ひとみ》を見据えた。

山幸彦も老人の正体を見破ろうと老人の皺の間の細い目を見つめた。

そして、やおら笑みを浮かべた老人は岩場の陰にある舟を指差して云った。

「あれは、わしの舟じゃが、山幸彦の御子に進んぜようと思っとるのだが、如何かのオ？」

「あの舟、ですか？　ありがたいと思いますが、われは、舟は余り好きでありません。それに、あの舟は葦と竹で編んだものでしょう？　水が入って来ませんか？」

「心配ござらんて、あの舟は目無堅間《まなしかたま》の舟と云うんじゃ」

「マナシカタマ……ですか？」

「そうじゃ、竹と葦が水を吸い込んでギュッと締まって隙間《すきま》が無くなる。木の舟より安心じゃよ。ひっくり返ると思うとるんじゃろ？　大丈夫じゃ、ひっくり返ったりなんかせん」

山幸彦は、ゆらゆら浮かんでいる舟を不審そうに見ていたが、よく見てみると、確かに目無堅間《まなしかたま》の舟は水を吸い込んでいなかった。

「あの舟は川や湖《おかうみ》でも使えるのですね？」

「川や湖《おかうみ》でも使えることは使えるが、あそこにある目無堅間《まなしかたま》の舟は、御子が海幸彦さまの釣り鈎を捜す為だけのものじゃ」

「あの舟で釣り鈎を捜せるのですか？」

「そうじゃ、それが唯一《ゆいいつ》の策じゃ」

「それなら、ありがたくお受け致します。それで、あの舟で兄上の釣り鈎を捜すのに、われはどうすれば良いのでしょうか？」

塩地老翁《しおつちのおじ》は『こちらに！』と顔で合図して岩場から、目無堅間《まなしかたま》の舟の傍に下りて行った。

「御子はこの舟にお乗りになって、目をつむって下され。やがて、舟は静かに沖へ進みましょう。御子の瞼《まぶた》がまどろんできた頃には、潮の路《みち》に乗って、一睡《いっすい》ほどの後には、ワタツミの宮に参りましょう」

「ワタツミの宮というと、海の神さまの宮殿のことですか？」

「そうですじゃ」

「海の神さまって、龍のことでしょう？」

「それは云い伝えじゃ、龍などおらん。御子は本物の龍をご覧になったことがあるのかのオ？」

「ありません！　でも、ワタツミの宮って海の底にあるのでしょう？　海の中じゃ、息もできなくて死んでしまうじゃありませんか？」

「ハッハッハ、御子は心配性じゃのオ。いや、それとも意気地がないのかな？」

「そんな事、ありませんよ。この目無堅間の舟に乗って目をつむりますよ！」

と少し自棄気味《やけぎみ》になって、山幸彦は不安を噛《か》む思いで舟に乗った。

「それで、ワタツミの宮に着いたら、われはどうすれば宜しいのですか？」

「ようし、それでこそ、わしの見こんだ御子じゃ。そのワタツミの宮の浜にお着きになったれば、舟をお降りになって、ワタツミの御門の傍までお出《い》でになりますと、御門前に泉の湧く『玉ノ井《たまい》』という井戸がありますんじゃ。その傍らに聖なる桂《かつら》の木が立っておりますから、御子は、その木にお登りになって、葉の茂る枝に身を隠して待っていて下され。直《じき》に、海神《わたつみ》の媛《ひめ》がお出でになって、御子を見つけてくれて、御子を丁重《ていちょう》にお持て成しして下さいますのじゃ」

「老翁《おじ》だっけ、われはお持て成しなど結構です、要《い》りません！　兄上の釣り鈎の件はどうなるのです？」

「ま、急《せ》いては事を仕損じるってな、慌てなさんな。その事は、海神《わたつみ》が良き思案をしてくれる筈じゃよ。今は、この塩地老翁《しおつちのおじ》の云う通りにすることじゃ。いいかな、ここのところが大事なのじゃが、媛が来たら、必ず海神の娘であるかを確かめた上で、井戸の水を所望なさるが良い。媛が水をくれたら、その水椀にじゃ、この珠《たま》を口に含んでから入れてお返しなさるがいい」

と塩地老翁《しおつちのおじ》は、緑色にも金色にも光る翡翠《ひすい》の珠を渡してくれた。

「このきれいな珠を口に含んでお椀に入れて、海神《わたつみ》の媛に渡せば良いのですね？」

「そうですじゃ。それでは御子、宜しいですかな？　目をつむって下され、押しますぞ！」

塩地老翁《しおつちのおじ》の話しに一方的に押しまくられた山幸彦は、こう思っていたのじゃ。

（どうせ釣り鈎が三日経っても見つからなかったら、海幸彦の兄さんの輩《やから》に山を焼かれ、どんな非道を受けるか分からない。そうなれば、われにも対抗して戦う手立てはあるが、父のニニギ尊《のみこと》も母の木花開耶姫も悲しむであろうし、事が起これば、日向の国を二分しての諍《いさか》いになると思う。それだけはどうしても避けなければならない。政《まつりごと》の勝手な諍いは、民人に苦しみを与え困窮《こんきゅう》を強《し》いる事になるだけだ。同族の諍いは少しも善いところなどない。われが釣り鉤を捜しに行って、生きて帰るも良し、死ぬも良しとしよう！）

だから塩地老翁《しおつちのおじ》に反論するよりも、為《な》されるままに目無堅間《まなしかたま》の舟に乗り込んで、目をつむったのじゃった。

何かが舟を持ち上げたか、舟底に何かが当たったかなと思った途端に、舟は波の静かな沖に進んで行くように思われたのじゃ。が実際はじゃ、目無堅間《まなしかたま》の舟は海中へと進んでいたのじゃ。山幸彦はまどろむ前に、目をうっすらと開けてみたんじゃ。すると舟は海の暗く青白い藻の生えた洞窟の中をすすんでいたのじゃった。その洞窟を通り過ぎると、色とりどりの珊瑚《さんご》の岩場の間を通ったのじゃ。目の前には見たことも名も知らぬ魚の群れが近づいては離れて行き、また別の群れが近づいては離れて行くのじゃった。

（海の中にいるんだ、われは！　海の中ってこんなに明るいのか？　あれ？　われは息をしているから生きているのか？）

その五　ワタツミの宮は龍宮城か？

山幸彦がうとうと夢うつつとなってしまい、一睡したのかどうかも分からぬ間に、気がついた時には、美しい浜辺に着いていたのじゃった。

（ここがワタツミの浜か？　砂が煌《きら》めくように輝いて、眩《まぶ》しいくらいだ！　かゝさの浜より美しい！）

と思うや、目無堅間《まなしかたま》の舟は勝手に浜の白い砂の上を動き、岩場の陰まで連れて行くのじゃった。

（何で舟がひとりでに砂浜に上がるのだ？）

怪訝《けげん》に舟の横を見ると、舟を押し上げて運んでくれたのは、一尋《ひとひろ》（約一間）のワニであったのじゃ。

「ウワワワア〜、ワ、ワニじゃないか！」

（ワニがわれを運んでくれたのか！　待てよ、そう云えば、父のニニギ尊《のみこと》から聞いたことがあった。父が降臨《こうりん》して初めてかゝさの浜に来た時、岩場の間の罠に嵌《は》まっていた鳥を助けたことを！　その鳥が、今度は恩返しに、われの母と我ら兄弟を火焔の中から救ってくれたと云っていた。その鳥は金色の四本脚で、名は古鳥蘓《ことりそ》と云う神鳥で、空にあっては鷹《たか》にも鷲《わし》にも烏《からす》にも小鳥にもなり、海にあっては鰐《わに》にも鮫《さめ》にも亀《かめ》にも小魚にもなり、陸にあっては猛獣にも鹿にも兎にも鼠にもなると云う不思議な生き物だと仰《おっしゃ》っていた。しかも、嗣子《しし》三代の後までも恩返しをしてくれるのだと。いずれ、火遠理命《ほおりのみこと》の前にも現れるだろうと、父は云っていたな。このワニが、その古鳥蘇《ことりそ》の化身《けしん》なのだろうか？　だとしたら、脚が……脚が金色……やっぱり、金色だ！）

「おい、おまえは古鳥蘇《ことりそ》の化身のワニか？　おまえがわれの舟を運んでくれたのだな？」

と山幸彦が訊ねると、ワニは大口を開けて頷《うなず》いたつもりだったのが、山幸彦は喰われてしまうのではないかと思って怖かったが、勇気をふるって、丁寧にもう一言訊《たず》ねてみた。

「教えてください！　おまえは古鳥蘇ではないでしょうか？　ここはワタツミの浜ですか？」

するとワニは更に大口を開けて頷《うなず》き、長い尻尾を振って、向こうを見よ！　というような仕草をしたものだから、山幸彦が振り返ってみると、まず目に入って来たのは高い垣塀であった。板塀なのか岩塀なのか、よく分からなかったが、垣は巨大な藻《も》で塀を覆い隠している。その垣塀の中には、様ざまな鱗《うろこ》のようなもので屋根を葺《ふ》いた目映《まばゆ》いばかりの宮殿が目に飛び込んできた。それで、もう一言聞いた。

「ねえ、あれがワタツミの宮殿なの、ですか？」

と問うて後ろを向いたら、古鳥蘇《ことりそ》のワニの姿も目無堅間《まなしかたま》の舟もなかった。

そこで、山幸彦は浜辺を走って宮殿の入口に来てみるとじゃ、塩地老翁《しおっちのおじ》の云った通りに、井戸があったのじゃ。泉が湧いていると云っていたからコンコンと水が溢れているのかと思っていたら、井戸の水は澄んでいて、一定の量を保って、水面は鏡のように揺れ一つもなかったのじゃ。

（これが玉の井という井戸かな？）

そして、その傍に大きな桂《かつら》の木が葉を茂らせて立っておったのじゃ。

（この木が神聖な桂の木だな？）

何もかもが、塩地老翁《しおつちのおじ》の云った通りじゃったので、その先も期待して、木登りの得意な山幸彦は木の葉の陰に隠れて、海神《わたつみ》の娘とやらが来るのを待っておったんじゃ。

と程なく、宮殿の正面の高壁の扉が開いて賑やかな女人たちの声が聞こえてきたんで、聞き耳を立てているとじゃ。（今日は、玉ノ井《たまのい》の水はわらわが汲《く》みましょう！）と聞こえた声の音色《ねいろ》は、フルートのごとくで、ハイトーンのビブラート……こりゃ、失言してしもうたが、聞くも妙《たえ》なる美しい声だったのじゃ。

山幸彦が身を乗り出してみるとじゃ、数人の侍女を従えた媛が、たおやかで美しく光輝く媛が立っておられたのじゃ。海神の娘が自ら玉の井の水を汲もうとしたら、その水面《みなも》に人影が映えていたのじゃ。その媛が不思議に思って、桂の木を見上げるとじゃ、木の葉に隠れるようにしている凛々《りり》しく逞《たくま》しい殿御がいるのを見て、媛は息を呑んでしまったのじゃ。

互いに見交わす顔と顔！　激しい情熱の心がたぎる泉の如くであった！

——**ショック音！**　と云いたいところだが、まあ、一目惚《ひとめほ》れって奴かのオ。

山幸彦は息を詰めて苦しかったが、腹の底から絞り出して声をかけた。

「あっ、あのオ、……ワ、海神《わたつみ》の媛でしょうか？」

塩地老翁《しおつちのおじ》に言われたようにまず、媛であるかどうかを確かめた。

「は、はい……海神の娘の**豊玉媛**《とよたまひめ》にございます」

「そ、そうですか。あっ、あのオ、み、水を所望《しょもう》、欲しい！」

「は、はい！　み、水でございますね？　この玉《たま》ノ井《い》の水ですね？」

山幸彦は木の上で大きく頷《うなず》いた。

豊玉媛が玉ノ井の水を汲んでいる間に、山猿のように木登りの上手な山幸彦なのに、上気したのか足許《あしもと》も覚束《おぼつか》なく、桂の木から降りて来て待っていた。

豊玉媛は汲んだ水を水椀に注いで桂の木の下に立つ山幸彦に差し上げた。山幸彦は震える手で水椀を受け取り、塩地老翁《しおつちのおじ》に渡された翡翠《ひすい》の珠を、水と一緒に口に含んでから水椀の中に珠を落として豊玉媛に返したのだった。それをじっと見ていた豊玉媛はお椀の中の緑色とも金色とも輝く珠を取ろうとするのだが、お椀の底にくっ付いてしまった珠は、中々、離れなかった。

と、間もなく、水を待ち兼ねたか、侍女が御注進に及んで参られたか、海神《わたつみ》が正門の扉から出て来たのだった。山幸彦はただならぬ気配を察知して、慌てながらも素早く、猿《ましら》の如くに桂の木に登って隠れた。

「どうしたのだ、媛？　水が遅いではないか！」

海神《わたつみ》は態《わざ》とらしく誰かに聞かせるように大声で云った。

「は、はい、でも……」

豊玉媛は、ただ、目を桂の木の上にやるばかりだった。

「媛、桂の木に何か止まっているのか？」

「止まっているのではなく、立派な殿御がいらっしゃるのです、父上！」

山幸彦は海神《わたつみ》の顔は龍の顔だと教えられていたので、尚更小さく桂の葉陰に身を隠そうとしていた。

「どんな殿御が桂の木に止まっているのだ？」

海神《わたつみ》の目も桂の木の繁みを狙って見ていた。

「はい、口はばったいようですが……」

「ありゃ、頭隠して尻じゃなく足隠さずの猿《ましら》のようじゃな」

「とんでもございません、猿《ましら》ではありません！　もし、天から降りたのであれば、天人の陰にも見え、又、地上の人であれば、人品も並みの人ではありません。父上に勝るとも劣らない貴《たっと》いお方です」

「ほお、わしに勝るとも劣らない貴い猿《ましら》がどうしたのだ？」

「猿《ましら》ではありません！　あの貴《たっと》いお方が玉ノ井の水を欲しいと仰《おっしゃ》いますので、水を差し上げましたら、そのお方が、輝く珠を口に含んで水椀にお入れになったのですが、どうしても、その珠がお椀から取れないのです」

豊玉媛はお椀を愛《いと》しそうに撫《な》でまわした。

「ほお、猿《ましら》めが珠を口に含んだとな？　して、珠が取れないとは……媛はその珠が欲しいのか？」

「だって、この輝く珠は、そのお方のものですから、返さねばと……この金の珠を！」

「金珠《きんたま》か？　どれどれ、なるほど、これか？　で、媛は殿御猿《とのごましら》が口に含んだ金珠《きんたま》を欲しいと云うのだな？」

「いえ……は、はい……」

「欲しいのかどうか、はっきり言うのだ！」

海神は、自分の娘の真実《まこと》を見透かすように豊玉媛の瞳を捉《とら》えた。

「あのオ……わらわも口に含んでみたいのです、殿御の金珠《きんたま》を！」

「お椀にくっついた金珠《きんたま》が欲しいのであればじゃ、あの殿御猿と媾合《まぐあ》う外《ほか》あるまい！」

海神は豊玉媛の目を外して悪ふざけのように云った。媾合《まぐあ》う（古代語で性行為のこと）と云う言葉に反応した侍女たちは黄色い声をあげた。

「エエッ！　わ、わらわが、ですか、あ、あの殿御と？」

「嫌か？　嫌なら、あの闖入者《ちんにゅうしゃ》の猿《ましら》を生かして返す訳にはいかぬ。海神の媛の顔を見られたからには、絡《から》め取って、突き殺してやらにゃあいかん！」

「ダメです！　わらわはよそ様に見られて隠すような酷《ひど》い顔はしておりませんから、殺してはダメです！」

「殺しては、ダメか？　それじゃ、闖入罪で竹で突っつくぐらいにしとくか……」

「ダメと云ったら、ダメです！」

「ダメ、ダメとそんなにむきにならなくとも良いではないか！　それじゃあれだな？　媛は、あの殿御猿《とのごましら》も欲しいのか？」

「はい、喜んで、欲しいと思います！」

「ハハハハ……そうか、そうか。さあ〜、山幸彦さま、桂の木からお降りくだされ！」

（何で、われの名を知っているのだ？　でも、絡め取られて突き殺されるよりはましだろう……）

と不安を覚えながらも、山幸彦は仕方なしに桂の木から降りて来て、こわごわ海神《わたつみ》の顔を見た。

（ワタツミの国の神は龍神《りゅうじん》と思えなくもないが、われは龍を見たことがないから何とも云えないが、頭の毛は黒く艶々《つやつや》ふさふさして長いようだが、それにしても冠《かむり》が大きい！　しかも、七色に輝く珊瑚《さんご》で出来ているではないか！　それに冠の左右には、地上の鹿の角のような見事な珊瑚の枝でしつらえている。上衣《うえごろも》は、小さな貝を織りこんだような垂れ布《たきぬ》だ。胸当てはサメの皮で作ってあるのだろうか？　その胸の真ん中には透明の貝を散りばめて作ったのだろうか、珠鏡《たまかがみ》のようなものを下げている。背着の長衣《ながぎぬ》はワニの皮を背負っているのだろうか？　顔には太い眉に尖《とが》った鼻、それに髭《ひげ》は左右にピンと撥《は》ねていて顎鬚《あごひげ》は黒くて長い。眼を見るのは怖いが……あのニタニタ顔は……？）

「あなたは……どこかで……」

「分からんか？　ほれ、地上では皺《しわ》くちゃの塩地老翁《しおっちのおじ》じゃ」

「シオツチノオジ！　あなたが海神《わたつみ》だったのですか？」

「ワッハハハ……策に嵌《は》まったな？　どうじゃな、わしの媛は？」

そう云われて改めて見てみると、木の上から見た媛とは違って、近寄りがたい格段の美しさがあった。

（黒い長い髪は巻貝のように高く頭に巻き上げられ、左右に突きだした二本の珊瑚の簪《かんざし》で止めてある。艶《つや》やかな美しい髪だ！　長衣《ながぎぬ》は泡粒《あわつぶ》で出来ているように織ってある。柔らかそうな衣だ！　長い指の爪は恐ろしそうだが、五指の爪は色とりどりに飾られている。眼が素敵だ！　底知れぬ黒い瞳に引き込まれそうな気がする！）

「気に入りましたかな？　天孫・ニニギ尊《のみこと》の御子、火遠理命《ほおりのみこと》の山幸彦さま？」

「天孫の御子？」

「そうじゃ、豊玉媛の見立て通り、天人の陰が見えた、のじゃったな？　このお方は天照大御神《あまてらすおおみかみ》の曾孫《ひまご》に当られる貴い方で、これから地上を治められる火遠理《ほおり》の尊《そん》の尊《みこと》となられるのじゃ。今は、山幸彦さまと仰っておられるがのオ」

豊玉媛の顔は熟した海ほおづきの色になって、どのように対応して良いかオロオロするばかりであった。

「わしはこの方の父上ニニギ尊の天孫と母上の木花開耶姫《このはなさくやひめ》との恋のおせっかい役でしてな、今度は、わが娘と山幸彦さまの仲立ち役になるとはのオ。御子、何ぞ、媛に言《こと》の葉《は》を戴きたく存じます！」

山幸彦は母の木花開耶姫が一番美しいと思っていたのだったが、今、目の前にいる母に勝るとも劣らない美しい媛御を見て、心《しん》の臓《ぞう》が飛び出しそうにドギマギしていた。

（急に、媛に言葉と云われても……それでは、父上にお聞きした天上の言葉で……）

「あ、ああ、あなに、あなにやし、え、えおとめを！」

豊玉媛には、何を云っているのやらさっぱり分からなかった。

海神《わたつみ》も並みの言葉で云ってくれるものと思っていたら、天上の古臭い恋の言の葉で、しかも媾合《まぐあ》う前に互いに交わす言葉で吃驚《びっくり》してしまった。

「こりゃ、如何にも早すぎる。媛、お前には分からん呪文のような言葉に聞こえたろうが、これが天上の神々の媾合《まぐあ》う直前に交わす愛の言葉なのだ。謹んでお受けしなさい。ただ、頷《うなず》けば良いのじゃ。わしは退散する訳じゃないぞ、広間でお迎えの準備じゃ。侍女どもも、一人残らずついて参れ！」

侍女たちは皆、この後の媾合《まぐあ》いの様子を知りたがっていたので、上気した顔に後ろ髪を引かれる思いで、海神の後に渋々従って門の中に入って行った。

「どのようにお答えしていいか、分かりませんが、お歌でお返しいたします。

『アカノタマノ　ヒカリハアリト　ヒトハイヘト　キミガヨソヒシ　タツトクアリケリ』

（光り輝く珠は素晴らしいと人は云うけれども、あなたの姿の方が貴く御立派だと私には思われます）

喜んで、お受け致します！」

「あ、あな、あなに、あなにやし……」

ああ、もう云わんでもいいのじゃ。聞き飽きたわ！　二人揃って、早く宮殿の広間にゆきなされ！

何と、正直な。何もせんで行っちまったよ。誰も居ないというのに！　居た、カメが見ている！

かくして、山幸彦は宮殿の広間に連れて行かれ、アシカの敷物の上に八重に覆《おお》った白絹布の上で、荘重なる婚礼の儀式が行われたのじゃった。祝賀の宴《うたげ》には、海の珍しく美味しい食べ物に鯛や平目の舞い踊り、チュウチュウタコカイナの蛸踊り、エイサヨイサの鮑《あわび》踊りなどを、ただ珍しく面白く現《うつつ》を抜かして、豊玉媛と共に来る日も来る日も楽しい毎日を過ごしておったのじゃ。

山幸彦の頭の中からは、父母のことも、海幸彦の釣り鈎のことも、自分自身の館のことも、すっかり忘れ去られてしまっていたのじゃ。そして、早や、三年もの蜜月のような日々が経っていたのじゃ。

そして或る夜、山幸彦の大きな溜め息を豊玉媛は耳聡《みみさと》く聞きつけてしまったのじゃ。そこで豊玉媛は父の海神《わたつみ》に申し上げたのじゃった。

「お父上！　お父上！」

「何事だ、騒々しい！」

「お父上！　今まで三年もの間、御子と共に暮らして参りましたが、一度たりとお嘆きになる事はありませんでしたのに、今宵に限って大きな溜め息と憂鬱《ゆううつ》なお顔をなさいました！　わらわに何か落ち度でもありましたのでございましょうか、それとも、わらわの愛の行いが……」

「そこまでじゃ、云わんでも良い！　とうとう思い出してしまわれたか……」

「何か謂《い》われ得ぬ深い訳でもお有りなのでしょうか？」

「さほど、案ずることではないぞ、豊玉媛！　火遠理命《ほおりのみこと》を呼んで参れ！」

「は、はい！　それでは、ただ今直ぐに、お連れ致します！」

やがて、山幸彦は豊玉媛と共に海神《わたつみ》の前に座った。

「さて、火遠理命《ほおりのみこと》よ、なぜ、豊玉媛の前でそんなに切なく溜め息を吐《つ》くのだ？　地上が恋しくなったと見ゆるな？」

「いえ、そのような事ではございません。三年もの間、行方をくらましているわれを、父上や母上が心配なさっているのではないかと。又、わが館はどうなっているのかと、家臣たちは兄上の仕打ちを受けて、どのような暮らしをしているのかと気になりまして……」

「海幸彦さまの釣り鈎《はり》のことであったな？　心配はないぞ！　その釣り鈎なら此処にある。塩地老翁《しおつちのおじ》の云った事を覚えておいでか？　釣り鈎のことなら海神《わたつみ》が良き思案をしてくれる筈じゃと、な。海幸彦さまの釣り鈎の件はわしが仕組んだことでな、わしの遣《つか》いの古鳥蘓《ことりそ》のワニに喰いちぎらせたのじゃ」

とそこへ、大きなカメが甲羅《こうら》の上に二つの箱と袱紗《ふくさ》のような布に包んだ物を乗っけて、海神《わたつみ》の前に進み出て来た。甲羅の外に出ている鰭《ひれ》のようなカメの足は金色に見えた。

（このカメも古鳥蘇の化身なのかな？）

まず、海神はカメの上の袱紗を取り上げて、中を開くと釣り鈎が出て来た。

「これじゃ！　見事な出来栄えの釣り鈎じゃが、海に棲《す》むものには、直接、手で触れることは出来ないのじゃ。この釣り鈎には磐長姫《いわながひめ》の呪術が施《ほどこ》されておるからな」

山幸彦は袱紗のまま受け取って、自らの指で鈎を取り、明りに照らしてみた。薄っすらとだったが鈎は虹色に輝いた。

「間違いありません、兄上の釣り鈎です！　どうか、われに授けてください！　われはこの釣り鈎を兄上《おか》にお返し致し、陸の上の諸々の事柄を片づけましたら、必ずここに、豊玉媛の許に戻って参ります！」

「お待ち申しております！」

豊玉媛は泣きぬれていたが、恭《うやうや》しく頭を垂れて云った。

「いや、相成《あいな》らぬ！　火遠理命《ほおりのみこと》よ、御子のあなたさまは豊葦原《とよあしはら》の瑞穂国《みずほのくに》を統《す》べ治めなければならぬ御人《おひと》なのじゃ！」

「いいえ、海神《わたつみ》のお義父上《ちちうえ》！　われの館も、われの田畑も、われの山や森も、三年前の期限の日に、兄上に焼かれてしまっているでしょう！」

「そう思うか？　期限は確か、三日だったな？　まだまだ、間に合う。だから此処に戻るには及ばぬ！」

「お父上、そんな無体《むたい》な……」

「それ以上、申すことはならぬ、豊玉媛！」

山幸彦には海神が何を云おうとしているのか分からなかったが、海幸彦の釣り鈎を包んだ袱紗《ふくさ》を握りしめて、黙って頭を垂れた。

「火遠理命《ほおりのみこと》よ、地上に生えている竹というものには節目、節目があるからこそ伸びて行くものなのだ。天下を治める人間も又、節目ふしめで伸びなければならぬ。花だけを求めてはならぬぞ。真実《まこと》の花を咲かせる時は、竹もそうなのだが、命を閉じる時期《とき》だけじゃ。これが、わしの海神《わたつみ》の最後の忠告じゃ！」

「分かりました。実に仰せ深きお言葉、山幸彦の肝に銘じます！」

「ところでのオ、舅《しゅうと》としての願いなのじゃが、その代わりとは畏《おそ》れ多い事なれども、地上に御帰りになる前に、わが豊玉媛と、も一度、枕を共にして頂けませぬか？　必ずや今度は、媛に火遠理命《ほおりのみこと》の御子が授かりましょう！」

「お父上、そんな恥ずかしいことを口にするなんて、無体でございます……」

「海神《わたつみ》のお義父上《ちちうえ》！　何時ものように何時ものの如くに、いやこれまで以上に媛を愛《いと》しみましょうぞ！」

「そんな！　……嬉しゅうございます！」

「しな垂《だ》れるのは、まだ早いぞ、豊玉媛！　御子よ、良くお聴きなされ！　御子はこの海神《わたつみ》の宮に三年ばかり居たことになっておりますが、地上では、未《いま》だに三日目《みっか》の昼頃でございましょう。御子の館も田畑も山森もそのままでありましょうし、お兄上とて釣り鈎の期限を今や遅しと、いや、むしろ怒り心頭《しんとう》に発《はっ》して焼き打ちを待ち構えているかも知れません。ですから御子は地上にお着きになりましたら、まず海幸彦さまのお館を御訪ねになって、この釣り鈎をお見せなさい。御子が手に持ったまま陽に当てて、虹色に輝かせるのです。決して最初に、海幸彦さまに渡してはなりませんぞ。渡す前にこのように唱えるのです」

（コノチハ　オボチ　ススチ　マヂチ　ウルチ、コノチハ　オボチ　ススチ　マヂチ　ウルチ）

と呪文を唱《とな》えているのは、さっきのカメが口を利いていたのだ。今度は、はっきりと金色の四本の足を見せている。

「このカメは、古鳥蘇《ことりそ》？」

「そうじゃ、今はカメになっているが、あなたさまを地上にお送りする時には、一尋《ひとひろ》ワニになっている。その道々、ワニの口真似で覚えるがよかろう。が、呪文の意味が分からんのでは唱えても力が抜けるものじゃ。意味を教えよう。**コノチハ**は、この釣り鈎《はり》はと云う意味で、**オボチ**は、心が晴れずおぼろげな鈎、**ススチ**は、心が荒み悪い方に進む鈎、**マヂチ**は、限りなく貧しくなる鈎、ウルチは、心虚《うつ》ろな愚《おろ》かな鈎と云う意味じゃ」

山幸彦には何を云っているのか、何のための呪文かも分からなかったが、呟《つぶや》いてみた。

「コノチハ　オボチ　ススチ　マヂチ　ウルチ、コノチハ　オボチ　ススチ　マヂチ　ウルチ……」

「その調子じゃ。そうしておいて、海幸彦さまが高い処のあなたの地所や田畑を要求してきたら、取替えに応じて御子は低い処の海幸子さまの地所に移るのです。御子が何処に田畑を作ろうと、御子の田畑は水をたたえ穂もたわわに実り、海幸彦さまの田畑は何処に作ろうと枯れてしまうのです。それを妬《ねた》みに恨んで海幸彦さまが御子を攻め立てて来るようなことがあるなら、この古鳥蘓を呼んで、今はカメの甲羅に乗っている水色の箱を開けて「**潮満玉**《しおみつのたま》」で水を呼ぶのです。『潮よ、水よ、来たれ！』とな。思う間もなく、古鳥蘓が潮風を吹かせ海水を押し寄せて来ましょう！と又、海幸彦さまが海水に溺《おぼ》れてもがき苦しみ、必ず助けを呼び、あなたに哀訴《あいそ》するでしょうから、その時には、この土色の箱を開けて『**潮干玉**《しおひるのたま》』を水に浸して、『潮よ、水よ、退け！』と叫ぶと、古鳥蘓は水をたちまちに引かせ、海幸彦さまをお救いなされるのです！　お解りになりましたかな？」

大きく頷いた山幸彦は、海神《わたつみ》の床の間に飾ってある立派な太刀《たち》、柄《え》はサメの皮で出来ていて、鞘《さや》はワニの皮で十拳《とつか》の剣《つるぎ》（刀身が二尺八寸位）より長い、その太刀を見詰めていた。

「このワタツミの太刀はやれぬぞ、これはあなたの子孫の危急の折に使うものだ！」

「いえ、戴きたいのではありません。われのこの小太刀《こだち》を、その太刀の傍に置かせて頂きたいのです！」

山幸彦は腰に佩《は》いていた瑠璃《るり》を散りばめたような美しい小太刀の紐を解いて海神に渡した。

「そうか！　いずれ、御子・火遠理命《ほおりのみこと》の小太刀とわれのワタツミの太刀が働く折も来ましょう。それまで、わしがワタツミの国の宝としてお預かりいたします！」

と、海神は恭《うやうや》しく頭を垂れたと思ったら、ニッと笑って、大きく顎をしゃくって、早く、寝屋に行けと豊玉媛に命じた。

それでじゃ、山幸彦と豊玉媛は最後の枕を懇《ねんご》ろに交わして、古鳥蘇《ことりそ》の一尋《ひとひろ》ワニの背中に乗って再び、日向のかささの浜に向かったのじゃった。

山幸彦の海底での宮殿の話の主要部分は「浦島伝説」とよく似とるようじゃのオ。山幸彦は男の支配するワタツミの宮殿で豊玉媛と三年の月日を過ごし、浦島太郎は女の支配する乙姫さまの龍宮城で同じ三年を過ごしておるんじゃ。

山幸彦は父の助けた古鳥蘇のワニに乗せられて、再びかささの浜に着いたのが、山幸彦が姿を消した日から三日目であった。一方、助けた亀に連れられて地上に出た浦島太郎は、既に三百年も経ていて浜の様《さま》がすっかり変わってしまっていた。その現実を見て、浦島太郎は絶望してか乙姫さまに頂いた玉手箱を直ぐに開けてしまい、玉手箱の煙の納まる前に、浦島太郎はよぼよぼのお爺さんになってしまって間もなく死んでしまった。浦島太郎は、行きずりの他国者の所在不明の百歳過ぎの高齢者の死体として片づけられてしまったのだろう。何だか残酷で寒々とした現実に似ておるのオ……。

乙姫さまの玉手箱とは何だったのか？　……愛の裏切りに対する制裁だったのか、それとも龍宮城の秘密を知られたから生かしておけなかったのか……

それなら山幸彦の頂いた二つの箱の中身は、豊玉媛の愛を裏切った、またワタツミの宮殿の秘密を知った者への制裁ともなろうではないか？　どうも、海神のあのニヤケタ顔が気になるのじゃて。

山幸彦にはどんな運命が待っているのじゃろう？

そんな事には全く無頓着《むとんちゃく》で、真直ぐな青年火遠理命の山幸彦は、海の中を古鳥蘇《ことりそ》の一尋《ひとひろ》ワニの背に乗った目無堅間《まなしかたま》の舟の中で、今の超特急より早く奔《はし》ってるのじゃが、（海は広いな大きいな……）とのん気に海中を走る舟に乗って考えさせられていたことはこうじゃった。

（なぜ、水が入って来ないのだろう？　なぜ、われは息をしているのだろう？　目無堅間《まなしかたま》の舟には見えない屋根があるからなのだろうか？　地上にもこんな舟が出来ると良いのにな！　何故だろう、海神の力は凄すぎる！）

見えない屋根でも水に潜《もぐ》れる舟でも、と考えたところから、後年の船の技術は発展したのじゃと思う。それは別にして、その点では浦島太郎の亀の背も目無堅間《まなしかたま》の舟と同じようにバリアになっていたのかも知れんと考えるのは、余り味気がないかのオ。

なにやかやと思っている間に、古鳥蘇のワニの運ぶ超特急の目無堅間《まなしかたま》号は日向のかささの浜の岩陰に着いたのは、山幸彦が姿を消してから三日目の夕刻であった。

日向のかささの浜の陽は大分傾いていた。

山幸彦はワニの上の目無堅間《まなしかたま》の舟の中から二つの玉の箱を取り出した。

古鳥蘇《ことりそ》のワニは別れを惜しむように云った。

（コノチハ　オボチ　ススチ　マヂチ　ウルチ、コノチハ　オボチ　ススチ　マヂチ　ウルチ）

山幸彦も、永遠の別れになるかも知れない古鳥蘇に返して云った。

「コノチハ　オボチ　ススチ　マヂチ　ウルチ、コノチハ　オボチ　ススチ　マヂチ　ウルチ」

一尋ワニは目無堅間《まなしかたま》の舟を背中に付けたまま、別れに尾をバシッ！　と鳴らして海中に沈んで行った。海中に沈むと同時に出来た大きな渦の輪は、夕日に映えながら次第におさまっていった。

その六　山幸彦と豊玉媛の御子の誕生

山幸彦はもう一度、空を見た。

青色に染められていた空も山際から赤く染められていた山林も紫色に燃え立つようであった。

（こんなにも綺麗だったのだ、地上の空は！　ワタツミの国に空はあったのだろうか？　それすら考えていなかったのか、われは！）


山幸彦が岩場の陰から無事な姿で現れると、必ず生きて現れると信じて待っていた館の家臣や家人や郎党や山の者たちや野の者たちの喜びに満ちた歓声が、遠く離れている海幸彦の館（元のオオヤマツミの館）にまで響いて行くようだった。

海幸彦の方は、間もなく夕日が沈んだら、一斉に、山幸彦の館と山林に火の攻撃をかけようと意気込んで気勢《きせい》を挙げていた。

山幸彦は家臣や家人郎党たちに担がれて海幸彦の館に参り、山幸彦は兄の釣り鈎を返す期限ぎりぎりになってしまった事を丁重《ていちょう》に詫びた。

門の脇の石に苦虫《にがむし》を噛《か》み潰《つぶ》したような顔で座っていた育ての親の磐長姫《いわながひめ》は海幸彦に囁《ささや》いた。

「こやつは、海に潜ったふりをして、釣り鈎を盗んで隠し持っていたに違いないぞ！　何かの策略に使うかも知れぬから、油断をしてはならぬぞ、海幸彦！」

山幸彦は袱紗《ふくさ》に包まれた釣り鈎《ばり》を取り出して、陰りつつある夕陽に翳《かざ》した。釣り鈎は虹色の光を発した。

「その釣り鈎は、俺のものだ！」

「間違いない！　その釣り鈎は海幸彦のものです。返してくれましょうな、山幸彦！」

磐長姫もその釣り鈎が海幸彦のものと認めた。

「ぐずぐずするな！　間もなく陽が落ちる。約束の刻限じゃぞ！　あの陽が山陰に落ちたら、お前の館や山林に火を放つ！」

「海幸彦の兄さん、落ち着いてください！　逸《はや》る気持ちでうろたえてはいけません。三日の刻限は、今夜の月が中天《ちゅうてん》にかかるまでですよ」

海幸彦は既に業《ごう》を煮やしていたものだから、山幸彦に高飛車《たかびしゃ》に命令した。

「その釣り鈎を、直《ただ》ちに渡せ！　さもないと……」

「さもないと、どのようになさると云うのです？　海幸彦の兄さん、この釣り鈎は海の不浄《ふじょう》の底にあったのです。ですから、このまま御手に取られては、それこそ御身の穢《けが》れになります。お清めして渡しますから、まず、お気を沈めて下さい！」

「海の底と申すと、もしや、ワタツミの宮とかに？」

磐長姫が恐る恐る聞いてきた。

「そうです！　訳あって、海底《うなそこ》のワタツミの宮に参ることが出来まして、海神《わたつみ》の王に兄上の釣り鈎だから返して頂けるようにお頼み致しました！」

磐長姫は身震いしながら聞いた。

「とすると、山幸彦はワタツミの国の龍神《りゅうじん》と会ったのか？」

「はい、とても恐ろしい形相《ぎょうそう》をした龍神でしたので正しく口では申せませんが、龍とはあれほど恐ろしいものかと！　ワニのような形態《かたち》で、目も鼻も口も大きく、頭には鹿のような角を生やし、短い足が四本あって、人間のように五指で、その爪がタカの嘴《くちばし》のように鋭く、鼻の横には長い髭が生えていて、尾はオロチの如くでした。われを鞭のような長い髭《ひげ》で捉えて、一呑みにしようとしたのです」

「で、龍神の口からどのようにして逃げたのじゃ？」

磐長姫は龍神の口から山幸彦がどのように逃げたのだろうと、怖々ながらも興味津々《きょうみしんしん》であった。

こうなってしまっては、山幸彦は出まかせの嘘には更なる嘘で飾らねばならないと思った。

「龍神の髭は生きている手のようで、われをギリギリと締めあげてきました。もはや絶体絶命、これまでと観念しましたが、もしや髭が龍神の口に投げ入れる寸前に緩むのではと、確信めいたのでおとなしくしていました。龍神はわれを呑みこもうと、鼻から大きく黄色い息を吐きながら咆哮《ほうこう》をあげたのです。その瞬間をねらって、われは髭を蹴って龍神の鼻の上に乗ったのです。鼻の上はクラゲのようにふにゃふにゃで、その柔らかい鼻っ面をわれの十拳《とつか》の剣《つるぎ》でチクリチクリと刺すと、悲鳴なんてものではなく山も鳴動するぐらいの、海の中だったから荒波を起こすような叫びをあげたかと思うと、生き物のような二本の髭が鼻っ先のわれを叩き落とそうとして攻撃をかけて来たのです。われが長い鞭《むち》のような髭を交わして飛び跳ねると、龍神め、己の髭で己の鼻っ面を打ったものだから、前にも増しての悲鳴をあげ、挙句《あげく》の果《は》てに、二本の髭が無茶苦茶に動いて絡んだので、すかさず、われは二本の髭を縛り上げてしまいました。龍神のこの鼻の面が弱点だと知ったわれは、龍神の鼻に剣を刺したまま云ったのだ！　降参するか！　と」

「まさか、山幸彦はワタツミの龍王を手の内にして、龍神の威徳《いとく》を身につけられたのではあるまいな？」

磐長姫は龍王・龍神の恐ろしさを父のオオヤマツミに聞かされていただけに、それを越えようとしている山幸彦にも慄《おのの》いた。

「ハッハハ！　義母上《ははうえ》、こいつの作り話に騙《だま》されてはいけません！　さっき、義母上が仰《おっしゃ》いました通りに、こいつは釣り鈎を隠し持っていたのですよ。やい、山幸彦、嘘のついでに、その嘘の続きの仕上げを聞かせて貰おうか？」

「兄上が疑うのはご尤《もっと》もです！　では続きになりますが、われは龍神の鼻っ先に居座ったまま云ったのです。われには何も遺恨などない！　ただ、大事な兄上の釣り鈎を捜しにきたのだと。すると龍神竜王は何やら、魚の頭《かしら》たちにモゴモゴと命令していたのです。すると鯛の群れが現れて、その中の赤い大鯛の喉が腫《は》れていたのです。そこで龍神がその鯛の喉から異物を取り出すと、それが兄さんの釣り鈎だったのです。その鈎を我に返してくれと云うと、返すから、剣を鼻から抜いてくれと涙ながらに云うのです」

「ハッハハ！　龍の眼にも涙か！　上出来の作り話だぞ、山幸彦！」

「兄上は信じない方が良いと思いますよ、この先はもっと信じられないでしょうから。われは龍王の鼻先から剣を抜いたら、縛ってあった筈の髭がするりと解けて、今度は、われを優しく掴んで龍神の前に降ろしてくれたのです。われに釣り鈎を返してくれた龍王は、われの前にうずくまって、われが危急の時には、われを救ってくれると誓ってくれたのです」

「ほお、龍に二言《にごん》はなし、と云うのだな？　でお前は、その何だ、海神《わたつみ》だの龍神だの龍王だの呼び名もいい加減な海底《うなそこ》のワタツミの国からどのようにして帰って来たのだ？」

「それが又、摩訶不思議《まかふしぎ》なのですよ、兄上。われの云う事を信じてはいけませんよ。われはワタツミの国の龍神龍王の鼻息に吹き飛ばされたと思ったら、かささの浜に鈎を持ったまま立っていたのです！」

「誰が信じると云うのか？　そうか、俺に信じるなと云うたな、お前は？　それは、どうしてだ？」

「兄上に信じられると、われの中に吹き込まれた龍神龍王の威力や威徳が薄れてしまうからです。信じないと拒んでくれれば、われの威力は強く働くのです！」

「何を訳《わけ》が分からんことを云っているのだ！　その釣り鈎《ばり》を俺に返せ！」

「なりません、海幸彦！　その鈎を手に取ってはなりません！」

「心配ございません、伯母上！　ただ、少しの間だけお待ちください、お清めを致しますから、そうすれば、われの龍神龍王から戴いた威力と威徳も弱まりましょうから」

海幸彦は仕方なく門前の石の上に磐長姫と並んで腰をかけ、気が納まらない様子で何度となく長鞭をビュンビュン鳴らしながら待っていた。

山幸彦は、その釣り鈎を再び袱紗に包んで、沈む陽に向けて、小声で呪文を唱えた。

『コノチハ　オボチ　ススチ　マヂチ　ウルチ、コノチハ　オボチ　ススチ　マヂチ　ウルチ』

「な、なんですと！」

素早く反応して立ち上がったのは磐長姫であった。

「海幸彦の兄さん、この釣り鈎を使うまでは、この袱紗《ふくさ》に包んでいて下さい。また、お使いになったら、必ず、袱紗に包んでしまっておいてください」

「そんな面倒くさいことが出来るか！」

海幸彦は石から腰を浮かしたと思う間もなく、山幸彦に掴みかかろうとした。

「待ちなさい、海幸彦！　その釣り鈎を取ってはなりません！」

止めるに入った磐長姫を脇に蹴飛ばして、海幸彦は山幸彦から無造作《むぞうさ》に釣り鈎をひったくった。

「い、痛い！」

「どうしました、海幸彦！　これは！」

「なんでもないですよ！　磐長姫のお義母《かあ》さんは、引っ込め！」

「大けがでなくて良かったですね、お兄さん」

海幸彦は血のにじんだ指の傷をなめながら云った。

「心配せんでくれなくてよい！　ところでだな、俺は、この三日の間、考えていたんだが、俺がニニギ尊《のみこと》の長子だ。この事はお前も承知しておったな？」

「はい、兄上！」

「ならば、俺の命令に従うか？」

「われに出来る事でありますれば、何なりと……」

「出来ることじゃ。俺に従順であればな。お前とお前の輩《やから》は、海辺はもちろん山際より野に下りて来てはいかん！　山際に柵を作って、柵の中の山に住み、そこから出て来るな！　野にあるお前の田畑は俺が貰う。これは命令だ！　霧島の宮にいる老いぼれのニニギ尊《のみこと》の父上には俺が談判する！」

「事を荒立てませぬように、兄上！　われとわれの館の者は山際に柵を作り、それより下の野や海辺には近寄りません、御安心ください、海幸彦の火照尊《ほでりのみこと》！」

海幸彦は、もう日向一国を手にしたような素振りを見せ始めているようじゃのオ。

それにしても山幸彦の嘘は実に巧妙に出来ていたものよのオ。

さて、それからじゃが、事を荒立てたくない山幸彦は山際に柵を作り、館の者たちにも一切その柵から野や海辺に入ることを禁じた。がじゃ、海辺の民人が柵の中に入って来るのには寛容《かんよう》であったのじゃ。

山幸彦たちは野の田畑を失った分を、出来るだけ平らな山林を切り拓き、また段々畑を作ったりして、山の水を引き込んで、五穀の種を撒いたのじゃ。山の猟を生業《なりわい》としている山賎《やまがつ》の者までも、皆が力を合わせて木を切り出し、柵を作り、土木や農耕作業をしたのじゃった。

その時々、『クエッ! クエッ!』という奇妙な鳴き声を耳にしたんじゃ。

誰もが初めて聞く鳴き声じゃったが、心に染みわたるような励ましの声のようにも思えて、誰もが更に力を合わせ、更に精を出して働くのじゃった。

山幸彦には古鳥蘇《ことりそ》の鳴き声だと察知し、海神《わたつみ》が見守ってくれているのだと信じた。

秋には、どの種の穂も垂れ、見事にたわわに実ったものじゃった。山幸彦の穀物小屋は収穫物で一杯になった。五穀の他にも山菜や野菜や木の実や果実が沢山あった。

一方、海幸彦の例の釣り鈎には魚が一匹もかからなくなってしまったのじゃ。釣り場を換えても、海に舟を出して漁をしても、直ぐに海が荒れて釣りどころではなくなってしまうのじゃった。漁夫《あま》たちも急変する海にはお手上げの状態じゃった。その上に、山際の柵から下の野の山幸彦から取り上げた田畑や海辺に至る海幸彦の田畑はどんなに手入れをしても枯れてしまったのじゃ。長年、田畑を耕してきた農民たちのやり方に海幸彦は耳を貸さず、全く漁の出来なくなった漁夫《あま》たちをかりだして道を作って、水の取り入れ口と水捌《みずは》け口を潰《つぶ》して、水の流れを変えてしまったのじゃった。それは農耕の水路を無視したやりかたじゃった。それらが大きな原因じゃったろうが、五穀ばかりじゃなく全ての農作物や樹木や草花までが枯れてしまったのじゃよ、日照《ひで》りが続いた訳でもなかったのにのオ。

海の漁もだめ、陸にも何の収穫もなかった海幸彦の穀物小屋は空っぽになっていたのじゃ。

翌年の春になって、畝《うね》を耕し、種を撒く季節になった頃、海幸彦は一族家人郎党を引き連れて来て、山幸彦の収穫物を奪いに来て、今度はこう云ったのじゃった。

「山幸彦！　今後、俺はオオヤマツミがそうであったように、日向の山々をも支配する山の司《つかさ》になる！」

「お待ちください、それは父上のニニギ尊《のみこと》もお喜びになりますまい！」

「何を云うか！　天孫・ニニギ尊の時代は終わったのだ！　これからは、俺の人間の世の中だ！」

「だと致しましても、ニニギ尊あってのわれらですから、そこをお忘れになりませぬように！」

「うるさい！　口応えするな！」

海幸彦は長い鞭をしならせて山幸彦を打ち据えた。当然、山幸彦の家臣や家人郎党たちは色めきたった。

「俺は、この山に住む！　お前は、野に下って海辺に住むがよい、命令じゃ！」

山幸彦は、まず頭衆《かしらしゅう》に目配せして、静まれと合図してから、海幸彦をキット見て云った。

「はい、畏《かしこ》まりました、兄上の火照尊《ほでりのみこと》！　それでわれ等は何処に住めば良いのでしょうか？」

「ああ、お前には、俺の、と云ってもオオヤマツミのものだったが、その館をやる！　ついでに、あそこにへばりついている磐長姫の義母者人《ははじゃびと》も一緒にな！　あの釣り鈎は確かにワタツミの海底の不浄で穢《けが》されてしまって、あれ以来、魚は一匹も釣れん。もう、必要ないわ。磐長姫はあの釣り鈎の穢《けが》れを清めようと、毎日、神前でぶつくさと祈っているわ。もう、われには義母の磐長姫も要《い》らん！」

「ありがとうございます！　それでは、われが磐長姫の伯母上を丁重にお預かりいたします！　ならば、海幸彦の兄上たちの輩《やから》も山際の柵からお下りなさることはないと、思って宜しゅうございますな！」

「異《い》な事を申すな、当然じゃ！　今度は、お前らが山際の柵を越えて山に入ってはならぬ！　禁を犯した者は厳しく罰するぞ！」

「兄上たちもしかるべく同罪でありましょう、な？」

「当たり前じゃ！」


でまあ、海幸彦は云うや否や、山の中腹にある山幸彦の館の中に入り込み、穀物小屋まで抑《おさ》え込んでしまったのじゃ。

山幸彦と家臣と家人郎党《けにん》はわずかばかりの五穀の種を持ち出して、追い払われるように山を下《お》りたのじゃった。戸惑うのは、そこに住んでいる山家《やまが》の者や野で田畑を耕している民人や猟師たちであったのじゃ。そこを治める領主が変わっても民人はその場を離れられずに、新しい領主の下で働かねばならなかったからじゃ。山幸彦の家臣と家人郎党は山際の野や原を渡って浜に出て、かささの館《やかた》に訪《おとな》いを入れてから、オオヤマツミの館の門を潜《くぐ》ったのじゃった。

出迎えに出たのは、今までとは全く違う態度の磐長姫じゃった。

「火遠理命《ほおりのみこと》の山幸彦さま、これまでの数々の御無礼をお許しください！　心よりお詫び申し上げます！」

「お手をお上げください、伯母上さま！　われらの方が御願いに上がったのです。海幸彦のお兄上がお帰りになるまで、われらを此処に逗留《とうりゅう》させて頂きたいと……」

「わらわは知っております、海幸彦のあなたさまに対する悪行三昧《あくぎょうざんまい》の数々を。わらわが教え、唆《そそのか》したようなものですから。山幸彦さまのお館と穀物を横取りしたのですね？」

「伯母上、そうではありません。われが兄上に山の館を差し上げたのです。その代わり、当分、このお邸をお預かりさせて頂いたのです。兄上も仰っていましたが、磐長姫の義母者人《ははじゃびと》を丁重にお護りして欲しいと！」

山幸彦の優しい言葉に触れて、暫く萎《しお》れていた磐長姫は苦痛とも思える声を絞り出して云った。

「これは、わらわの独り言です。山幸彦さま、お聞き流しください……」

（コノチハ　オボチ　ススチ　マヂチ　ウルチ、と山幸彦さまの唱える呪文を聞いた時に思い出したのです。幼いころ、父オオヤマツミに習った呪文の事を。ですから、あの呪文のかかった鈎《はり》を海幸彦に触れさせてはならないと咄嗟《とっさ》に止めに入ったのだったけれど、一瞬、間に合いませんでした。海幸彦は釣り鈎を指に引っかけてしまいました。わらわが先に引っかけてしまえば良かったものを！　が、どんなにあがいても海幸彦は財産を失い、とことん貧乏のどん底に落ち、身も滅ぼすに違いありません！　あの子は八苦邪《やくじゃ》の紋《もん》を背負って、生きるか死ぬかの運命になったのです！　どんなにわらわが祈っても海幸彦を救うことは出来ません。あの子を救うことが出来る人は、いずれ尊《そん》となられる火遠理尊《ほおりのみこと》の山幸彦さまだけです。わらわが望みますに、懲《こ》らしめるだけ懲らしめてやって下さい。でも、海幸彦の命は助けてやってください、愚かな育ての親のお願いです！　海幸彦には非を悔《く》いて罪を償《つぐな》って貰います。そして山幸彦さまに臣下として生涯お仕えするように致させましょう！）

もう春の種まきの時期だったので、山幸彦の家の者たちも家臣も家人郎党も農民も漁民も全ての領民たちは、総出で海幸彦たちが放ったらかした田畑の畝《うね》を耕し直し、水路を元に戻し、五穀の種を植えたのじゃった。そして、海も活気を取り戻し、漁夫《あま》たちの戻って来た舟には、以前のように沢山の魚が積まれていた。魚の捌《さば》きや日干しには、漁民ばかりでなく農民も手伝った。

山幸彦がオオヤマツミの館に移って、月が一巡りした頃のある日のことじゃった。

山幸彦は家人たちが田畑の農作業に出かけた後に、何となく懐かしい海辺に出てみた。

いかささの岩場で『クエッ！　クエッ！』と鳴いている奇妙な鳥を見た。鳴き声は山の仕事の合間に何度か聞いていたが、初めて見たその姿は、父のニニギ尊の話してくれたように、金色の四本脚をした嘴《くちばし》の鋭い獣のような頭を持った鳥だった。古鳥蘇《ことりそ》だと確信して話しかけた。

「お前は、古鳥蘇か？　目無堅間《まなしかたま》の舟を運んでくれたワニの古鳥蘇だろう？　初めて見たぞ、お前の本当の姿を！」

古鳥蘇は嬉しそうに両の翼を広げて『クエッ！　クエッ！』（カッコ良いだろう！）と喜んでいる。そして飛び上がってくるりと回り、『クエッ！』（ついて来い！）と云うような鳴き声と仕草をした。

「われに、来いと云うのだな？　用があるのか？」

古鳥蘇は羽をはばたかせながら、『クエッ！　クエッ！』（そうだよ〜、こっちだよ〜！）と頷《うなず》いているようだ。山幸彦は、かささの浜の外れ近くまでついて行った。

古鳥蘇は思い切り高く飛び上がり『クエッ！』（行くぞ！）と、急降下で海の中に突っ込んだ。と、海が真っ二《まぷたつ》つに割れ、海の壁の間に坂道が出来ると、豊玉媛《とよたまひめ》がその道をゆっくりゆっくりと上って来た。豊玉媛の高く巻き上げられた黒髪は、今は、人間の媛のように長く腰近くまで垂れていた。

山幸彦は懐かしさいっぱいで、駆け寄って海の道に入ろうとしたが、目に見えない扉に弾《はじ》かれて、渚《なぎさ》に突っ転んでしまった。古鳥蘇は『クエッ！』（馬鹿みたい！）と鳴いているのではなく笑っているのだった。

大きなお腹《なか》を抱えながら、波打ち際に上がって来た豊玉媛は云った。

「お懐かしう《しゅう》存じます。海神《わたつみ》の父が申した通りに、わらわは、お別れの折に身ごもりました。間もなく、貴方さまの御子が生まれようとしております。天神《あまつかみ》の直系の御子を海底《うなそこ》で産むことは出来ません。父の海神《わたつみ》もそのように申します故《ゆえ》、はるばる地上へと罷《まか》り越《こ》した次第です」

と恥ずかしげに云った。山幸彦は豊玉媛との再会に、言葉は要るまいと力強く抱きしめるだけだった。豊玉媛の髪の匂いも懐かしかった。

それでじゃ、火遠理命《ほおりのみこと》の山幸彦は豊玉媛の望み通りに、大急ぎで、渚《なぎさ》に近い浜辺に産屋《うぶや》を建てて、屋根と壁とに鵜《う》の羽毛《うもう》と萱《かや》とで葺《ふ》いた小屋を作った、のじゃったが、まだ産屋がすっかり出来上らない中に豊玉媛のお腹が慌《あわ》ただしくなってしまった、つまり、産気《さんけ》づいたのじゃ。

「山幸彦さま、わらわはもう産屋に入らなければならなくなりました。すべての外の国には、子を産む時に臨《のぞ》む仕来《しきた》りがございます。わらわのワタツミの国にもございます。ですから、お願いです！　どうぞ、わらわが子を産む姿を決して見ないと約束して下さい！　わらわには、お付きも誰も無用にございます。独りで産むのがワタツミの国の習《なら》いでございます故。重ねてお願い申し上げます。この産屋を決して覗かないと！　どうぞ、山幸彦さまは、お館でお待ち下さい！」

「相分《あい》かった！　豊玉媛の申し出の通り約束しよう。われは館で待っているぞ！　媛は身体をいたわって立派な子を産んでくりょうぞ！」

山幸彦は産屋を絶対に見ないと約束をしたのじゃったが、豊玉媛がわざわざ断《ことわ》りを入れて来たのを怪訝《けげん》に思ったのじゃな。当時から、男は穢《けが》れの多いとされた産褥《さんじょく》には近寄らず、の習慣《ならわし》があったのじゃが、山幸彦は敢《あ》えて、習慣の禁を破って壁の葺《ふ》き残しの隙間《すきま》から中をコッソリ覗いてしまったのじゃ。

多分、読者の皆さんは、『ジャジャジャジャ～ン！　ドドド～ン！』とかのオドロオドロシイ鳴りもの入りのシーンを想像しとると思うが、……正に、皆さんのイメージ通りに、山幸彦の見たものは、八尋《やひろ》もの（十五ｍ弱だが、実際は大きめという意味）鰐がのたうち廻っている姿じゃった！

『ギャ～ッ！』と上げる叫びを呑み込んだものの、山幸彦は、そのままへたり込んでしまったのじゃ。

子を産み終えた豊玉媛はじゃ、黒髪を巻貝のように高く結い、珊瑚の簪《かんざし》で止め飾り、ワタツミの国の元の美しい媛の姿に戻って、泡粒《あわつぶ》を織りこんだような衣に、鵜《う》の羽《はね》に包んだ玉のような赤ん坊を山幸彦に差し出して、申し上げるのじゃった。

「わらわは、この地上で、貴方さまとこの子を慈《いつく》しみ育てながら、地上の人間として貴方さまのお傍で生涯を共に暮らしたいと願っておりましたものを、貴方さまはわらわの忌まわしい姿をご覧になられました。これはわらわにとって耐えがたき恥辱《ちじょく》でございます。恨《うら》めしく存じますが、二度と貴方さまにはお目にかかりません。これがワタツミの国の掟《おきて》でございます。わらわはこのまま父の海神《わたつみ》の宮に参ります。なにとぞ、吾子《わこ》を宜しくお願い致します！」

山幸彦は約束を破った罪に何も云えずに、産まれたばかりの赤子を抱いて茫然《ぼうぜん》と佇《たたず》んでいた。

『クエッ！』（それはないよ〜！）と古鳥蘇《ことりそ》は悲しげに鳴くと、海が神の太刀で切られたように真っ二つに割れ、海の壁の間に坂道が出来ると、豊玉媛《とよたまひめ》はその海の路に歩いて行き、海に入る渚《なぎさ》の見えない扉の前で、ふと立ち止まり、山幸彦にお歌を詠った。

「シロカネモ　コカネモタマモ　ナニセムニ　マサレルタカラ　コニシカメヤモ」

と、豊玉媛は涙いっぱいの顔で海坂《うなさか》の道に入って行った。

古鳥蘇の鳥の姿はなく、海坂《うなさか》の入口には古鳥蘇の化身した大ガメがいた。

豊玉媛は山幸彦に背を向けたまま、大ガメの背に乗った。

山幸彦は、大声で返し歌を詠んだ。

「オキツヨリ　カモツウキシマ　ワガイネシ　イモハワスラジ　ヨノコトゴトモ」

（沖に棲む鴨の群れる浮島で、わたしと一緒になってくれた
　わが妻のことはけっして忘れない、世の中がどのように変わろうとも）

古鳥蘇《ことりそ》の大ガメの上の豊玉媛は、にっこり微笑《ほほえ》んで頭《こうべ》を垂れた。

豊玉媛の後姿《うしろすがた》は波に覆われ、海の道と共に波間に消えていった。

海坂は塞《とざ》され、残った大海原《おおうなばら》は波一つなく穏やかであった。

まるで旧約聖書のモーゼの十戒《じっかい》の奇跡のシーンのようじゃのオ。

待っとくれよ、旧約聖書の世界よりこっちの方が旧《ふる》いかも知れんのオ。どっちでもよいのじゃが、洋の東西を問わず神話にはこんな同じような創造の世界があるものなのじゃ。

その七　海幸彦敗れ、山幸彦尊の臣下となる

山幸彦・火遠理命《ほおりのみこと》と海神《わたつみ》の娘・豊玉媛との間に産まれた御子は次のように名付けられたのじゃった。『アマツヒコヒコナギサタケウカヤフキアヘズノミコト』と、長ったらしくってよく分からんじゃろう？　もう一度云うが、今度は区切って云うぞ。

『アマツ　ヒコヒコ　ナギサ　タケ　ウカヤ　フキアヘズ　ノミコト』じゃ。

その子の名を漢字で記すとじゃ、「天津孫孫渚建鵜萱葺不合命《あまつひこひこなぎさたけうかやふきあへずのみこと》」。前にも云ったかも知れんが、いい加減な名前の付け方だったのじゃ。まあ、分解するとこんな名前になるのじゃ。

『天照大御神の孫《ひこ》の孫、渚《なぎさ》に建《た》てられた産屋を、鵜《う》の羽毛《うもう》と萱葺《かやふ》きにしたが、完成しないうちに

産まれた御子の子（命）』と云う意味じゃ。この後の話では、この子を「御子《みこ》」と呼び、必要に応じて名を出さればならぬ時には、「ウカヤフキアヘズ命《のみこと》」としようと思う。

天上界では、勝手に産まれて勝手に成長して、産まれて直ぐに喋り出すなんぞは当たり前のことじゃったが、地上界でもまだまだ天神《あまつかみ》から脱していないが、次第に人間なみになって来とるのじゃ。赤子で産まれた天神の御子は初めてじゃからのオ。誕生も育ちも寿命も、ある程度人間なみになってきたようじゃのオ。だがな、この御子を育てるに当って、まず乳が入り用になって来たんじゃ。今まで、乳の話なんかなかったじゃろ。そこで、山幸彦は乳の出る女人を土地人の中から乳母《ちおも》として雇ったのじゃ。それがつまり「乳母《めのと》（乳母《うば》）」の始まりじゃ、と云い切ってしまって良いものだろうかのオ？

さて、山幸彦の支配する山間の館や山林や田畑を強奪して山に移った海幸彦じゃったが、山間の田や畑には何を植えても育たず、山賤の協力もなく、獣も小動物も鳥さえも獲ることが出来ず、わずか一年後には、穀物類も菜も木の実や果実まで全く収穫物がなくなったのじゃ。

山幸彦が居た頃には、春には緑を成し、夏には実を成し、秋には紅葉を成していた山林も枯果ててしまった。哀れなものじゃ。

一方、山幸彦は荒れ放題の野辺や海辺の田畑を開墾し直し、水の取り入れ口や水捌《は》けを前に戻し、畝《うね》を起こし直して、様ざまの作物の種を蒔き、花々の種も蒔いた。樹木も青く緑に色付きはじめた頃、田畑の苗も土から芽生えてきた。その年の秋には、どの作物も実り、穂も枝も重く垂れて、収穫は上々《じょうじょう》であったのじゃ。その収穫を祝うように秋の花々も咲き、木の実や果実も山地に居た頃よりもたくさん採《と》れたのじゃった。

予期していた事じゃったが、穀物小屋も空になった海幸彦は、最早《もはや》これまでと食糧不足で疲弊《ひへい》しきった一族郎党を引き連れて、又もや山幸彦のオオヤマツミの館に押し寄せて来て、恐喝《きょうかつ》を働くのじゃった。

「山幸彦！　この館は返して貰うぞ。それにお前は元の山の土地には戻ってならん！」

「畏《かしこ》まりました、兄上の火照尊《ほでりのみこと》！　が、兄上、われらの約定《やくじょう》を自らお破りになりましたね？如何《いかが》、自らの裁きをつけるのでございましょうか？」

「俺が、か？　俺はこの国の国守《くにのかみ》になる兄者だぞ！　俺の命令が全てだろうが！　前にも云ったろう、ニニギ尊の時代は終わったと。俺が何をしようがニニギ尊は知らぬふりだ。手も足も出せないでいる始末だ。だから、俺の命令に背《そむ》く奴も、俺を抑える奴などもいやしまい！」

「そうでしょうが、兄上、天罰を恐れないのですか？」

「天が下す罰のことか、阿呆らしい！　天孫ニニギ尊の降臨以来、天に助けられた事があったか？また、天は地上に豊穣《ほうじょう》を約束されたと聞くが、何も助けてくれなかったではないか！　だから、天に地上の者を罰する資格などない！」

「兄上、豊穣は天の恵みではなく、われらが努力して勝ち得るものです。飽くまでもそのように、天に仇をなすお考えなら、その理不尽《りふじん》なお考えを貫き通すが宜しいでしょう！　必ずや、天罰が下りましょう！」

「何だと、山幸彦！　俺に向かって物申す気か！」

海幸彦の鞭が数回山幸彦の身体を打った。

山幸彦はいきり立つ家臣たちを抑えて冷静に云った。

「お気が済みましたか？　さて、それではお伺いいたしましょう。われとわれの家臣と家人郎党は、今後、何処に住めば良いのでしょうか？」

「日向の南の山々の向こうの好きなところに住めば良いではないか！　そこの野山を拓《ひら》いて住め！」

突然の平手打ちが海幸彦の頬に炸裂《さくれつ》した。

「なりませんぞ、海幸彦！　いい加減に目を覚ましなさい！　海幸彦、あなたは天罰どころか、限りなく滅亡に向かっているのですぞ！」

「うるさい、婆《ばばあ》！　山幸彦、ついでに、この磐長姫《いわながひめ》の婆も連れて行ってくれ、俺には必要ない！」

「それはなりません、兄上！　親を思う心を失っては、親への恩義を失っては、未来の兄上の救いはありませんぞ！」

「何を生意気に、俺の未来に救いがないだと？　聞いたようなことを抜かすな！　やい、山幸彦！これ以上ごちゃごちゃ云うな！　さっさと此処から立ち去らんか、俺の、尊《みこと》の命令だ！」

海幸彦は長い鞭をしならせて、山幸彦に打ってかかったが、今度は、逆に海幸彦の腕がつかまえられて、海幸彦は地面に投げられてしまった。

真っ赤になって立ち上がった海幸彦の前に立ちはだかったのは磐長姫だった。

「海幸彦、もう何も云わん。わらわはこの館もなにも欲しいとは思わんが、今一度、オオヤマツミの神殿で最後の祝詞《のりと》を申し上げたいのじゃ、通させてくれんか！　そこを、どけと申しておるのじゃ！」

磐長姫の眼は爛爛《らんらん》と輝き、髪が逆立っているような鬼婆《おにばば》の姿に海幸彦には思えて、一瞬、怯《ひる》んだが云った。

「まあ、一刻を争う訳でもなし、磐長姫の義母者人《ははじゃびと》は神殿に入り、最後の祝詞をあげるが良い。山幸彦は此処から退去する準備をするが良かろう！　但し、今日限りだぞ。明日の朝には、出て行って貰おう！」

海幸彦は女どもに今夜の食事の用意をさせて、近くに野営して山幸彦らの様子を見ていた。

神殿の中に納まった磐長姫は、お付きの巫女《みこ》たちに命じて四方に注連縄《しめなわ》を張り廻らし、四手《しで》を垂らし、燭台に火を灯し、オオヤマツミの神前で海幸彦への呪詛《じゅそ》を唱えた。磐長姫の般若《はんにゃ》か鬼かのような形相《ぎょうそう》で何かの文言《もんごん》で呪詛をしているようだが、仕えている巫女たちには何を云っているのか分からなかったが、良く耳を澄まして聴いてみた。

『コノチハ　オボチ　ススチ　マヂチ　ウルチ、コノチハ　オボチ　ススチ　マヂチ　ウルチ…

…』と、繰り返しているようであったが、巫女たちには聞いたこともない呪詛の文言であった。

その翌日、山幸彦の臣下と家人郎党たちの一行はオオヤマツミの館から、日向の南の丘陵に向かって進んでおったのじゃ。

一行の先頭に立っているのは天孫降臨の折の先導であったアマツクメの子で久米健《くめのたける》じゃった。

一行が、丁度、かささの浜を通り過ぎようとしていた時だった。

『クエッ！　クエッ！』と奇妙な鳴き声が聞こえて来た。久米健《くめのたける》を始め山幸彦の家人たちは、一年前に山を切り開き田畑を作っている時に聞いた、勇気を与えて貰った鳴き声だった。

皆は声の主を捜してあちこちを見渡した。

すると、渚《なぎさ》に忽然《こつぜん》として現れた一人の女人が立っていた。その女人は海神《わたつみ》の娘の豊玉媛と思われた。

「と、豊玉媛！　豊玉媛！　豊玉媛！」

山幸彦は恥《はじ》も外聞《がいぶん》もなく走り寄り、両手を差し伸べて力一杯抱こうとしたが、豊玉媛はそれを拒《こば》んだ。

「いいえ、私は豊玉媛ではありません。後《のち》に産まれた末の妹の玉依媛《たまよりひめ》でございます！」

「容姿も声もそっくりだ！　だが、やはりどことなく違う気もする。そなたが豊玉媛の妹と云うのであるならば、少なくとも、われはワタツミの宮で、そなたに会っている筈だが？」

「私は、後《のち》にと申しましても、ワタツミでは十三年前に産まれました。地上の一日はワタツミでは凡《およ》そ、一年に相当します。山幸彦さまがワタツミの国を去られて地上では一年ばかりでしょうが、ワタツミの国ではもう四百年も経つのです。私が生まれてこの方、豊玉媛の姉上は毎日泣き暮らしております。お義兄《あに》上の山幸彦さまに恨みごとを云いながらも、産んだ御子を愛しく恋しがっております。どんなに思いを馳《は》せませても姉上はワタツミの国を出る事は禁じられております。たとえ禁を犯して地上へ出たとしても、地上では山幸彦のお義兄上の知っている豊玉媛の姿にはなれないのです。お分かり頂けますね？　姉上の余りの取り乱しを見るに見かねた父の海神《わたつみ》が、私に仰《おっしゃ》いますには、姉上に代わって地上に行き、姉上の御子をお育て申すようにと！」

「あなたが、ええと……」

「玉依媛《たまよりひめ》です！　私がウカヤフキアヘズ命《のみこと》をお育て申します。私は、乳が出ませんので乳母《ちおも》は今まで通りに土地の方にお願い致します」

「頼むぞ、玉依媛！　今日は、われらが新天地を求めての出発の日なのだ。何かと忙《せわ》しないが、御子を頼むぞ！」

「御安心ください！　御子をお護りするのは私の生涯の務めにございます！」

その声を聞いて眠っていた筈のウカヤフキアヘズの御子が、にっこりとほほ笑まれたように見えた。

「それに、御子を護るのは私だけではありません。海神《わたつみ》の遣《つか》い、古鳥蘓《ことりそ》も一緒です」

『クエッ！　クエッ！』（この御子を護るぞ、護るぞ！）と古鳥蘓は御子の輿《こし》に上に乗った。

御子の輿は、一瞬、古鳥蘓と共に黄金色に輝いた。輿の廻りにいた乳母たちも警護の家人《けにん》たちも驚いてどよめいた。人々は、昔から噂にされていたが『古鳥蘓』を見たのは初めてだった。皆はひれ伏して神の鳥として古鳥蘓を崇めた。

遥か後ろから続いて来た磐長姫も不思議な輝きに気付き、巫女たちに云った。

「巫女たち、見たか？　今、山幸彦さまの御子の輿が光を帯びたように見えたが！　山幸彦さまには輝く未来の光が射し給《たもお》うた。それにしても、僅《わず》か一日のうちに父のオオヤマツミの館はくすんだように思えるが、淋しいことよのオ。これで海幸彦は全てを失ってしまうのか！」

遥か離れてしまったオオヤマツミの館は霞が掛ったように薄ぼんやりと見えていた。

山幸彦の一行の行く手の高い丘陵には、光る長柄《ながえ》を持った兵士が突然と現れ出た。先導の久米健《くめのたける》は、万が一をと考えて、皆に戦闘態勢を執《と》るように云った。

それを制したのは、山幸彦であった。

「皆の者！　あの兵士たちは父上のニニギ尊が送ってくれたわれらの警護の者たちじゃ、心配するな！　お主の知っておる者たちもいる筈じゃ、久米健《くめのたける》！　ご挨拶に行ってくれぬか！」

一行の陣頭指揮の久米健は、二人の小者を従えて砂丘を駆け上って行った。

その間に、遅れをとっていた磐長姫たちも山幸彦の一行に追いついた。

「磐長姫の伯母上！　我らが向かう先を申しましょう。迂回《うかい》の道を通っておりますが、実は、霧島の宮の父上と母上の許に参ります。今まで、隠していた事をお詫び致します」

「でも、山幸彦さま、わらわは行けません！　わらわはニニギ尊《のみこと》にも、わが妹の木花開耶姫《このはなさくやひめ》にも酷い事をした女です。恨まれて呪われて当然の身なのです」

「そうではありません、伯母上！　父上も母上も伯母上を粗略《そりゃく》に扱ったことを長い間悔《く》いておりました。われは何度も聞かされておりました。それに、遠い昔のことではありませんか？」

『クエッ！　クエッ！』（やって来たぞ、海幸彦どもが！）と古鳥蕪が何事かを知らせるように鳴き叫んだ。

「申し上げます！　海幸彦さまの輩《やから》が弓矢刀剣を携えて、武力で攻めて来ます！　どうやら我らが山を越す前に皆殺しにする作戦のように思えます！　われらは御子をお護りいたします！」

　と伝えに来たのは、山幸彦の一行の後衛を任されていた巌磨斗《いわまと》であった。巌磨斗《いわまと》は天孫降臨の折に後衛であったアメノイワマドの子であった。

　それを聞いてガクッと膝を折ったのは磐長姫であった。

「とうとう来おったか、海幸彦が！　わらわに内通する者があったので、先日、神慮《しんりょ》も伺ってみたのじゃったが、昨夜、わらわの瞑想《めいそう》の中で海幸彦とその輩《やから》が迫ってくるのが霞の果てに見えたのじゃ。わらわが海幸彦を呪詛しておったので、わらわの妄想《もうそう》かと思っておりましたのに……まさか本当に攻めてくるとは、愚か者の海幸彦が！　山幸彦さま、わらわを海幸彦に遣いに出させてください！　わらわが必ず、海幸彦を説得して、手勢《てぜい》を引かせます！」

「いや、伯母上、それは無用です。海幸彦の罠《わな》に嵌《はま》るようなものです。これは今までのような諍《いさか》いではなく戦になってしまいました。われは出来るだけ避けようとしてきましたが、こうなっては仕方がありません、われに任せてください！　たとえ、海幸彦に攻め勝っても殺しはしません、伯母上の仰《おっしゃ》いましたように懲《こ》らしめに懲らしめるだけです」

「畏《かしこ》まりました。それならば、山幸彦さまにお任せ致しましょう！」

山幸彦はどよめいている家臣や家人や家人郎党たちに両手を挙げて制するように云った。

「皆の者、何事が起きても慌てふためくではない！　これから神慮を実行する！　玉依姫《たまよりひめ》、御子の輿から潮満玉《しおみつのたま》を取り出して、古鳥蘇《ことりそ》に持たせてくれぬか？」

玉依姫は水色の箱から潮満玉を出して、古鳥蘇の金色の四本脚の爪に確りと持たせた。

「古鳥蘇、頼むぞ！　潮よ、水よ、来たれ！　**潮よ、水よ、来たれ！**」

山幸彦が叫ぶと、古鳥蘇は潮満玉を爪で掴んだまま海に向かって飛んで行った。

すると、天が俄《にわ》かに掻き曇り、雷鳴と共に海から風が吹き込み、海の潮が高波となって押し寄せて来た。

山幸彦も潮満玉の威力を目の当たりにするのは初めてであった。

丘陵の高台にいる山幸彦の家臣も家人郎党も磐長姫の巫女たちも慌てふためき慄《おのの》いた。ある者は更に高い丘陵や山を目指して走り出し、木に登る者までいた。丘陵のてっぺんにいたニニギ尊《のみこと》の護衛の集団と久米健は逆に下りて来て、水の盾になろうとしていた。また、後衛の巌磨斗《いわまと》は鵜萱葺不合命《うがやふきあへずのみこと》の輿を丘の高みに移動させようとしていた。

「皆の者、静まれ！　あの潮はわれらの足許までしか来ない！　われを信じて、落ち着いてその場を離れるではない！　御子の輿もそのままにせよ、巌磨斗《いわまと》！」

古鳥蘇は山幸彦たちの丘陵の稜線の際まで飛んで、その方向を反転させた。

海水は海幸彦の輩《やから》どもの攻め来る方に激流となって押し寄せて行き、人々も小屋も木々も草花も田畑も、全てを呑みこんでしまった。激流は海幸彦のいるオオヤマツミの館まで呑みこみ、海幸彦は館の屋根の上の千木《ちぎ》に摑まって助けを求めていた。

山幸彦の味方の者たちは、足許でピチャピチャしている水を怖がっていながらも、海幸彦の輩《やから》どもが水に流されるのを見て歓声を上げていた。

「もう宜しいでしょう、海幸彦の兄さんの所に参りましょう、伯母上！」

磐長姫は山幸彦の龍神竜王から賜った威力の奇異《きい》な激流の中で、海幸彦がもがき苦しみ死んだと思い、へたり込んで涙ぐみ手を合わせていた。

「これほどの激流では海幸彦は助かっておりませんでしょう……それに、海幸彦の家来たちや民人も皆、水に呑まれて流されて死んだに違いない。田畑も木も水の下ではないか！」

「伯母上、われは約束した筈です！　懲《こ》らしめても、殺しはしないと！」

磐長姫には山幸彦の言葉が聞こえていなかったようだ。

「天罰なのか、自業自得《じごうじとく》なのか！」

「天罰と云えないまでも自業自得でしょう。だけど伯母上、誰が好き好んで相手の田畑を奪ったり、武力で殺しあったりを喜びましょう。われの家来たちもあのように一時は歓声を挙げて喜んでおりましたが、元は、みんな同じ農民や漁民たちで仲良く暮らしていた者たちです。今度はみんな、一人でも多く助かって欲しいと願っているのです。中には、跪《ひざまず》いて祈っている者も、泣いている者もいるではありませんか！　そのような善良の民人を濁流に呑ませて殺せましょうか？　さあ、行きましょう、伯母上！　海幸彦の兄さんを救いに！　古鳥蘓《ことりそ》！」

山幸彦が呼ぶと、何処から飛来してきたのか、もう目の前に現れた。

「古鳥蘓、海幸彦の許に連れて行ってくれぬか？」

『クエッ！　クエッ！　クエッ！』と古鳥蘓が何事かを仕草を交えて云っているようだ。

玉依媛《たまよりひめ》は頷《うなず》いて、山幸彦に云った。

「古鳥蘓の通詞《つうじ》を致しましょう。一尋《ひとひろ》ワニになりましょうか？　大亀になりましょうか？　それとも潮を割って海路《うなじ》を作りましょうか？　と云っております」

「いずれを選んだとしても、われの家臣も家人郎党も民人も吃驚《びっくり》するだろうな。どうせ吃驚するなら……潮水を割って海路を……いや、目無堅間《まなしかたま》の舟ならそんなに驚きもしまい。古鳥蘓！　目無堅間の舟にしたいが、おまえの化身したワニの姿は見せてはならんぞ！」

『クエッ！』（合点承知の介！）と一声鳴いたと思ったら、もう足許の水には目無堅間の舟が浮いていた。

また、皆の目の前に一艘の舟が空から降ったか海から湧いたか、どこからか現れた。家臣も家人郎党も民人もわが主人ながら山幸彦の神通力に畏敬《いけい》の念を抱いた。

「玉依媛、潮干玉《しおひるのたま》を取ってくれぬか？」

玉依媛は御子の輿から土色の箱を取り、中から潮干玉を取り出して山幸彦に渡した。

山幸彦は、まだ躊躇《ちゅうちょ》している伯母の磐長姫の手を取って目無堅間《まなしかたま》の舟に乗った。

と、舟は滑るように人々の前から掻き消えた。

『一瞬にして潮に流されてしまったぞ！』

『舟が沈んだんだ！』

『誰か泳ぎの達者な奴は水に潜れ！』

と、それぞれに大声で騒ぎたてた。巫女たちも黄色い声を出して叫んでいた。

『磐長姫の御主人さま～っ！』

そんな人々をなだめ落ち着かせているのは玉依媛であり、玉依媛に命令を受けた二人の将の久米健《くめのたける》と巌磨斗《いわまと》であった。

皆の叫びに驚いた御子の鵜萱葺不合命《うがやふきあへずのみこと》も大声を出して泣き始めた。

「おお、良い子じゃ、良い子じゃ、御子も心配なのか？　大丈夫ですよ、あなたには私がついておりますからね、どんな事があろうと、一生涯ね？」

御子は、その意味が分かったのか、また、にっこりと微笑《ほほえ》まれた。

一方、海幸彦はオオヤマツミの館の屋根のてっぺんの千木《ちぎ》に摑まっているが、足先から脚、太ももから腰にと、徐々に水は増えて行った。

「助けてくれ！　助けてくれ！　誰でもいい、助けてくれた者には俺の財産の半分をやるぞ！」

喚《わめ》けど、叫べど、海幸彦の家臣も家来たちも下働きの者たちも水に呑まれたか流されてしまったか沈んでしまったらしく誰もいない。

と、その千木の近くに目無堅間《まなしかたま》の舟がぽっかり現れた。

「海幸彦の兄さん！」

海幸彦は千木に掴りながら声のする方に身を捩《よ》じらせた。山幸彦と義母《はは》の磐長姫が舟に乗っているのを見て叫んだ。

「山幸彦、助けに来てくれたのか？　ありがたい、感謝するぞ！」

「いいえ、兄さん。残念ながら、この目無堅間の舟には二人しか乗れないのです。ですから、兄さんを舟に乗せることは出来ません！」

「俺とお前は兄弟ではないか？　年寄りと俺とどっちが大切か分かっておるだろう？」

「十分に分かっております。ですから、お兄さんのお云いつけ通りに高貴高齢《こうきこうれい》の磐長姫の伯母上を大事にお預かりしているのです」

「ほら、水が腹の所まで来てしまった！　な、山幸彦、俺の財産の半分をやろう！」

「それはさっき、下々の方々に仰っておりましたね？　それに、兄さんの財産の半分は元々われから奪ったものでしょう？」

「いや、違った！　俺の財産の全てをやろう！　だから俺を舟に乗せてくれ！」

「そうではあるまい、海幸彦！　天神《あまつかみ》の名誉のある海幸彦命《のみこと》の名のあるうちに、もって瞑《めい》すべきではないのか？」

磐長姫も海幸彦の最後の決断に追い打ちをかけてきた。水は、海幸彦の首までとうとう来てしまった。胴体から下は奇妙な泳ぎ方をしていた。必死な泳ぎをしているのに、見方によっては滑稽《こっけい》ですらあった。

「命《みこと》の名も、天神《あまつかみ》の名誉もいらない、財産もいらない！　山幸彦、この一国はお前のものだ！　だから、俺の命だけは助けてくれ！」

「海幸彦、お前の命乞いの仕方や物云いは無礼ではないか？　それに、たとえ助けられたとして、それだけでは恩義に報いたとは言えまい！　人さまに恩義を報いるとはな……」

「恩義か……そうでした。俺は、忘れておりました。火遠理命《ほおりのみこと》、俺が生きておられるのなら、山幸彦を尊《そん》の火遠理尊《ほおりのみこと》として崇めます。俺は、いや僕《やつがれ》は尊《みこと》の下僕《しもべ》となり、僕《やつがれ》も僕の係累《けいるい》も子孫も尊や尊の子々孫々まで昼となく夜となくお護り致しましょう。尊の忠実な臣《おみ》にも民にもなりましょう！　これが、せめてもの火遠理尊《ほおりのみこと》への恩義でありましょうが、真実《まこと》の恩義は……」

「よう云うた、海幸彦！　わらわが海に沈みましょう。海幸彦は舟にお乗りなされ！」

でも、海幸彦は千木に掴りながらも、浮き沈みしながら云った。

「駄目です、何を云うのです……義母上《はは》……義母上は生きて……命を全うして……ください！　海幸彦は義母上の……恩義を……忘れていました。今、やっと、晴れて死ねるような……爽《さわ》やかな気持ちです……俺は、いや、僕《やつがれ》は……命など欲しくない！　……天神《あまつかみ》も僕《やつがれ》の罪を許して……くれるでしょう！」

海幸彦は泣いていた。悔しいからでも命が惜しいからでも悲しいからでもない、嬉しい涙だったのだ。

「義母上……ありがとう！　海幸彦の勝手を……お許してください！　山幸彦……兄の最後の願いだ！　……義母の磐長姫を……頼みますぞ！　さらばじゃ……義母上！」

と海幸彦は喜びの笑みを浮かべて頷《うなず》くと、千木に掴まっている手を放した。

「待ちなさい、海幸彦！」

「海幸彦の命《いのち》、われが預かった！　古鳥蘇《ことりそ》、出《い》でよ！」

海幸彦が一度沈み、浮かんだと思ったら、一尋《ひとひろ》ワニの口に銜《くわ》えられていた。

「あっ、ワニが！　海幸彦！」

と磐長姫は叫んだきり、目無堅間《まなしかたま》の舟の中で気を失ってしまった。

山幸彦は潮干玉を水につけて云った。

「潮よ、水よ、退《ひ》け！　**潮よ、水よ、退け！**」

水は瞬《また》く間に退いた——と云うより、消えた。

山幸彦の家臣や家人《けにん》郎党たちの足許からも、水が消えた。

激流でなぎ倒された樹木も田畑も小屋も元のままで、木は青々と葉を茂らせ、草花は陽を浴びていた。田畑の畝《うね》も植え付けを待っているようであった。洪水の前と何ら変わるところもなかった。変わっている様子と云えば、海幸彦の輩《やから》どもは木に掴り、腹ばいになって泳いでいる姿の者、仰向けになって水に浮く姿をしている者、両手を上げて浮きつ沈みつし、水を吐いている仕草の者、それぞれが奇妙な恰好をして生きていることだった。

山幸彦の家臣や家人郎党たちは丘陵を走り下って、海幸彦の輩共と手を取り合い、肩を抱き合って喜び泣いた。引き裂かれた親戚、親友、旧知の間柄だった者たちが、二分された垣根を越えての喜びだった。

玉依姫は輿から御子を抱いて山幸彦を待っていた。

オオヤマツミの館の方から山幸彦が先に立ち大亀が続いてくる。大亀は土の上だというのに、すいすいと動いて来る。大亀の背中には呆《ほう》けたような海幸彦が気を失った磐長姫をしっかりと抱きしめていた。

神通力か奇跡か、いづれにしても誰も信じがたい現象じゃった。

以後、海幸彦自身は火遠理尊皇太子《ほおりのみことのひつぎのみこ》の護衛の長として、名を隼人《はやと》と賜ったのじゃ。

隼人の子孫は『隼人族』として数代に亘《わた》って天皇家に仕えたと云うことじゃ。物の書によると、四十代天皇・天武《てんむ》天皇の御代まで続いた記録があるのじゃ。記紀に記されたのは此処までじゃからのオ。

海幸彦・隼人は皇族ではなくなったが、臣《おみ》の中でも大臣《おおおみ》として重用《ちょうよう》され、磐長姫は海幸彦の許で生涯を終えたのじゃった。また間もなく、ニニギ尊《のみこと》も木花開耶姫《このはなさくやひめ》も他界して、山幸彦は火遠理尊《ほおりのみこと》の王になられたのじゃった。

山幸彦の火遠理尊《ほおりのみこと》は攻め難い霧島の宮殿を日向の政《まつりごと》の中心として、その南に海幸彦・隼人に領地を与えて集落を作らせたのじゃった。その長は隼人の直系が引き継ぎ、宮殿や天皇を護る隼人族として、顔に青墨で八苦邪《やくじゃ》の紋の『苦面顔《くづらがお》』を作って他を威嚇したと云うことじゃ。

まあ、この期《ご》に及んで余計なことは云わぬ方が良いと思っとるんじゃが、わしの口が出しゃばりでのオ、玉手箱のような『潮満玉《しおみちのたま》』と『潮干玉《しおひるのたま》』は現存しとるそうなんじゃよ。

ウソ！と思う読者がおるなら、鹿児島県霧島市隼人町の『鹿児島神宮』を訪ねてみるのも、一興かも知れん。そこに安置されとるんじゃよ。わしも拝みたいものと思っとるんじゃ。が、鹿児島神宮の宮司さんが仰っていたが、『あるにはあるが、ただ、一般公開はしとらん！』とな。

どうも、お宝とか神仏とか御本尊とかは、何故、暗いところに坐《おわ》しまして隠したがるのじゃろうのオ。

脱線ついでにじゃが、豊玉媛が鵜萱葺不合《うかやふきあへず》を産んだところは、日向の海岸の傍で、今は『鵜戸《うど》神宮』があるところじゃ。その昔には『高千穂の宮』もあったのじゃ。つまりじゃな、海幸彦と山幸彦の活躍した舞台は霧島の高千穂ではなく、そこから下った日南海岸の近辺だったのじゃ。そして山幸彦は現在の鵜戸崎の浜からワタツミの宮に行ったのじゃが、そのワタツミの地は青島かも知れんのじゃ。証拠とは云えんが謎解きじゃ。

ほれ、覚えておるじゃろう、山幸彦が豊玉媛と別れるときに詠《よ》んだ和歌《うた》を。

『オキツヨリ　カモツウキシマ　ワガイネシ　イモハワスラジ　ヨノコトゴトモ』

つまりじゃ、山幸彦は鴨の群れる島で豊玉媛と添寝して契ったと云うのじゃから、ワタツミの国は鴨の棲息《せいそく》する処と解ける。当時、その鴨の飛来する島は、日向の浜では唯一、青島だけだったのじゃ。だから鴨の島はワタツミの国のことで、青島のことじゃて。当時は、青島は孤立した島じゃったからのオ。

青島神社は山幸彦と豊玉媛を祀っておるのじゃ。しかも、塩地老翁《しおつちのおじ》の海神《わたつみ》までもな。奇偶とは思えんじゃろ。

今に残る鵜戸神社は「鵜戸の宮」と「高千穂の宮」を一緒にして、外には朱塗りの鳥居のみで、御神体は大きな洞穴の中に宮殿を作って崇めているのじゃ。

大昔は、ここが海の中で、ワタツミの国に通じていたのかも知れんのオ。山幸彦がワタツミの国に行く時に、薄っすらと目を開けたら、海の中の洞窟を通っていたと、覚えておるじゃろ？

話を戻さにゃいかんが、この後は、第三話に譲るとするか。

第三話　神倭磐余彦の東征

山幸彦の火遠理尊《ほおりのみこと》の父ニニギ尊《のみこと》も母木花開耶姫《このはなさくやひめ》も既に亡くなっていた。皇太子《ひつぎのみこ》の鵜萱葺不合命《うかやふきあへずのみこと》は十三歳になっていたが、身体は十三歳とは思えぬほど逞しく、太刀さばきにかけても弓矢にかけても家人郎党の誰にも引けを取らぬほどであった。

皇太子の側近には、巌磨斗《いわまと》を長《おさ》として、皇太子と同年齢の久米健《くめのたける》の子の強士《つよし》と、もう一人は、海幸彦の子の隼人勇《はやとのいさみ》が任についていた。

天孫ニニギ尊の第一の臣下だったオモヒカネは年齢不詳のまま霧島の高千穂に残り、瑞穂の国の政《まつりごと》の補佐役をしていた。

同じく天孫降臨組のアマノコヤネもフトダマも年齢不詳のまま、霧島宮の祭事やら神官の教育養成に当っていた。

天神でありながら手に技を持っていた者たちは、瑞穂の国の方々に散って行き、その地の民人に自分たちのそれぞれの技を、宮造りや、農耕や鍛冶や玉造や、武器や武具や機織り等々の技術を伝えていった。

その一　神倭磐余彦尊の誕生

皇太子《ひつぎのみこ》の鵜萱葺不合命《うかやふきあへずのみこと》が十三歳になった折に、現王《すめらみこと》の火遠理尊《ほおりのみこと》は宣言した。

「われは霧島の高千穂の宮に永久に住むつもりであったが、この歳になっても豊玉媛を想い慕っている。その思い出の地のかささの浜に宮を造り、その宮を『鵜戸《うど》の高千穂宮《たかちほのみや》』と名付けて、そこに住もうと存ずる。そのようになっても、霧島の高千穂の宮は葦原瑞穂国《あしはらのみずほのくに》の王宮として政《まつりごと》を行う事に変わりはない。未《いま》だ、若年だが、わが皇太子《ひつぎのみこ》・鵜萱葺不合命《うかやふきあへずのみこと》に王位を譲ろうと思う！」

中央の玉座の前に座っていた皇太子は、突然の王位の譲渡に、戸惑いを隠さずに傳女《めのと》の玉依媛《たまよりひめ》を見たが、にっこり頷いた玉依媛に自信を得て、霧島の高千穂の王宮を父の火遠理尊《ほおりのみこと》より賜わったのじゃった。

そして間もなく、火遠理尊《ほおりのみこと》が鵜戸《うど》の高千穂の宮に出立する前の日のことであった。

霧島の高千穂の宮に根を生やしたような天神《あまつかみ》のオモヒカネが恭《うやうや》しく申し出た。

「申し上げます、若、じゃなかった山幸彦じゃなかった、現王《すめらみこと》の火遠理尊《ほおりのみこと》よ。鵜戸の高千穂の宮に参られる前に、是非とも、この老爺《おじい》の申し上げる事にお耳を傾けてくだされ。お亡くなりになられたニニギ王と木花開耶王妃《このはなさくやおうひ》の御遺言でもございますれば……」

「遺言じゃと？　なんじゃ、申してみよ！」

「われに、鵜萱葺不合命《うかやふきあへずのみこと》の婚儀を取り仕切るように申されました」

「馬鹿な事を申すでない、オモヒカネの老爺《おじい》！　父のニニギ王が云うたとなれば十数年も昔にか？　鵜萱葺不合命《うかやふきあへずのみこと》はまだ二・三歳の頃だろうが、云う筈がなかろうが、考えてもみよ！」

「それでも、ニニギ尊の前《さき》の王は御心配の様子で、生前、われに命じて、早めに妻姫《つまひめ》を決めて置けと……」

「では、何か？　われが豊玉媛と通じたのを快《こころよ》しと思っていなかったと……申すのか？」

「いえ、そ、そのような事は決《けっ》して、決《けっ》して……」

「そのような事とは、何じゃ？」

「父上もオモヒカネの老爺《おじい》も、もう宜しいでしょう。われの妻姫のことは御心配なさらずとも！　この際ですから申して上げておきましょう。ウカヤフキアヘズの正妻《むかいひめ》はもう決まっております！」

唐突なほどに軽い鵜萱葺不合命《うかやふきあへずのみこと》の言葉に、その場に居合わせた誰もが同じように吃驚《びっくり》した。

「誰が、命《みこと》の妻姫を決めたのだ、ウカヤフキアヘズ？　包み隠さず申すのだ！」

「誰がではなく、われ自身で決めたことです、われが生まれて直ぐの時に。われが大人の儀式を行ったら、その者に云おうと思っておりました。その者はわれの意を断れないのです！　と云うより、その者がそのように自分を運命づけているからです」

火遠理尊《ほおりのみこと》にもその場に居合わせた者にも鵜萱葺不合命《うかやふきあへずのみこと》が何を云っているのか、また何を云おうとしているのか、少しも解らなかった。隣人同士、人を越えて話し合おうとしている者でざわついていた。

「ほう、で、その者とは誰のことじゃ？」

座を沈めるように、まず、現王《すめらみこと》の火遠理尊が聞き出した。

「それでは、申し上げましょう。玉依媛《たまよりひめ》です！」

座は一瞬静まった、いや、白々しくなった。

一堂に会している者の目はおどおどしている玉依媛に向けられた。

「のオ、そうであろう、玉依媛？」

「御子、何を戯《たわ》けたことを仰っているのです！　私は、鵜萱葺不合皇太子《うかやふきあへずひつぎのみこ》の傳女《めのと》でございますよ！

地上に来て早や十二年になります。私は二十と五歳になるのです！　それに私はワタ……」

「云うな！」

鵜萱葺不合命が叫ぶように云った。

「そのような事は自らの口から決して云うべきものではない！　その事は父王の火遠理尊《ほおりのみこと》から何度となく聞き諭《さと》されておりました。玉依媛は確かにわれの傳女《めのと》でありますが、玉依媛はわれが赤子の頃から、生涯一緒だと何度も云うておりました！　その言葉が、われの心に沁みついているのだ！　そうであったな、玉依媛？」

「確かに、でもそれは、子守言葉として……私は傳女として生涯……」

玉依媛はそう云いながらも、『その言葉は嘘ではなかった！』と思えるような恥じらいをみせていた。

座の者たちも何年も禁句同様に扱われて、触れてはならぬ『ワタツミ』の言葉に触れる恐れがあると、それぞれが俯《うつむ》いて口をつぐんでいた。

「暫《しばら》く、待ってくれぬか？　われにも責任が及んでこようが、われの妻女《つまじょ》の豊玉媛はワタツミの国で、われの口からワタツミと云うてしもうた……そのワタツミの国で、何百何千年も生きていることになっている。が、われは、未だに豊玉媛を慕《しとお》うておる。だから、かささの鵜戸に宮を建立して、そこを終生の住まいと決めたのじゃ。われが一番、ワタツミの国を気にとめているのであろう。ところでじゃが玉依媛、お前はウカヤフキアヘズの叔母にも当り、平たく云えば十二も歳上であるにもかかわらず、あの時以来、そんなに歳を経たとも思えぬ。今まで気がつかなかったが、地上ではゆっくりとしか歳を取らぬのではないか？　良く見れば、まだまだ若い！　のオ、皆の者、この二人は似合いとは思わんか？」

火遠理尊《ほおりのみこと》の自らの悔恨らしき口説《くぜつ》によって、霧島の宮の神殿で鵜萱葺不合命《うかやふきあへずのみこと》の成人の儀と同時に、玉依媛との婚姻の儀も執《と》り行われ、オモヒカネの思いも遂げられたのじゃった。

そして、鵜萱葺不合尊は正式に王位を継承されたのじゃった。その後直ぐに、火遠理尊は日向のかささの浜に出来上ったばかりの鵜戸《うど》の高千穂の宮に入られたのじゃった。

まあ、そのオ、神代話《かみよ》としては、この代の鵜萱葺不合尊《うかやふきあへずのみこと》までじゃと多くの学者先生たちが主張されているようじゃが、まだまだ日本の歴史は神代と人代を行《い》ったり来《き》たりしとるんじゃよ。だから、次の代、第一代天皇・日本歴史の神武天皇を神代と人代との橋渡しとして聞いてもらいたいのじゃ。

平和な時が二十数年も年を経て、鵜萱葺不合王《うかやふきあへず》と玉依王妃《たまよりのおうひ》の間には、四人の御子が授かったのじゃった。一番上の御子は五瀬命《いっせのみこと》と云い、二番目の御子は稲飯命《いなひのみこと》、三番目の御子は三毛入野命《みけいりのみこと》、そして四番目の御子が磐余彦命《いわれびこのみこと》（後の神武天皇）じゃった。


日向の秋の夕暮れは早く訪れる。

日も暮れ、風もなぎ、樹木の梢の青もすっかり秋の色に染まっている。

今は老王となった火遠理尊《ほおり》は鵜萱葺不合王と四人の孫の五瀬命、稲飯命、三毛入野命と磐余彦命を鵜戸の高千穂の宮に呼んでいた。

「天神《あまつかみ》のタカミムスヒの遣いの者の詞《ことば》によると、天の磐船《いわぶね》を盗んで地上に降りた神がいるとのことじゃ。その者は、スサノヲ神《のかみ》以来の手に負えぬ暴れ者でのオ、名は櫛玉饒速日神《くしたまのにぎはひのかみ》（以後ニギハヒ）と云う者だそうだが、己《おのれ》の媛と幾柱《はしら》かの若く荒々しい神々を伴って地上に降りて来たと云うのじゃ！　そやつらは、もはや天神の資格は剥奪されておるそうじゃが、豊葦原瑞穂国《あしはらのみずほのくに》の真ん中の東《あずま》の国に降り立って、悪しき神々となって民人を苦しめ恣《ほしいまま》、勝手放題との仰せの事じゃった。このままでは、瑞穂《みずほ》の国の平《たい》らかなる政《まつりごと》を治める事が出来ぬであろうと、天上の神々が憂《うれ》いておられるそうじゃ。われとてもそう思《お》うている！　早速にも此処日向の国から出《い》でて、東の国々の悪しき奴輩《やつばら》の征伐に参りたいと思うておるのじゃが、見ての通り、われは老いぼれの身となってしまった」

　これだけを云うのにも老王は脇息《きょうそく》を何度も借りなければならなかった。

「よく分かりました、ゴホン！　われウカヤフキアヘズが王として、ゴホン！　兵を起こし、直ぐにも、東の国に、ゴホン！　出立しましょう、ゴホン！」

「今、何度、咳をしたかな、ウカヤフキアヘズの王？　お前は病《やもお》うの身だ。われが現王《すめらみこと》のお前を此処に呼ぶのも憚《はばか》ったほどだったが、ただ、王にも聞いて欲しかったからじゃ。いいか、孫《ひこ》たち！」

　老王は病の現王に問うているのではなく、孫の命《みこと》たちの意見を求めているのだった。

「御返事が遅れ申し訳ありませんでした。われイツセが軍勢を率《ひき》いて、直ぐにも、東の国の悪しき奴輩共の退治に参ります！　われら日向の国の軍団を二つに分け、第一団は日向の海沿いの道を北上して参り、もう一団は霧島から肥の国の熊曾《くまそ》から筑紫を通り北上させます！　もし、行く先々で日向に刃向かう国があれば、それらを制圧して進んでまいります！」

　長子の五瀬命《いつせのみこと》が身を乗り出して申し上げた。幼いころより父の鵜萱葺不合尊に、太刀さばきや弓矢を教えられていたし、なにより隼人勇《はやとのいさみ》が付きっきりで鍛錬に励んでいた。

「そうか、イツセは二十五歳になったのだったな？　さすが長子の役割と心得、勢いがあり力も有り余っているようじゃのオ」

「お褒めにあずかり、畏れ入ります！」

「で、イナヒとミケイリはいつも一緒に何かと遊び学んでいるようじゃが……」

と老王は何とも頼りない二人男《ふたりおとこ》（二人で一人前）と思っていたが聞いてみた。

「お前たち二人は、長子のイツセの意思に報いられるかな？」

「われとミケイリもどちらの軍団であれ、日向の海沿いの道を進むにしろ、肥の国の熊曾から筑紫の道を進むにしろ、兄上のイツセ命の意思に従って、北上し、東の国の奴輩と戦います！　なあ、ミケイリ！」

「イナヒの申す通りです。われはイナヒの兄上と行動を共にします！」

「おォ！　二人は同じ軍団でなければならぬようじゃが、心強い言葉と聞いたぞ！　それでだ、末子《ばっし》のイワレビコはどうなのじゃ？　孫《ひこ》の考えがあるなら申して見るが良いぞ！」

磐余彦命《いわれびこのみこと》は先ほどから、宙をみつめたまま黙って兄たちの云う事をいたが、祖父の老王に促《うなが》されて、重い口を開いた。

「われも、勿論《もちろん》のこと、兄上のイツセ命《のみこと》の意思に従います。ただ、出兵に当っては十分に時を得なければなりません。われが思いますに、少なくとも一年の準備は必要としましょう。それに、われは陸路《おかつじ》よりも海路《うみつじ》を選び、大型の船を造り船団を組んで参りたいと思っています。初めは、二艘で出航し、後続の船は出来上り次第追いかけさせます。停泊地も最初《はな》から定めておき、立ち寄っては、その湊《みなと》の国守《くにのかみ》と協定を結んでおく必要があります。そして立ち寄った国々で船を調達し、その国の兵士を加えて船を進めさせます。行く先々で後ろに不穏な動きがあっては、憂《うれ》いを残し、後ろを気にするようでは十分な戦に臨《のぞ》めません。そして、敵を十分に知らなければ東征は覚束《おぼつか》ないと思います。……まだ、このような事しか考えが及びません。お許しください、お祖父《じい》さま……老王のスメラミコト！」

老王は、脇息に凭《もた》れたまま、磐余彦命《いわれびこのみこと》の話の間に何度も頷《うなず》いていた。

（イワレビコはもっと奥深いものを持っている。われに、急いては負け戦となると教えているのだ）

「イワレビコは幼少の頃より臆病な程に用心深かったが、それが今では用意周到《よういしゅうとう》で冷静沈着《れいせいちんちゃく》な判断を下すようになったのじゃな。なるほど、この御子たちが手を携《たずさ》え合えば、向かうところ敵なしかも知れんの！」

老王は大変満足げで半白《はんぱく》の顎鬚《あごひげ》をしごいていた。

「申し上げます、老王のスメラミコト！」

長子の五瀬命がもう一膝、身を乗り出して云った。

「老王とウカヤフキアヘズの父王に御願い申し上げます。われイツセは大将軍となりましょう。そして、われは皇太子《ひつぎのみこ》イワレビコに従います！」

五瀬命《いつせのみこと》は、その座から退《すさ》って、磐余彦命《いわれびこのみこと》の下に座った。老王も現王も他の御子たちも驚かされた。

「何を申しておる、ゴホン！　われ、ウカヤフキアヘズは王の位をお前に、ゴホン！　イツセに譲ろうと、ゴホン！　決心しているのだ、ゴホゴホ、ゴホン！」

鵜萱葺不合尊《うかやふきあへずのみこと》は長子の五瀬命を幼少の頃から可愛がっていた。それを今、老王の前で訴えなければならないと口早に、咳き込む胸を抑《おさ》えるように云った。

稲飯命《いなひ》と三毛入野命《みけいり》は退ってきた五瀬命の尻を前に押しやった。

「いや、ウカヤフキアヘズ王の申すことも解るが、今は、皇太子《ひつぎのみこ》を誰にするかを論じているのではないぞ！　東征に関して……」

「いいえ、重ねて申し上げますが、そうではありません！」

五瀬命は老王の口を封じて続けた。

「お祖父さまの老王も父の王も、お聞き下され。われ、イツセが思いますに、皇太子《ひつぎのみこ》は今、お決めにならなければ遅きに失してしまいます。われらが軍勢を率《ひき》いて出立するのであれば、総大将がおらなかったならば、命令も統率も失われてしまいます。特に、海の上を行くのであれば尚更です！　その総大将には皇太子《ひつぎのみこ》が就《つ》くべきだと考えます。武力軍団を束ね操るのはわれに任せて頂き、末の弟ながら、知略に長《た》けたイワレビコに皇太子《ひつぎのみこ》を賜りますように、われからも、お願い申し上げます！」

と、このように簡単にと云えなくもなかったが、皇太子の位は磐余彦《いわれびこ》が賜って、『神倭磐余彦尊《かむやまといわれびこのみこと》』と名乗ったのじゃ。名の冠《かんむり》に『神』とついとるじゃろう。まだまだ、天神《あまつかみ》と縁が切れておらんのじゃ！

そして名に『倭《やまと》』という言葉が初めて出てくるのじゃが、豊葦原瑞穂《とよあしわらのみずほ》の国（日本国）の異称《いしょう》にいつの間にか使われておるんじゃ。これから暫《しばらく》の間、日本の歴史はこの呼び名の『倭』が主流になってくるのじゃ。

その二　磐余彦尊の兄・五瀬命の死

皇太子となった神倭磐余彦尊《かむやまといわれびこのみこと》は兄の五瀬命《いつせのみこと》と稲飯命《いなひのみこと》と三毛入野命《みけいりのみこと》と共に東征への準備を入念に重ねて、ほぼ一年後の秋、日向の鵜戸の湊から東に向かって出航した。

第一船団には神倭磐余彦尊と五瀬命が乗り、その船団の長は久米強士《くめのつよし》であった。第二船団には稲飯命と三毛入野命が乗り、その船団の長は隼人勇《はやとのいさみ》であった。

まず、豊《とよ》の国に立ち寄り、宇沙《うさ》の宮（大分の宇佐神宮）で東征の必勝と無事を祈願し、筑紫の国の岡《おか》の水門《みなと》（福岡県遠賀川河口）に立ち寄り、安芸の国の多家理《たけり》の宮（安芸府中町の総社跡）に立ち寄り、その先の吉備の国の高島《たかしま》（倉敷の入江付近）に立ち寄って行宮《かりのみや》（旅の途中の長逗留の館）を造り、高島宮《たかしまのみや》と名付け、ここで数年、東征の為の船船を揃え、兵器や食料を蓄えて、立ち寄った国々の兵士たちを加え、後続の第三船団を待っていたのであった。

その第三船団とは、神倭磐余彦尊の長子である手研耳命《たぎしみみのみこと》を乗せた船団で、船の長は巖磨斗《いわまと》の子である若い巖城津《いわきつ》であった。巖城津は手研耳命と同年齢で、霧島で兄弟同様に育っただけに気心も知れていた。

「立ち寄り」などと平易な表現をしとるがのオ、「立ち寄る」と云うのはじゃ、征服とか服従とか恭順《きょうじゅん》させるとかの意味にも使われておったのじゃ。政治ばかりじゃないぞ、性事も含めてじゃ。立ち寄っては、子を作っていたのじゃ。後々に敵にならぬようにとな。宇佐にも筑紫にも安芸にも吉備にも、磐余彦尊や五瀬命の子ばかりでなく、他の将や兵士などの子もウジャウジャとおるのじゃ。だから、ここまで進むのに、あれやこれやと十数年も費やしてしまったんじゃ。

さて、高島宮で十分な休養と補給をした船団は、尚も、東へ向かおうとして速吸之門《はやすいなと》（倉敷の高梁《たかはり》川から水島灘《なだ》に出た付近）に差しかかるとじゃ、突然と、いや忽然《こつぜん》として二人の漁夫《あま》が大亀に引かせた小舟に乗り、船団の前に現れたのじゃった。

まあ、現在でも度々このような事件が起こっとるが、大型船と小型の漁船の衝突問題じゃ。

でものオ、この時は統率のとれている第一船団の見張りがしっかりしとったから、衝突問題を起こさず無事に済んだのじゃった。

「漕ぎ方、止め〜い！　おい、おまえ、危ないではないか！　何者だ、おまえらは！」

と、先頭の船団の長《おさ》の久米強士《くめのつよし》が叫んだ。

「ハィ？　僕《やつがれ》は見ての通りの漁夫《あま》で、あっしは塩地《しおつち》と申し、こやつめは僕《やつがれ》の子の珍彦《めずらひこ》と申しますだ。曲《かど》の浦《うら》に釣りに来ておりましたら、王の御子がお出《い》でになると聞き及びましてな、速吸之門《はやすいなと》の水先の案内をしてやろうと、お待ちしてましただ」

「その小舟で水先案内を？　それは葦と竹で編んだ舟ではないか？」

久米強士は鼻で笑って云った。

「ハィ？　さようでごぜえますだが、目無堅間《まなしかたま》の舟と云いましてな、水など入《へえ》って来ませなんだ。

それに軽くって早く走るのじゃ」

「おい、奴《やっこ》、この船より速く走って水先案内をしようと抜かしとるのか、その亀で？」

「ハィ！　仰《おっしゃ》います通りですだ！」

「ハッハハ……この大船は二十人もの水夫《かこ》が一斉に櫓を漕いでいるのだぞ！　その亀が引くのとどちらが早いか競うつもりか？」

「ハイィ！　競うつもりもなにも、この亀は、あんたらの船に決して負けはしませなんだ」

「なんだと、この爺《じじい》！」

久米強士はいきり立って、銛《もり》を投げつけようとした。

「強士《つよし》！　何で船を止めた！」

強士の後ろには大将軍の五瀬命《いつせのみこと》が両腕を組み、睨《にら》んで立っていた。

「イツセさま、あの爺が、カタメ……何とかと云う小舟で我らの船団の前に突然現れて、我らの水先案内をしようと待っていたなどと抜かしておるのです！」

五瀬命が水夫たちに命じて櫓で波を立てたが、小舟の漁夫《あま》たちは揺れずに平気で立っていた。

「オンヤまあ、そんな小細工《こざいく》ぐらいで、この舟はゆれませなんだ！」

「なんだと、おい、爺！　水先案内とは何のことだ？」

「ハイ？　この速吸之門《はやすいなと》の浦には、小島が多くってな、風や潮の流れを違《たが》えると座礁《ざしょう》しますでな。国中の数ある海路《うみつじ》の中でも一番の危険な場所なのでごぜえますだ。左へ左へと舳先《へさき》を取られると、大きな渦に呑み込まれてしまいましてな、どんな頑丈な船でも海底《うなそこ》に引き込まれてしまいますだよ。又、右へ右へと舳先を取られるとな、海面《うみづら》に隠れている尖《とが》った大きな岩に船底を破られますだ。どっちにしても、海の藻屑《もくず》となるじゃろのオ」

「では、どうすれば良いと云うのだ？」

「だから、僕《やつがれ》に案内を請《こ》うと云うのであれば、案内してやってもいいと云っとるのだ！」

「何を、案内を請えだと！　云わしておけば、この爺！」

五瀬命は久米強士の持っていた銛を取って、漁夫に投げる構えをした。

「お待ちください、兄上！　名は何と申したかな、もう一度、お伺《うかが》いしたい！」

いつの間にか傍で聞いていた磐余彦尊《いわれびこのみこと》が老爺に優しく聞いた。

「僕《やつがれ》は塩地《しおつち》と申し、こやつは僕の倅《せがれ》の珍彦《めずらひこ》と申して、親子で漁夫《あま》をやっとりますだ。神倭磐余彦《かむやまといわれびこ》の皇太子《ひつぎのみこ》さまでござえますな？」

「何者だ、お前たちは！」

云うが早いか、五瀬命と久米強士《くめのつよし》と見張りの兵士らは弓に矢を番《つが》えて構えていた。

「待ってください、兄上！　あのお方は、もしかしたら……ワタツミの国の塩地老翁《しおっちのおじ》かも知れません。その名なら、老王に聞いたではありませんか？　われに任せてください！　ご老人、ワタツミの国は知っておられるのなら教えて頂きたい！」

「ハィ？　はてさて、ワタツミの国とは海底《うなそこ》のウロクズ共（鱗《うろこ》のある魚類）の棲みかじゃと聞いとりますが、話ばっかりで、誰ひとり僕《やつがれ》も行ったことがねえもんで知らねえんです、ハィ！」

やがて、総大将の皇太子のお声がかりで塩地《しおつち》の漁夫《あま》とその息子の珍彦《めずらひこ》は船の上の人となったのじゃ。

大亀と小舟はいつの間に流されたか沈んじまったかで、影も形もなかったが、水夫《かこ》も兵士も誰も気にも留めていなかったのじゃ。

それから暫くの間は、塩地の漁夫の舵取りで、幾つもの難所を乗り越え、渦にも巻かれず船底も傷めず、最後には速い潮の流れに乗って、難波崎《なにわのさき》に着いた。難波から河内《かわち》の国の草香《くさか》の白肩《しらかた》の津（東大阪市）に着いたのじゃ。当時はこの辺りまで海だったのじゃ。

五瀬命は碇を下ろすや否や上陸の命令を下した。

「お待ちください、イツセの大将軍さま！　この浜は異《い》な感じがしますだ。船に居った方が安全と思うですだが、どうしてもと仰せられるのなら、楯で囲んだ陣を拵《こしら》えて、その中で休息なさるだ。まず、あの先の松の林を探索させた上で、陣を張られたが宜しかろうて」

と、塩地の漁夫が五瀬命に忠告をしたが、五瀬命は聞く耳を持たなかった。

「爺！　此処までの海路《うみつじ》はお前に任せたが、ただの漁夫《あま》だろう？　陸の事に口をだすな！」

「それならそれで宜しうございますが、なんせ、この辺りはナガスネビコの奴輩《やつばら》の支配下にありますでな、危なうごぜえますだ！」

「そのナガスネビコとは何者だ？」

「あらま、御存じなくて船団を進めておられるのかのオ？」

「やい、爺！　その言い草は皇太子さまに無礼であろう！」

腹に据えかねていた五瀬命は大声を上げた。

「イツセの兄上！　われが聞いてみましょう。塩地《しおつち》の老爺《ろうや》、われらは天上から逃げ降りて来たニギハヒ神《のかみ》ら悪神を天命によって追っているのだ。ナガスネビコとか申す奴と関わりがあるのかな？」

「やはりそうでありましたか？　ニギハヒ神《のかみ》と仰せられる天神《あまつかみ》が登美《とみ》（奈良の近隣）に現れて、地上の国々を暴威《ぼうい》でふみにじっておりますだ。そのニギハヒの子がナガスネビコで、こやつが軍団を率いて、あっと云う間に勢力を拡大しておりますだ。今まで平穏に暮らしていた陸や山や海の者も、迷惑どころか難渋し、仲の良かった者同士の諍《いさか》いまで始まっておりますだ」

「兄上！　ここは塩地《しおつち》の老爺《ろうや》の忠告に従いましょう。念には念を入れた上で、楯陣を張るならろうではないか？」

　と皇太子に命ぜられて、五瀬命は探索を出すことにして、探索には第一船団の長・久米強士《くめのつよし》と第二船団の長・隼人勇《はやとのいさみ》そして第三船団の長・巖城津《いわきつ》らが数名の部下を伴って出かけた。四半刻（約三十分）の後、松林とその先に敵の様子が感じられないとの報告を受けて、白肩の津より上陸した一行は、船中にある全ての楯を取り出して、浜の一角を楯で囲んで陣を張った。（これを楯陣と云う。）

　日が暮れて、松林を渡る風の音に潮の波打つ音しか聞こえず、満ち足りないような月が淡く出ていた。皆が寝静まった頃、五瀬命《いつせのみこと》と久米強士《くめのつよし》と隼人勇《はやとのいさみ》と数名の部下が陣を抜け出して、後ろに聳《そび》える生駒山《いこまやま》の山地に探索に出かけた。それを知っているのは、手研耳命《たぎしみみのみこと》の側近の巖城津《いわきつ》だけであった。巖城津も腕が立つし、同行したかったのだが、誰が皇太子と手研耳命を護るのだと五瀬命に諫《いさ》められ、唇を噛んで、只、見送るだけだった。

後ろの生駒山地の頂《いただき》への路は狭く険しく二人として並んで行けるところではなかった。淡い月明かりだけでは林にも岩場にも難渋してしまった。敵が潜んでいるかも知れないので、火を灯すことも出来なかった。幾筋かのけもの道をも辿って行った。ところどころで獣の吠える声を耳にしたが、構わず一行は先に進んだ。

とうとう、最初の山の頂で夜が明けた。遠くに見える山々の陰から陽は昇ったのだった。彼らは海から昇る太陽の美しさを知っていたが、山には、太陽が沈むものと殆どの者は信じていた。

五瀬命と久米強士と隼人勇は知っていたが、他の者たちは日向の浜育ちで霧島の宮にも行ったことのない下級の兵士たちであった。山に居て、山から昇る太陽を見る美しさは山稜と雲の絵巻のようであった。

『ヒュー！　ヒュー！』と風を切った音がしたかと思うと、立っていた脇の木や土に何本もの矢が突き刺さった。敵は夜明けを待って攻撃を仕掛けて来たのだ。待ち伏せをしていた敵は木陰や雑木に隠れていて、東方より矢を射っているが、敵の数を正確に見定めることは出来なかった。敵には峰の上の五瀬命らは丸見えのようであった。が、敵の射る矢は下方から上に向けて射るものだから、殆ど勢いも弱く当らなかった。敵の下手な弓矢使いで幸いにも、怪我した者はいなかった。もしかしたら、このまま、引き上げろとの威嚇だけの攻撃なのかも知れなかった。が、矢を射られて引っ込むような五瀬命ではなかった。

五瀬命らは斜面を少し転がり降りて、木を楯にして敵兵の隠れているところに近づいて行った。まず、勇猛な五瀬命が斬り込んだのを合図の如くに味方の兵が斬り込み、敵の何人かを斬り殺したのだが、猿《ましら》の如く身軽で、数人を逃がしてしまった。木の根方にうずくまっている無抵抗の二人を捉えて、その一人の口を割らせたら、奴らの上に立つ者は天神《あまつかみ》のニギハヒの子の登美《とみ》のナガスネビコと判った。もう一人は口を利けない老いた唖《おし》の者であった。それ以上、深追いをせずに帰ろうとした時に、五瀬命の膝脛《ひざはぎ》に矢が当り、傷つき倒れてしまった。無念にも、五瀬命を背負って退却せざるを得なかった。その際に、隼人勇《はやとのいさみ》が捉えた二人の奴《やっこ》を殺そうとしたが、五瀬命は縄を打って連れて行けと命じた。

そんなに山を下らぬうちにも五瀬命の脚の出血が酷くなってきた。囚人の一人が轡《くつわ》をされたまま呻《うめ》くように縄を引いて、岩の方に行こうとしていた。

「おい奴《やっこ》、逃げようとしても無駄だぞ！　斬られたいのか？」

隼人勇は太刀に手をかけて云った。縄を持っていた部下が縄を強く引いたので、囚人はひっくり返りながらも自分の顎《あご》を岩の方にしゃくりながら呻いた。

「その者の轡《くつわ》を外してやれ！」

と、五瀬命は息も絶え絶えに云った。縄を持っていた部下が轡の縄を緩めた。

「あ、あの岩の裏に苔のような草が生えとりやすだ。血止めに利きやす！　オイをあの岩まで連れてってくだせいやし！　このままだと、この大将の命がありやせん。毒じゃない証拠に、あの岩の裏に生えてる草苔を取ったら、まず、オイが食べてみやすだ。そん上で、草苔の汁を搾《しぼ》って傷口に垂らしてくだせいやし。とてつもなく沁みて痛みやすが、この大将なら我慢しやすでしょう。それで、草苔で傷口を覆って、真直ぐの木を脚に当てがって、竹を組んだもんの上に大将を横にして運んでくだせいやし。ご陣所に着きやしたら、改めて手当をし直しやしょう。さあ、早く！　他にも怪我した方々が居なさるんなら、試してくだせいやし！」

幸い、外には誰も怪我ひとつしていなかった。そして、手の空いている者に頼んで竹を数本切って蔦でつなぎ、その上に五瀬命を寝かせて運んで行った。

「なぜ、お前は俺の命を助けたのだ？」

「動かねえでくだせいやし、血が噴き出しやす。黙っていてくだせい。オイが勝手に喋りやすから」

「オイらは山賤《やまがつ》の者でやす。ナガスネビコが檄《げき》を飛ばしやしたのは、天孫ニニギの子孫が生駒山を越えて登美《とみ》を奪おうとしている、と云いやして、全軍を率いて孔舎衛《くさえ》の坂で待ち伏せしておったのでやし。全軍と云ってもやし、掻き集められた兵は、元は登美の善良な里人らで、オイらのように役立たず者《もん》ばっかしでありやす。でも、戦になりゃ、死人《しびと》もでやすし……」

この囚人は医術の心得はないが、山で怪我をしたらそのようにしていると云って、喋り続けた。

「人の命に敵も味方もありやせん。しょうがないから、敵味方になっているだけでやし。こやつも、オイと同じ猟師で、ここらの道案内をさせられただけでやす。登美《とみ》のナガスネビコの奴らとオイらは何のかかわりもありゃせん。天神《あまつかみ》などと云ってやすが、どっからやってきたものやら、オイにはとんと分かりゃせんが、勝手に天神《あまつかみ》の子孫と名乗って巾を利かせているだけでやすだ。オイらは、ただ山で静かに猟をさせて貰いたいだけでやし。でも、オイらがこのまんま登美《とみ》のナガスネビコの輩《やから》に見つかったら酷い目に合うどころか、殺されかねやしねえ。どっちみち殺されるんなら、せめて、この大将の傷の手当てをさせて貰ってから願いやすだ……」

皇太子の磐余彦尊《いわれびこのみこと》は兄五瀬命《いつせのみこと》の傷ついた姿を見て、今直ぐにも仇討ちに行きたかったが、塩地《しおつち》の漁夫《あま》の忠告を入れ、まず、浜の陣を解き、全員を各船団に非難をさせ、再び船の中から相手の出方を見極めることにした。

「ここからは見えませなんだが、ナガスネビコの輩《やから》はあの松林の先の丘までは来ておりやすだ！」

さっきの囚人が五瀬命《いつせのみこと》の傷口を洗いながら云った。

松林の向こうの丘にどのくらいの兵力が潜んでいるかは分からなかったが、かなりの幅で槍の穂先の輝きが見えていた。緊張の対峙が三刻半ばかり続いたが、陽が西に傾き始めると敵は鳴りを潜めてしまった。

その夜は、船団を白肩《しらかた》の津の沖に停泊させたままで、皇太子と御子はこの先どうすべきかを、久米強士《くめのつよし》と隼人勇《はやとのいさみ》と巖城津《いわきつ》らの将と塩地《しおつち》の漁夫《あま》をも交えてじっくりと相談をした。

その上で翌朝早々、一同に、今度の戦況と今後の取るべき作戦を伝えた。

「われも兄のイツセ命も日神《ひのかみ》・天照大御神《あまてらすおおみかみ》の子孫でありながら、日に向かって敵を討ちに行ったことが、それ自体、天道に逆らっていたのである。ここは素直に敗北を認めて引き上げよう！　兄のイツセ大将軍が怪我をしてしまったが、われらは船で南下し、登美にあるニギハヒの館の東側から攻めたいと思うている。その折は、昇る太陽を背に受け、日神《ひのかみ》の威光を借りて戦い挑むのだ。その機会は必ず来る！　それまで困難の道のりになろうが、それまで、イツセ大将軍の仇討ちは焦らず待つとしよう！　ところで、船を南下させ、あの山に東側から入れる海路や水路はあるか、珍彦《めずらひこ》？」

「ございます！　この紀国《きのくに》の南端を廻って、熊《くま》の村の入江の荒坂《あらさか》の湊があります。そこから陸路で熊の村まではわずかです。僕《やつがれ》がそこまで案内します。そこに一旦、陣を構えて、登美《とみ》のナガスネビコの攻略をお考えください。ですから、父の塩地《しおつち》はここで船を下りる事をお許しください。

亀が目無堅間《まなしかたま》の舟を曳いて来たところです」

水面には、大欠伸《あくび》し、ドロンとした眼のカメが目無堅間の舟の横にいた。塩地《しおつち》の漁夫は暫しの別れを惜しんでからカメの曳く目無堅間の舟に乗った。

いざ、出発となったが、久米強士《くめのつよし》は叫んだ。

「いかにもわれらの負け戦であったが、このままでは悔しすぎる。せめて雄叫びでも挙げて退散しようではないか！　第一船団の大将、われ久米強士が音頭を取る！　御唱和、願いたい！　エイ、エイ、オー！」

「エイ、エイ、オー！」

と船団の全員で雄叫びを挙げ、士気を鼓舞して、船団は白肩の津を去った時には、陽が昇っていた。

海路は南に向かってゆっくりと紀国《きのくに》の岸に添いながら進んで行く。

それから七日目の事であった。五瀬命《いつせのみこと》の傷口は思いの外ひどく、採った草苔は干して粉々にし、傷口に塗れども、膿を流すばかりで肉は腐り、膝下の脛の骨も見えるほどになった。五瀬命は余りの痛さと苦しさに、時々、呻きに似た絶叫を発したが、囚人であった猟師の介抱の甲斐もなく、志半《こころざしなか》ばで船の上で息を引き取ってしまった。

（丈夫《ますらお》が賊に傷付けられて、報いずに死ぬのは如何にも無念じゃ！）

五瀬命の最後の雄叫びとなってしまった。

皇太子の軍の将たちは海の勇者として水葬にしようとしたが、水に流せば行方知れずになり、山に埋めれば、いつの日かきっと迎えに来られるとの皇太子の望みで、紀国《きのくに》の竃山《かめやま》（和歌山市）の山中に埋めた。

「オイは大将の命を助けられやしなかった。もう、命乞いなどしやせん。オイを斬るなり突くなりしてくだせいやし！」

囚人であった猟師は頸を久米強士《くめのつよし》の前に差し出した。

「お前が、云ったではないか、人の命に敵も味方もない、と。ましてや、お前は最後の最後まで五瀬命《いつせのみこと》に尽くしてくれた。こちらが礼を云わねばならぬのだ！　それに、お前の名を聞いておらなかったたな？」

「名はあってないようなものでやすだが、オイは鳥山の猪太《いのた》と云い、こやつは、年老いた唖《おし》でありますが、鹿目《しかめ》と云いやすだ。オイたちは互いに、「イノ」と「シカ」と呼んでやすだ」

「イノとシカか、お前らは、第二船団の隼人勇の配下に入れ！」

船団は、その後も紀国《きのくに》の山々を左に見ながら進み、大きく迂回《うかい》して名草邑《むら》の浜に碇を下ろした。休憩の楯陣の場所を捜しに久米強士《くめのつよし》と隼人勇《はやとのいさみ》らと数人の兵たちが陸に上がって、砂浜から松林に向かった所で女賊集団に襲われたが、久米強士と隼人勇の兵らは難なく女賊たちを捉え、果敢に斬り込んできた女賊の長らの首を撥《は》ねた。他の女賊たちは一列に並ばされ、頭から目隠しの袋をかぶせられ、首を伸ばすように云われた。彼女らの口から洩れる声は登美のナガスネビコと女賊の長を呪う言葉だった。

「お待ちくだせいやし、久米強士《くめのつよし》さま！」

大岩の上にどっかと構え、女賊らの首を撥ねるのを検分しようとしていた久米強士に声をかけたのは、隼人勇の配下になったばかりのイノだった。

「もう戦いは済みやした。あの女たちは女賊の捕らわれ人どもでやすだ。今さっき、首を撥ねられた数名の者は身に粗末ながら鎧《よろい》を着けていやしただが、あの女たちは着のみ着のままで、武器になるようなものも着けておりやしやせん。どこからか連れてこられた海女《あま》か山賤《やまがつ》の娘っこでやすだ。あの者たちの命を助けてやってくだせいやし！　戦が終わったら、敵も味方も同じ命でごぜえやすだ！」

と、イノは涙ながらに久米強士に訴えた。

「そうだったな、イノに前にもそう云われたな。なるほど、良く見ればあの者たちはそのように見える。その者たちを放してやれ！」

女賊の下端《したっぱ》の者たちは頭の布を外され、縄を解かれた。と、イノの傍にくっ付いていたシカが、まだ、ぼんやりしている女賊の下端の女どもに走り込んで行って、一人の女と抱き合った。シカは声を出せないので『ウー、ウー』と泣いていたが、女の声から察すると連れ去られた鹿目《しかめ》の娘であった。

「久米強士《くめのつよし》さま、ありがとうございやすだ。皇太子さまには必ず、天がお味方につかれやしょう！」

イノは深々と頭を下げ、お礼を申し上げて続けた。

「もう一つ、お願《ねが》えがありやすだ。あの鹿目を女どもと、いや娘っ子とここに残して貰えたらと思いやして……そん代わり、オイが船に残って、熊の村から先の陸なら案内しやすだ。お願えしやす！」

「そうだな、女どもを船に乗せる訳にはいかんし、さりとて、せっかく遭《あ》った親子を別々にするのも忍びなく可哀想だし、シカが娘と女どもの中にいれば、女どもも安心して暮らせるだろう、そのようにしろ！」

イノはシカと娘と女どものところに走って行って、その旨《むね》を伝えたのだった。鹿目も娘も女どもも大喜びの仕草をした。猪太《いのた》のイノと鹿目《しかめ》のシカはしっかりと抱き合って互いに囁き合っているようだった。これからの互いの健闘を祝し合っているのであろう。

皇太子は血を流した浜に楯陣は良からぬと思い、船の碇を上げさせた。

鹿目と女どもは、船団が霞んで海の向こうに消えて行くまで、いつまでも手を振って見送ってくれた。

皇太子の船団の航海は暫くは順風満帆であったが、紀国の南端を大きく迂回したところで、急に強風に遭い、船団は高波に翻弄《ほんろう》されて進むどころか波に押し上げられ、押し戻されているようであった。

第一船団では珍彦《めずらひこ》が皇太子に申し上げていた。

「この嵐は一時のものですから、暫く、ご辛抱下さい！　船が沈むようなことは決してありませんから、ご安心ください！」

第二船団では落ち着きを欠いていた。特に兄の五瀬命《いつせのみこと》を頼りとしていた稲飯命《いなひのみこと》は常軌《じょうき》を逸《いっ》していた。舳先《へさき》に立った稲飯命は叫んだ。

「ああ、わが祖先は天神《あまつかみ》であるのに、どうしてわれらを苦しめるのだ！　兄上のイッセ命《のみこと》の命を奪い、今度は、海にわれらを沈めるのか！　われは兄に代わり、海神《わたつみ》に申し上げて来よう！」

と、剣を抜いて荒海に飛び込んだ。第二船団の長の隼人勇が走り込もうとした時、足をしっかり持って止めたのはイノだった。すると今度は、船尾の艫《とも》に立った三毛入野命《みけいりのみこと》が叫んだ。

「わが母も姨《おば》も海神の娘であったのに、どうして波を荒立ててわれらを溺れさすのか！　われは稲飯命《いなひのみこと》の兄とともに海神に申し上げて来よう！」

と、波がしらを越えて海中に身を投げた。

第一船団の磐余彦尊の皇太子は、これを知って天を仰いで云った。

「早まったことをしてくれたものだ、愚かな兄たちは！」

と云ったかと思うと、風が止み、波が穏やかに静まった。

第二船団では、隼人勇の足にすがりついて泣いていたイノが叫んだ。

「天が味方してくれたぞ！　二人の天神の末裔《まつえい》が奇跡を起こしてくれたのだ！　稲飯命《いなひのみこと》と三毛入野命《みけいりのみこと》を神として祀《まつ》ろう！」

三人もの兄たちを失った磐余彦尊の皇太子は、それぞれの悲しい事件を噛みしめながら、程なく、熊野川の河口近くの荒坂《あらさか》の津に着いた。

船団は岸に沿って停泊し、大綱で大木にしっかり結ばれて、各船団に二・三名ばかりを残して、皇太子の一行は珍彦の案内で熊の村まで陸路を行くはずであった。すると、第二船団の隼人勇の配下となった猪太のイノが申し出た。

「皆さま方にお願《ねげ》えしやすだ。一刻《いっとき》ばかり休んでいておくんなさいやし。オイは一《ひと》っ走《ぱし》り熊の村まで行って参《めえ》りやす。手伝いの者も呼んで来やすし、川舟も用意しやすだ。それに、夜の食べ物も用意させときやすだ！」

隼人勇は許可らしい許可を与えてないのに、イノはもう湊から走り去っていた。

「隼人勇、良いではないか。悪いことが起こる訳でもなし、皇太子も御子も陸は久々だから、御休憩をして戴くのは当然の事だろう。船からの荷出しだって一刻はかかろうから……」

それから凡そ一刻の後、六隻の川舟に乗ったイノと熊の村の里人たちがやって来た。

皇太子と御子をはじめ、将たちも分散して主要な品々を六隻の川舟に積み込んで、熊野川を上り、兵たちは川沿いの路を辿って熊の村（新宮市）に入って行った。

久米強士《くめのつよし》ら将は、イノに案内されて高台の三方が樹木や竹林や雑木林に囲まれた、東に熊野川の流れの見える安全で景観の地を陣として定めた。

楯で囲んだ陣は、当然、東向きの構えであった。総勢、三百人には余りある広さだった。

熊の村の民人たちは皇太子《ひつぎのみこ》がやって来たと喜んで、海のものや川のものや野山の食べ物を運び込んで、親切にも調理までしてくれた。また、自分らが作った酒まで沢山用意してくれた。皇太子らは親切に甘えて早めの夕食をとった。

その時、突如、一頭の大熊が楯陣の一角を破って現れ、皇太子の磐余彦《いわれびこ》と長子の手研耳命《たぎしみみのみこと》に向かって突進して来た。久米強士も兵士たちも矢を番《つが》える暇もなかったが、イノが大熊の前に立ちはだかり、地を蹴って大熊の背に乗って、そのまま反対側の雑木林に走り込んで行った。間もなく、大熊を手なずけたか、悠々と大熊の背に乗って雑木林から出て来て、皇太子と御子と久米強士ら将の前に跪《ひざまず》いて云った。

「畏れながら、申し上げやすだ。この紀国《きのくに》では、熊は神獣《かみのけもの》と崇められてやして、熊も人が危害を加えない限り、襲って来ねえのでやす。熊は自分の縄張りで食べ物を捜しているだけでやす。オイら猟師や里人と面を合せやしても、しらぬ顔で去って行くのが紀国の熊でやす。ただ、こん度のこの熊は、自分の縄張りに異様なものを張られたもんで、飛び出して来やしたのだと思っとりやすだ。ほれ、帰ろ！」

イノは大熊の尻を軽く叩くと、首をうな垂れたまま大熊はのっしのっしと楯陣所から元の棲みかの樹林の中に帰って行った。

「イノ、いや、鳥山の猪太！　見事であった。武勲武功とは云えぬが、お主の忠義に対しての感謝の印である。皇太子に代わって、盃をとらせよう！」

久米強士は皇太子を庇《かば》って太刀を握っていた手に盃を持ち替えて、跪《ひざまず》いているイノに差し出した。

「いえ、あの……オイは……」

「何をぐずぐずしておる、イノ！　皇太子さまの思し召《おぼめ》しではないか、受けるのだ、イノ！」

それでもイノは立ち上がれずにぐずぐずしていると兵士たちの間から『イノ！　イノ！　イノ！』の励ましの声がかかり、次第に大合唱となっていった。が一人、隼人勇だけは口を真一文字に引き締めていた。

そして再び、無礼講の酒盛りが始まって、村の者たちも兵士の仲間に入って酒を酌み交わした。長い船旅の疲れも忘れかのように大声で謳《うた》う者や踊り出す者まで現れた。

酒盛りの場は大いに賑わった。

珍彦と二三の兵は、熊野川の畔に停泊している船団に残っている者に料理と酒を持って帰って行った。

夕霞《ゆうがすみ》のような煙が陣の後ろの方から迫り、その甘い匂いの煙を吸った者たちは、皇太子も御子も将たちまで、眠気や吐き気を催し、気勢《きせい》も萎《な》え士気も衰えてしまい、全員、枕を並べて眠りに落ちたのだった。

その三　鳥山の猪太（イノ）とは何者か？

夏の朝は早く明けるし、小鳥たちの夜明けの鳴き声は煩《うるさ》いほどに賑々しいが、それでも楯陣はひっそりと静まり返っている。

普段なら大鼾《いびき》をかいて眠る兵たちも、誰ひとりとして身動きする者もなく死んだように眠っている。

その中には、昨夜の酒盛りで一緒だった熊の村の者の姿はない。皇太子も御子も眠りに落ちているようで身動き一つしない。そんな皇太子の御陣所に忍び込んで来た者がいた。

「皇太子さま、磐余彦尊《いわれびこのみこと》の君！」

皇太子を揺り動かして起こしているのは珍彦《めずらひこ》であった。

「ああ～、よ～く、眠ってしまったようだな？　珍彦ではないか、どうした？　船に帰ったのではなかったのか？」

珍彦は目覚めた皇太子から退いて礼をつくした。珍彦の手には太刀《たち》と小太刀《こだち》が握られていた。

「皇太子さま、まず、この太刀と小太刀をお受け取りください。訳は後で話しますから、今すぐ、小太刀は御身に着けられ、この太刀で一振り二振り、宙を祓《はら》ってください！」

皇太子は太刀をしげしげ見ていた。柄《え》はサメの皮で覆われ、鞘《さや》はワニの皮で拵《こしら》えてあった。小太刀は瑠璃《るり》を散りばめたように色鮮やかの逸品であった。磐余彦《いわれびこ》の皇太子は小太刀を腰に佩《は》き、大刀を抜いて、朝日に輝かせると、正に、抜けば玉散る氷の刃《やいば》の如くであった。その太刀を左に一振り祓い、また右に一振り祓い、最後は上から下に祓った。傍らで眠っていた御子の手研耳命《たぎしみみのみこと》も、御座所の外に倒れたように眠っていた将たちも兵士たちも目覚めて、正気に戻りつつフラフラと立ち上がった。

「珍彦《めずらひこ》、この霊剣の謂《いわ》れを語るが良い！」

「それでは申し上げます。昨夜、僕《やつがれ》の夢に父が現れまして、海神《わたつみ》の太刀と山幸彦・火遠理尊《ほおりのみこと》の小太刀を皇太子《ひつぎのみこ》に渡すように申されました。僕《やつがれ》……いや、もう改めます。私《わたくし》が目覚めると傍に、この二振りの太刀があったのです」

「ああ、われの祖父の山幸彦はワタツミの国に行ったと聞いている。われの祖母も母も海神《わたつみ》の娘であった。この二振りの太刀はワタツミの国の宝ではないのか？　やはり、塩地漁夫《しおっちのあま》は海神《わたつみ》ご自身であろう？」

磐余彦尊は珍彦の眼の玉を凝視するように云った。

「仰せの通り、御推察の通りにございます。私の父は塩地老翁《しおっちのおじ》であり、ワタツミの国の王にございます。父の海神《わたつみ》はイザナキ神《のかみ》とイザナミの神《のかみ》の子で、天上のタカミムスビ神《のかみ》に地神《つちのかみ》として遣わされたのだと云うことです。父が仰せつかった地上での任務は、天孫ニニギ神の降臨を日向の国でつつがなく取り計らい、それより三代後裔《こうえい》の御子、つまり磐余彦皇太子が王になられるまで陰になって仕えるようにと命じられたのだそうです」

珍彦はここまで云って、更に座を退いて威儀を正して申し上げた。

「磐余彦皇太子《いわれびこのひつぎのみこ》、御子の手研耳命《たぎしみみのみこと》も宜しいでしょうか？　重大な事柄ですから、お心を静めてお聞きください！　皇太子は『神倭磐余彦王《かむやまといわれびこのおう》』とならせられました！」

「どう云うことじゃ、珍彦！　国元で、と云っても二十年以上もの御無沙汰であったが、何か異変でも、……起きたのか？」

皇太子はどうにもならぬ事とは思いながらも膝立ちになった。

「申せ！」

「ハッ！　残念にも、悼み悔やまれますが、鵜萱葺不合王《うかやふきあへず》が病弱の為、お隠れになりましてございます！　奇《く》しくも、イツセ命のお亡くなりになった同日にございました」

「そうか……父王がお亡くなりになられたか？　御喪《みも》に服さねばなるまい！」

皇太子はガクッと膝を折った。

「暫く！　今は、東征の最後の仕上げにございます。喪の儀はお心に納めなさって、まずは、仇敵の登美《とみ》に構えているニギハヒ神とナガスネビコの征伐が第一にございます！　この後、月が二巡りする頃には、勝利を収めておられましょう。だが、この先は、道なき道の難所、進むも退くも迷うばかりの山路でございます。所々に、ナガスネビコの手下の輩《やから》ども多く、お命にも関わりかねません。特に、善人顔をした者たちの接近にはお気をつけください！　昨夜のように、わざと人の良い里人に見せかけた熊の村の奴らのように……」

「じゃ何か、あの料理もあの酒も罠であったとでも云うのか？」

いち早く問いただしたのは、御子の手研耳命《たぎしみみのみこと》であった。

「もしかしたらでございます。あの者たち、熊の村の者たちはどこに村邑《むら》を構えておるのでしょうか？　村も邑もこの近くにはありませんぞ！」

「いや、われは熊の村の里人の友好的な態度を好ましく思っていた。悪意など少しもあろう筈もなかった！」

と、手研耳命《たぎしみみのみこと》は珍彦《めずらひこ》の疑いに反対する口調だった。

「如何にも準備万端に出来すぎていると思われませんか？　楯陣をここに構えられたのは久米強士さまでしょうか？」

父王の死を悼《いた》んで瞑想《めいそう》していたかのような皇太子が口を開いた。

「久米強士ら将が下見をして……いや、われに久米をとおして進言してきた者がおって、われが久米強士ら将に命じて、その者に案内させ下見をさせた上で、此処に楯陣を張ってもらったのじゃ」

「その者とは？　……もしや」

珍彦の云い方にはくぐもったものがあり、その者に気付いているようでもあった。

「久米をとおして隼人勇の配下になった、われの兄・イツセ命を看護してくれた者、兵たちにもイノと親しまれている者の進言じゃった」

「イノでございますか？　やはりそうか！　憚《はばか》りながら申し上げましょう。あの者こそ怪しむべきです。お兄上のイツセ命《のみこと》の傷は深かったので、おそれながら父も私も助からんと思っておりましたが、我らにも知れぬ療法が山家《やまが》の者にはあるのかと、イノの介抱を信じておりましたが、……イノがイツセ命を殺《あや》めた、と申しているのではありません。が、女賊らの事件もイノの謀《はかりごと》のように思われます！」

「あれは、女賊どもから挑んできて殺されたものもあったと云うではないか！」

御子の手研耳命《たぎしみみのみこと》には納得できずにいた。

「初めから、殺される役割の女賊の者は決まっていたのでしょう。あの口の利けないシカの動きも気になります。そして昨夜の一件も余りにも上手《うま》すぎると思われます」

「そこまで疑うこともあるまい！　昨日、イノはわれと父上を大熊から護ってくれたのだぞ！」

「その大熊がイノらの仲間が飼いならしたものと思われませんでしょうか？」

皇太子は、唸って天を仰いだ。暫《しばら》くして、いからせた肩も膨らませた胸もグッとおさめて、静かに語りだした。

「のオ、珍彦、今の話をわれの夢として将たちに話させてくれぬか？　王の身罷《みまか》ったことも二振りの太刀のことも。その方が将たちも納得するだろう、このとおりじゃ！」

皇太子は珍彦に両手をついて頭《こうべ》を下げようとした。

「なりませぬ！　お手も頭もお上げください。私ごときに頭を垂れてはなりません！　皇太子さま自らの瑞夢《ずいむ》として仰ってください。私は、お使いとして来たと申し上げましょう。御子もそのようにお心置きください」

「礼を申すぞ！　それでは珍彦、将たちをわれの許に呼んでくれ給え！」

早速にも、久米強士《くめのつよし》と隼人勇《はやとのいさみ》と巖城津《いわきつ》の将らが皇太子の御陣所に入って来て、ぐるりと座った。

皇太子は宙を見つめていた眼を一同にゆっくりと走らせてから云った。まず、珍彦のさっきの話を自分の夢に現れたものとして、あらかたを云って聞かせた。一同は、鵜萱葺不合王《うかやふきあへず》が病魔に勝てずに、お隠れになってしまったことを聞かされて息も出来ずに瞑目《めいもく》した。

「その上でだが、将たち！　今はわれの父の喪に服すべき時ではない。現王《すめらみこと》の喪に服したら、少なくとも一年は戦を慎まなければならぬ。われが登美の国を平定し、ある程度の国の固めを待った上で、良きところに宮殿を建て、われが王位を継ぎ、この手研耳命《たぎしみみのみこと》を皇太子《ひつぎのみこ》とした上で、喪に服そうと思う。われらが登美のニギハヒとナガスネビコを討つまでは、きっと、他言無用ぞ！」

一同は固唾《かたず》を呑んで頭を垂れた。

「われの夢の中で、天上のタカミムスビ神《のかみ》がわれに与えると云って下さった二振りの太刀を見るが良い！　この小太刀は祖父王火遠理尊《ほおりのみこと》のもので、太刀は海神《わたつみ》のものである。この二振りの太刀は、われが目覚めたと同時に、珍彦が使いとして御陣所に持って来たのじゃ。正に、瑞夢《ずいむ》となったのじゃ！」

如何にも厳めしい太刀を皇太子が持ちあげ、小太刀を御子の手研耳命《たぎしみみのみこと》が持ちあげた。一同は、瑞夢のとおり皇太子の軍に天が味方していると喜び合い、今後、皇太子の東征軍を「皇軍」と呼ぶことにした。

「それから、登美のナガスネビコの手の者が、われの陣中に入っておるようじゃ。誰か、心当りがあるか？　隼人勇はどう思う？」

隼人勇は口を真一文字に引きしめてから云いだした。

「もしやとは思いますが、烏山のイノでございましょうか？」

「なぜ、そのように思うのだ？　隼人、お前の部下ではないか？」

「確かに、われの部下としてイノを申し受けました。思いますに、イノとシカは最初から無抵抗で、われらの捕虜になることを望み、大将軍のイツセ命の傷口の手当をしながらも死に至らしめた折に、自分の命を絶ってくれと申し出たのを、久米どのが健気《けなげ》に働くイノの命を助けてやって、われの配下に下さったのでした。イノは、われにとっては確かに忠義者でしたが、いつの頃からか、多分、女賊の一件と稲飯命《いなひのみこと》の将軍と三毛入野命《みけいりのみこと》の将軍が入水《じゅすい》された頃からだと思われますが、次第に、久米強士《くめのつよし》どのに近づいたり取り入ったりするようになったと思われます。おや？　と思いましたが、われの僻目《ひがめ》かも知れないと思い、捨て置いたのでございましたが、考えてみますと、久米どのは皇太子の第一の側近でありますので、イノにとって情報を得るも、自らの忠を見せるにも、好都合だったのでなかったかと！　そして昨夜の熊の件で、イノの心が読めたような気がしました。それを久米どのは……」

「隼人勇《はやとのいさみ》どの、そのくらいにして下され。そのように云われると、確かにイノにはそんな節があった！　今、隼人どのの話を聞いて、われは恥入らねばならぬ、このとおりじゃ」

　久米強士は隼人勇に深々と頭を垂れた。

「久米どの、頭を上げてくだされ。われが危惧《きぐ》いたしますのは……申し上げても宜《よろしゅ》うございますか？」

「申せ！」

皇太子は自分の口から云うよりも隼人や久米の口から聞きたいと思っていた。

「それでは、昨日の一件ですが、イノにとっては乗りすぎた座興なのだと思います。何故かと申しますと、皇太子の信を得たイノは、間近の日にも、罠《わな》に嵌《は》める策略をめぐらしているのではないかと！」

「なに、罠だと？　クウッ、イノの奴、許さん！　それならいっそ、われがこの手でイノを斬りましょう！」

久米強士は、太刀を持って立ち上がった。

「待て、久米！　そう急いてはいかん！　それよりわれが奴の罠に嵌まれば良いのだ。奴を成すがままに放って置く。泳がせて置けばよいのじゃ。だけど、気づかれぬように、見張りの者を付けとくが良い！」

「そう云えば、奴が、われに云いますに、紀国の熊野の山は入り組んだ道も多く、道なき路になっているとかで、イノの奴がこれから先の路をつけると云っておりますが……」

と、久米強士は皇太子と隼人勇を見た。

「道案内を買って出たか？　熊の村の奴輩《やつばら》と何か仕掛けてくるな……」

と、隼人勇はそう云って腕を組んで唸った。

「それも面白いではないか。われらが奴の罠に嵌まったと思いこませれば、それこそ、好都合じゃないか。奴が自分で窮地に追い込んだも同然ではないか！」

皇太子は決意の仕草で、二振りの太刀に力を入れた。

「磐余彦皇太子、申し上げます！　われらに強力な味方、密偵がございます。ワタツミの国の古鳥蘇《ことりそ》が力を貸してくれます！」

珍彦はさりげなく云ったのだが、その場にいた他の五人はびっくりして鸚鵡返《おうむがえ》しに云った。

「コトリソ！」

「なるほど、古鳥蘇とな？　われは祖父の火遠理《ほおり》老王からも、父の鵜萱葺不合《うかやふきあへず》王からも聞いておったが、われは見たことがない！」

「皆さま方は塩地《しおつち》の漁夫《あま》の大亀を知っているでしょう？　あれは、古鳥蘇の化身したものだったのです。古鳥蘇は鳥の鳴き声や獣の吠え声をも聞きわけますし、見張りにも伝令にも使えます。ご覧ください！　あそこの木の枝に止まっているのが古鳥蘇です。艶のある黒色をし、獣のような面構えで、偉そうに翼を広げ、金色の四本脚を見せています。あれでも古鳥蘇は何にでも化身してのけるのです」

『クエッ！　クエッ！』(聞いたか、見たか！)

「おい、古鳥蘇、お前がこれから仕える方々だぞ。そんなところで威張ってないで、地に下りて御挨拶を申し上げんか！」

珍彦は古鳥蘇の態度に一喝した。

『クエッ！』（申し訳ない！）

と、木の上で一回転して消えたかと思うと、一同の前に金色の足をした小さな火ネズミが現れていた。

『クエッ！　クエッ！』（ただ今、参上！）

「すごい！」

この言葉も居並ぶ一同の合唱のようであった。

「この古鳥蘊は少しばかり態度が横柄ですが、ワタツミの国の名誉にかけて、何事にも忠実に行います。何処にでも一足飛びです。そして正しい報告をもたらしてくれます。皆さまには、古鳥蘊の鳴き声は、只の『クエッ！』としか聞こえないでしょうが、一声一声には、色合いも音律もあって、私にしか解読できないでしょう。ですから、この珍彦を是非、陸路の一行にお加えください！　これも父・海神《わたつみ》の命でございますれば。もう一つ大事なことがありました。父に天上のタカミムスヒ神《のかみ》が仰せられたらしいのですが、神倭磐余彦王に『八咫《やた》の烏《からす》』を遣わせと。私も八咫の烏を見たことはありませんが、古鳥蘊、おまえが八咫の烏に化身するのであろう？　それとも、天上では、元々、八咫《やた》の烏《からす》であったのか？」

火ネズミとなった古鳥蘊は聞く耳を持たずに手研耳命《たぎしみみのみこと》と戯《たわむ》れている。

「古鳥蘊、お願いしたい。われにヤタノカラスの姿を見せてくれぬか？　本当の神鳥の姿を！」

皇太子は両手をついて古鳥蘊に頭を垂れた。古鳥蘊の戯れの動きはピタリと止まった。

『クエッ！』（畏まりました！）

火ネズミの古鳥蘓は、手研耳命の手のひらを蹴って宙に飛び上がり、古鳥蘓は優雅な舞を二度・三度と舞ってから、さっきの枝に降りた時には、大きな濡れ羽色の烏《からす》となって、金色の脚は三本になっていた。そのまわりは金色にもやっていた。

『クエーッ！　クエッ！』（ヤタノカラス、参上！）の鳴き声はこだましていた。

「おお、正しく神の鳥じゃ！　古鳥蘓より随分と大きい！　獣の頭も四本脚も奇妙だったが、頭はカラスかな？　嘴《くちばし》が赤い！　三本脚はなかなか威厳がありますな、ヤタノカラスの神鳥！」

とまず、皇太子が八咫の烏について褒めた。

八咫は、ヤアタを略してヤタにしたのじゃ。咫《あた》は古代の大きさを示す言葉じゃが、尺（約三十cm）と同じくらいと思って下さればよいのじゃ。八咫は、単純に大きなで良いのじゃ。ほら、前にも八咫《やあた》の鏡《かがみ》というのが出たはずじゃ。話の途中じゃった、続けにゃいかんのオ。

「皇太子には三本脚に見えるのですか？　こちらからは二本脚に見えますが……」

少し離れていた久米強士が身体を捻りながら、見直すように呟《つぶや》いた。

「いやいや、久米どの、二本脚では普通の鳥ではござらぬか、われ隼人勇には一本脚にしか見えませんぞ！　これぞ正しく神鳥じゃ！」

隼人勇は八咫《やた》の烏《からす》の姿を型どりながら云った。

「久米強士どのも隼人勇どのもヤタノカラスをお化け鳥と申されますのか？　ヤタノカラスの金色の脚は、確かに三本です！　な、御子？」

と、若い巖城津《いわきつ》は皇太子の後ろに御子の手研耳命《たぎしみみ》と一緒にいて、見えている通りに云った。

「先ほども申し上げましたように、古鳥䔫は変幻自在で、観る者の方向で脚の数が違って見えるのです。これは古鳥䔫の、いや、八咫《やた》の烏《からす》の天上の術でありましょう！」

『クエッ〜！』（あったり〜！）

「のオ、将軍たち、強力な味方の古鳥䔫がいても、その鳴き声の真意が誰にも分からんでは宝の持ち腐れのようなものぞ。だから、われは珍彦を伴って、登美のナガスネビコを討ちに行こうと思っている。珍彦に新しい名を与えて将に加えようと思うのだが……名は……ん、そうだ！　日道臣《ひのみちのおみ》はどうであろう？」

「ヒノミチノオミ！」

珍彦も将軍たちも同時に云った。

「良い名ではないか、承《うけたまわ》らぬか、珍彦のヒノミチノオミ！」

久米強士がまず褒め称えて云った。一同は、珍彦に名付けられた新しい名を歓迎し、共に喜びあった。

「ありがたくもったいなくも、日道臣のお名を賜ります！」

日道臣は深々と頭を垂れた。

「父上、どのような意味の名前なのでしょうか？」

御子の手研耳命《たぎしみみのみこと》には響きのよい名前であるが、文字が分からなかったらしい。

「おお、そうじゃったのオ。まだ御子には理解《わか》らんと思うが……太陽を背にして闘うわれらを導いてくれる名じゃ。太陽の日、道を開く道、臣下の臣と書いて、日道臣《ひのみちのおみ》じゃ！　そして、日道臣はわれの陣屋の直属としよう！」

『クエッ！　クエッ！　クエッ！』（良い名じゃ！　珍彦にふさわしい名じゃ！）

「古鳥蘓、身を隠せ！　悟られてはなるまいぞ！」

珍彦の日道臣《ひのみちのおみ》が命令すると、古鳥蘓はかき消すように姿を隠した。

そして古鳥蘓は小声で鳴いた。『クエッ！　クエッ！　クエッ！』と。それから姿を消した。

「古鳥蘓が叫びますに、イノが何かを持って、森の方からやってくるとのことです！」

「われが対応しよう！」

と、久米強士がスックと立ち上がって、皇太子の陣屋を出た。そして、イノに偶然にあったように話しかけた。

「おお、イノ、どこに行っていたのだ？　何だ、何を持っているのだ？　血が滴っているではないか？」

「久米強士さま、ここにいやしましたか？　みな皆さまが熊の毒気にやられやしたもんで、でやすから、オイは紀国の熊野の掟《おきて》どおりに、人に仇を為した熊を殺し、その熊の生肝《いきぎも》を取り出してめえりやした」

「あの熊を殺したと云うのか、可哀想に！」

「死して人に恩を返す掟には逆らえねのやし。で、この生肝は毒消しにも効きやすし、胃の腑にも心の臓の働きにも効きやすし、気力胆力の増強にもなりやす。まず、久米強士さまからお試しくだせいやし！」

イノは竹べらで熊の肝を少しえぐって、その一つまみをイノ自身が呑みこみ、残りの少量を久米強士に渡した。久米強士は毒を呑む覚悟で下っ腹に力を入れて呑みこんだものだから、思わず放屁してしまった。

「ニガイ！」

「尻から、毒気が抜けやしましたな、久米強士さま！」

「ん、胃の腑が爽やかになるのオ、イノ？」

「これを皆さまにお分けして、元気を取り戻しておくれやし」

「イノ、ありがとう！　お前の働きには感謝するぞ！」

まるで信頼し合っている者同士の会話である。

機を見て、珍彦の日道臣が満面に笑みを浮かべながら通り合せた。

「おお、日道臣《ひのみちのおみ》どの！」

「久米強士どの、皇太子がお呼びですぞ！」

「イノ、日道臣《ひのみちのおみ》どのだ！」

「ヒノミチノウミ？　漁夫《あま》の珍彦《めずらひこ》でやしょう？　オイは山の者だで海の者とは性が合わねえのでやす」

「ヒノミチノウミではない。ヒノミチノオミどのだ。この度、珍彦さまは皇太子の側近となられて、名を日道臣《ひのみちのおみ》と賜ったのだ。われらと共に登美のナガスネビコを討ちに行くことになった。われと同様にイノも日道臣どのにも忠実に仕えよ！　日道臣どのは海の方だからこそ、山家《やまが》のお前を頼りにしているのだ！」

「宜しくな、イノどの！」

黙っているイノの手を珍彦の日道臣は握った。イノも仕方なく握り返した。

「珍彦《めずらひこ》どのは確かに海の者だが、ただの海の者ではない。海神《わたつみ》の御子なのだ」

「ゲェッ！　龍神の子と云いやすと、珍彦の本性も龍か？」

「私はワタツミの国にあっては海神の子であるが、陸に上がればただ修業の身の人ですよ。イノ、陸の上では頼りにならぬ私であるが、山の者と海の者、力を合わせなければならぬ折も来よう。な、イノ、力を合わせようではないか！」

イノから受け取った熊の肝は皇太子の許に運ばれ、これを利用してイノの評判を高める策に出たんじゃ。

熊の生肝《いきぎも》は鼻くそくらいに小分けにされて、全軍に渡され、それを呑んだ者はすっかり元の元気な兵士に生き返ったようじゃった。それは、イノの手柄であると大将の久米強士がみな皆に云い、イノに感謝するように申し渡したのじゃった。イノを讃える声が陣中にあふれ、イノも信頼の手形を得たように大満足であったのじゃ。

皇太子は、その二日後に楯陣を引き払い、イノと日道臣《ひのみちのおみ》に道案内の大役を与えたのじゃ。それぞれに自分の意思で動かせる配下を選ぶことを許されたのじゃった。イノは道案内の先見《さきみ》として例の熊の村の者たちを何人か加えて頂きたいと申し出て来たのじゃったが、皇太子は快くイノの申し出を受けたのじゃ。日道臣は巖城津《いわきつ》とその配下を加えて頂いたのじゃった。

一行が出発する前に語っておかにゃならんので脱線するが、楯陣を張った熊の村は、熊野川のほとりの新宮市の熊野速玉《はやたま》大社の付近ではないかと睨んでおるのじゃがのオ。確信はないのじゃ、勝手仟版じゃからのオ。さて、話の続きは……その前に、休憩じゃ。

その四　イノが罠を仕掛ける

神倭磐余彦《かみやまといわれびこ》皇太子の一行は、イノの案内のままに熊野川沿いの山間の径を上って行ったのじゃった。そして、熊野川の源流となっていた玉置山のふもとで数日を過ごす楯陣を張ったのじゃ。

ここから登美《とみ》（奈良付近）に向かうには、二つの連山が立ちはだかっていて、両方とも険しい山また山の難所であるのじゃ。左には紀伊山地の山やまが連なっていて、右は大峰山脈の連山なのじゃ。もちろん、どちらかの山越えをしようと云うのではなく、問題は、左右の連山のどちらの迂回路《うかいろ》を取るかじゃった。紀伊山地の連山も大峰山脈の連山の両方の迂回路とも距離はさほど違わぬのじゃ。

まず、皇太子はどちらの路を進んだら良いか、イノの意見を聞いたのじゃ。

イノは右回り、大峰山脈の迂回路の方が良いと答え、その理由として、紀伊山地の迂回路より右回りの迂回路の山際には川が流れていると云い、大軍が動くには何よりも水が必要であると主張したのじゃ。

日道臣《ひのみちのおみ》もイノの意見に賛意を述べ、理由も全く同じじゃった。

かくて、皇太子の一行は玉置山のふもとから北東に向けて歩を進め、大峰山脈沿いの川に出たのじゃ。

その辺りを北山と呼んでいて、まあ、現在の下北山の七色貯水池の辺りじゃろうが、その川をも北山川と名付けられていたのじゃ。それから先は左手に大峰山脈の連山を臨みながら北山川沿いに進むのじゃが、その川の左側を進むか右側を進むかが、これまた、問題になったのじゃ。

イノの配下の者も、日道臣の配下も両岸の先見《さきみ》に出ていたのじゃ。

イノの配下の熊の村の者たちは時々、先見にかこつけて姿をくらました後には、必ず、山の采や果実や小動物などを持って帰って来るのじゃった。それがまた、仲間の信頼を得る彼らの手段でもあったのじゃ。

日道臣の配下の巖城津《いわきつ》たちも先見には行くのだが、手ぶらで帰ってくるのじゃ。仲間の兵たちはイノの働きを喜ぶようになったが、大っぴらにイノの働きだけを讃える事が出来ないのじゃ。それは、皇太子の側近の日道臣の非難ともなるからじゃった。

両者とも川幅の広いところや狭いところ、流れの速いところや緩いところ、蛇行や岩の突出に至るまで調べつくしていたものじゃから、皇太子と御子を川舟で全ての行程を運ぶのは危険であるとイノも日道臣も同意見であったのじゃ。その上でイノは山際の川沿いを行く事を進言した。山際の方が、山の幸、食べ物、小動物を調達し易いというのが一番の理由であった、日道臣は川の右側を主張したのじゃった。右の川沿いは林や野であったからじゃ。第一に考えるのは食料の問題ではなく、危険度の問題であると主張したのじゃった。もし、敵が山から攻撃をかけて来た場合は、討って出られず、川を背に絶対に不利になるという見解じゃった。イノは笑って云ったのじゃ。

「これだけの皇軍に山の上から攻撃をかけられる筈もないでやし。薮が邪魔になって攻撃するにも出来やせんと思うやし」

が、日道臣は古烏蘓から確かな情報を得ていた。山中には猟師になりすましたナガスネビコの兵士たちが隠れていて、イノの先見の者たちとつなぎを取っているところを目撃し、会話を聞いていたのだった。その内容は、三日後の宿営陣に夜陰に乗じて三十名ほどで偲びこみ、目指すは只一人、神倭磐余彦皇太子だけであると。古烏蘓からの報告は既に日道臣から皇太子にも告げられていた。

日道臣は素知らぬ振りをしてイノに云った。

「川を頼りにするのではないが、何かの折を考えて、舟の一艘とその舟長だけは同行させよう。どちらの路を選んでも大差ないと思うが、決断は皇太子にお任せしようではないか、イノ?」

全軍のイノに対する評価は皇太子にも届いているから、当然、自分の案を将軍たちも皇太子も支持すると確信をしていたので、イノは胸を張って誰かれに聞こえるように云った。

「オイらは山の者でやすから、ここらの山のことも詳しく知っておりやすが、御決断は皇太子さまにお願いいいたしやす!」

下げた頭を将軍たちに向けて顔色を伺った。久米強士も頬に同調の笑みを浮かべて、頷いているようにイノには感じられた。御子も将軍たちも皇太子の決断を待っていた。

「日道臣もイノも自ら認めているように、下北川の右側であろうが左側であろうが大差ないと云っている。われは、明朝の出発前に決断を下す。それで良いか？　あらかじめ兵たちを混乱させてはいかんからな！」

イノも日道臣も将軍たちも御子も頭を垂れた。

一夜が明け、はるか東の山の頂きから陽が上った頃には、全軍出発の準備が出来ていて、楯陣も取り払われ、皇軍の全員が勢揃いしていた。

高い岩の上に立った神倭磐余彦皇太子《かむやまといわれびこのひつぎのみこ》は山の端から昇る朝日を浴びて、三拝してから口を開いた。

「日道臣、鳥山の猪太、それに将軍たち、われの決断を申す！　猪太が先導で隼人勇《はやとのいさみ》の船団の者と巖城津《いわきつ》の船団の半数の者は川の左側、つまり山際を進め！　日道臣が先導で、久米強士《くめのつよし》の第一船団と巖城津の残りの半数の者とわれと御子手研耳命《たぎしみみのみこと》は、川の右側を同時に進む！　以上！　いざ、出発じゃ！」

北山川の流れは穏やかで、川幅もそんなに広くはないが狭いとも云えなかった。

その川の右側からは日道臣と巖城津が先頭になり、久米強士の第一船団が続き、その中ほどの二つの輿には神倭磐余彦皇太子と御子の手研耳命が乗り、そして巖城津の第三船団の半数が続いた。

北山川の左側の山際はイノを先頭として、隼人勇の第二船団と巖城津の残りの半数が続いた。

どちら側も道というほど広い道ではなく、特に山際は隊列を組んで移動するには無理があった。

川幅が広がると、一列の縦隊でしか進むことが出来ず、これでは余りに危険が多すぎるので、ゆるやかだが岨道《そわみち》や猟師径を通らねばならなかったが、また、灌木《かんぼく》や藪などを切り拓いて進むことになった。


イノは皇太子が選ぶ進路は、当然山際の路だろうと想定し、三日後の宿営する楯陣の御寝所を襲撃する手はずを整えていたのじゃが、このままだと夜襲は水泡に帰してしまうことになるのじゃった。

イノは歯ぎしりをしながら、次の手を考えていたんじゃ。

(三日後の夜襲の計画は、川の右側に作られる楯陣に変更せねばならぬ。今夜の中にも、いや、今すぐにも配下を走らせてつなぎを取らねば……)


そして、三日目の月の薄い夜となった。

北山川の左側の山際では、隼人勇の命令で兵たちは、当然ながら山際や山の中ほどまで入り込み、それぞれ数人の塊《かたまり》となって野営をした。

一方、右側では、川の小石の岸に楯陣を張り、葦や萱を刈って敷きつめ、皇太子と御子の御座所とした。楯陣から正面の二十尋ほど（約三十六ｍ）までは刈り取られた空き地となっていて、その先は杉や櫟《くぬぎ》の林になっていた。楯陣の正面を避けるように久米強士の兵士たちは灌木の間に散り散りに野営をしていた。まるで無防備とも思える陣構えであった。

川向こうから一艘の舟が渡って来た。この辺りは舟なしには渡れそうにもなく、岸辺の岩場でも水の深さは一尋もあり、川の中ほどは二・三尋の深さがありそうで、流れも速かった。舟には、イノと配下の者たちが数人乗っていた。舟の着いたところは楯陣より少し下ったところであった。岸には久米強士と数名の部下が待っていた。

「イノ、どうした？」

「隼人勇さまの命で参《めえ》りやした。こちらに舟を届けるついでに猪の肉を皇太子さまと手研耳命《たぎしみみのみこと》さまに届けるようにと申されやして、持って参りやしただ」

「そうか、それは御苦労であった。こちら側に舟が欲しいと思っていたところなのだ。なにしろ舟は一艘だけだからな。万が一の時には、皇太子と御子を舟にお乗せしようと思ってな。イノ、見てみろ！　あの正面の林は不気味でならん。鳥の鳴き声一つしない。そう思わんか？」

「そうでやすな。けんど、昼の鳥はもうみな塒《ねぐら》に入ってやすし、夜の鳥は月の薄い夜には騒ぎゃしねえのでやす。だけんど、楯陣の前の空き地は殺風景とも無防備とも思われやすが……」

「いやいや、楯陣の前にいつも兵たちがいては、皇太子も御子も心が休まらんと思うてな」

「そうでやす。今夜は川のせせらぎを聞きながら休まれるのがようございましょう！」

「イノもそう思うか？」

「これから山を登らにゃなりゃせんし、もう少しの御辛抱でやすだ」

「そういうことだな。今夜はゆっくり休んで貰おう！　イノ、お前も舟がなけりゃ向こう岸に戻れないのだから、夜が明けるまでわれの部下と一緒にいろ！」

「隼人さまもそう仰ってくれやした。たまには、向こうの連中と語らうのも良かろうと」

「じゃ、ゆっくり語らって行け。兵士たちはそこらの灌木の繁みでそれぞれ楽しんでいるぞ。イノなら、どこの隊でも歓迎してくれるだろうからな」

久米強士はイノから猪肉を受け取って皇太子の御座所へ入って行った。イノを疑っている素振りは少しも見せなかった。


そしてじゃ、真夜中の三更《さんこう》（子の刻近く）頃、椚《くぬぎ》の林の灌木や下草が音も立てずに動き出したのじゃ。何者かが土を掘って土中に身を隠し、低木や下草でその上を覆っていたのじゃ。ナガスネビコの間者の頭《かしら》がむっくりと起き上がったのじゃった。辺りの様子を見定めてから奇妙な鳴き声を発すると、夜の鳥たちも何事だろうと鳴いた。その鳴き声に交じって、『クエッ！』と応じたような鳴き声があった。

鳥たちの鳴き声が静まった頃、あちこちの繁みが動きだし、土の中から現れたのは木賊色《とくさ》（濃紺緑の色）に身を包み覆面をした十数人の者たちじゃった。彼らは繁みの低木の間をすり抜け、刈り取られた空き地の楯陣の正面に出ると、他には眼もくれず真直ぐに楯陣に向かって走ったのじゃ。彼らはしなやかな身のこなしで、足音を立てずに地を浮くように走り、風を切る音だけが微《かす》かにしているだけじゃった。

間者たちは楯陣の一角を蹴って、御陣所に乱入し、皇太子と御子の寝首を掻こうとしたのだが、暗殺の間者たちが見たのは、皇太子も御子も居らず、久米強士とその部下たち数名が待ち構えていた姿じゃった。

「待ちかねたぞ、ナガスネビコの間者めらが！　お前らの動きはとっくにお見通しだ！　皇太子と御子の命を狙うつもりだったのだろうが、お二人は、もう、舟の上じゃ！」

久米強士は木賊《とくさ》色の衣と覆面の者たちに太刀を構えてにじり寄った。部下の兵士たちも身構えた。

「クウッ！　舟だと？　逃がすな、散れ！」

間者の頭らしき者が云うと、久米強士らと戦わずに四散した。彼らにとって目標は将や兵ではなかったから、将や兵たちに構わず、飛び上がっては身を翻《ひるがえ》して、身を沈めては身を返して、舟へとまっしぐらに走った。遮《さえぎ》る兵もいなかった。彼らは、特殊な声を発しながら合図をとりながら、舟の見える高見の岩場に着いた。

川の中ほどの岩に舳先を取られて身動きのできない舟があり、舟には二・三の人影が見えた。

「あの舟だ、逃がすな！」

と間者の頭の声が飛ぶ。と、岩場の陰からヌウッと間者らの前に現れたのは、八苦邪《やくじゃ》の紋を顔に書き入れた隼人族と思《おぼ》しき者たちだった。そして間者らが『何者！』と思う一瞬に、左手から右手から後ろから松明《たいまつ》の明かりで照らされ、一斉に、矢が射られた。矢継ぎ早の攻撃に、岩場の上に固まった間者たちに為す術がなかった。飛び上がっても空で射られた。間者たちの身体に次々と何本もの矢が射られた。それでも矢を逃れ、山刀を口に銜《くわ》えて水に飛び込もうとした頭が斬られた。斬った苦面顔《くづらがお》の者は手練《てだれ》の者とみた。その他の間者たちも、息のある者もいたが捉えずに皆殺しにされてしまった。

それらを見届けていた久米強士は云った。

「隼人勇どのか？」

「いえ、イノでやす！」

「イノだと？　なぜじゃ？」

久米強士は間者たちが襲ってくるときには、必ず、イノも一緒になって、皇太子の命を狙うであろうと確信していたのに、イノが仲間を皆殺しにした理由が解《げ》せないでいた。もう一度久米強士は聞いた。

「イノ、どうして、そんな身なりをしている？」

「まず、この身なりは、オイらが先見に行くときに隼人さまにお願いしやして、顔のつくりを教わっていやした。この面構えで行きやすと、山賤《やまがつ》のいかつい者までも協力してくれるのでやす。

この作戦は、久米さまのお立てになったものと、世話になった兵士から聞きやしたが、ただ、奴らを船の見える岩場に追い詰めても川に飛び込まれてはと思いやして、兵士たちと相談して、このような出すぎた作戦を加えさせて頂きやした。お役に立ったのでやしたら良かったのでやすが、不都合だったら、オイだけを罰して下さいやし。他の兵たちはオイに賛同して力を貸してくれただけでやすから」

（イノは一筋縄では行かん。危険以上に恐ろしい奴だ！　仲間を皆殺しにして口を封じたとは！）

久米強士は大きく息を吐きながら、自分の配下の兵たちを見まわして云った。

「イノ、褒めて遣わす！　他の者たちもいずれ恩賞を賜るであろう！　イノの力を借りたがわが第一船団の手柄で良かった！　また、名を挙げたな、イノ！　序《つい》でのことじゃが、これらの死体を始末してくれんか、われの兵士たちを使ってくれ！　その上で、その顔を洗い清めてから皇太子に謁見《えっけん》じゃ！　わしが取り計らっておく、後で、御座所に来い！」

「ありがとうごぜえやした。御命令通りに死体の始末はつけやす。で、久米強士さま、皇太子さまの舟が流れの岩に舳先を取られているようでありやすが？」

「心配ないぞ、あれは囮舟《おとりぶね》じゃ。舟に乗っているのは、巖城津《いわきつ》と配下の者だよ、ほれ！」

久米強士が松明を横に三度振った。舟に身を伏せていた者の一人が立ち上がって手を振り返した。

「では、皇太子さまと御子さまは？」

「それはな、幾ら名を挙げたイノでも教えられんな、ハハハ……」

久米強士は肩を揺すって笑いながら去って行った。それは、半分勝利の半分敗北の複雑な笑いであった。

（皇太子と御子は何処に消えたのだ？）

イノはそう思いながら久米強士の笑い声に不気味さを感じていた。

（それにしても、今夜、皇太子を襲う俺の企みがどこからばれたのか？　前もって知った筈だ！　久米強士の奴らは用意周到だったではないか？　俺の配下に寝返った奴が、裏切った奴がいるのだろうか？　いる筈がないし、信じたくもない！　もし、裏切り者がいたのなら、俺の正体もばれて、こうして生きていられる筈もない。もしかしたら、皇太子の御座所が山際から川向こうに変わったので、夜襲の命令を北山川の左側から右側に変えた折に、間者らの動きが日道臣《ひのみちのおみ》の配下の者に悟られてしまったのかも知れん！　御座所の前を空き地にしたのは誘い込むための日道臣らの罠だったのだ！　ワタツミの龍の子だろうが、日道臣も許せん！）

久米強士のイノに云った「舟の上」は嘘でなかったのじゃ。にしても、皇太子の一行が持っていた舟は一艘だけであった筈じゃったのに……そうですじゃ、古鳥蘇《ことりそ》の目無堅間《まなしかたま》の舟じゃよ、皇太子と御子が隠れて乗っていた舟と云うのは。目無堅間の舟は水中深く潜れるし、敵に気付かれることもなかったのじゃ。もちろん、イノは知る筈もないし、古鳥蘇の存在すら知らないのだからのオ。

イノはこの度の働きで、隼人勇《はやとのいさみ》の第二船団の副将に任命されたのじゃった。しかも、各船団の選りすぐりの腕の立つ三名が新しくイノの直属の配下に付けられたのじゃった。イノとしては、自分の意のままに動く熊の村の猟師（草の者）で十分であったのに、邪魔な存在の部下だが褒賞として承《うけたまわ》ったのだから拒む訳にはいかなかったのじゃ。


久米強士と隼人勇ら大将は、新しくイノの配下につけたそれぞれの部下たちを秘かに呼んで、このように命じていた。

「お前らは重大な任務につく。これは現在の最大の秘匿《ひとく》事項なのだが、お前たちには明かす。我々皇太子の皇軍の将たちはイノをナガスネビコの間者とみておる。そのつもりで、イノの配下になって欲しい！　イノがどんな行動を取ろうが、不審・不可解な動きをしようが、イノに決して手を出してはならん！　飽くまでもイノの配下として知らんぷりをするか、気付かぬようにふるまうか、場合によってはイノに手を貸しても良い！　イノに抵抗し、イノの命令を決して拒んではならん！　何もお前たちは心配することはない！　それも皇太子さまへの忠義であり、われらの策の一つなのだ！　イノやお前たちもどのように動きまわろうと、全てを見ていてわれらに報告してくれるものがおるのだからだ！」

大将たちの目が下草の一点を見た。モソモソと草が動き、土の中からモグラが首をチョコンと覗かせた。

　皇太子の一行は、この地に三日しか居なかったのじゃ。

　皇軍は北山川沿いから北山連山の端の尾根を越えて、北山川と吉野川の合流する処にやって来たのじゃ。この山越えの間に一波乱が起きるかも知れんと、皇軍の将たちは警戒しておったのじゃったが、イノは全く動く気配すらなく、山越えを楽しんでいるようじゃった。

　日道臣は山越えの間、木の上で、草の中で出逢う古鳥蘓の化身した小鳥やら小動物からも、何らの危険の報せは全く無かったのじゃ。

　吉野川のほとりの里人たちは、まばらであったがあちこちに大きな集落を作っておった。野を耕し田畑を作り、吉野川の漁も盛んで、山の猟や山の采にも恵まれて、吉野川の里人たちの暮らしぶりは裕福とはいえないまでも、決して貧しくなかったようじゃった。だからこの辺りの里人たちの心も豊かで、皇太子一行を快《こころよ》く迎えてくれたのじゃ。今夜の皇太子たちに相応《ふさわ》しい宿泊所に案内するとして、幾艘かの川船を仕立ててくれて、川と陸路を使って、吉野川と国栖《くず》川の合流地にある宇陀《うだ》の下県《しもつごおり》（現・津風呂湖の畔）の村長《むらおさ》の大きな屋敷に連れて行ってくれたのじゃった。村長には早舟で知らせてあったようで、皇太子と御子と将たちは村長の家で歓待されて、兵たちが村長の屋敷を囲むように楯を立て、ここを仮の御陣所として数日、留まることにしたのじゃったが、イノが隼人勇に進言したのじゃて。

「今夜は、この村長のところを御座所としやして、あの上の山を少し行きやすと宇陀《うだ》の県主《あがたぬし》の館がありやす。その県主の館には幾つもの棟がござえやす。そこを御陣所にして、そこでしたら兵たちもゆっくり休めやしょう。兵たちにも満足行くまで食べさせて、酒もふんだんにありやしょうから、そこで長逗留し、今後の作戦を立てやしたら宜しいと思いやす。オイは県主を良く知っておりやす。ここに呼びやしょう」

イノの進言は御陣所に伝えられ、大将たちが一堂に集められて、イノの進言通りに決定されたのだった。

（いよいよ、イノが動いたか！　罠を本格的に仕掛けてくるか？）

上の山（現・竜門岳）を少し越えたところにある宇陀《うだ》の県主《あがたぬし》の館へのお使いは、イノの配下の熊の村の二名が選ばれた。

宇陀の県主は二人いたのじゃ。兄弟で、上県《かみつごおり》と下県《しもつごおり》を仲良く治めておってな、上県を主に治めていたのは兄猾《えうかし》で、下県を主に治めていたのは弟猾《おとうかし》じゃった。二人の兄弟は宇陀を護るためによそ者を入れまいと結束も堅かったのじゃ。だから、登美のナガスネビコが天神《あまつかみ》を名乗って近隣を脅かしているのにも強い警戒心を持っておったのじゃ。登美は広い野や森林などを有しているのじゃが、東西と南の三方は山に囲まれているのじゃ。生駒山とその向こうの平らな土地の摂津《せっつ》

（現在の大阪府北西部と兵庫県東南部）も難波《なにわ》（淀川を中心とした大阪市付近）もナガスネビコの支配地に入っているようじゃったが、まだまだ盤石ではなかったのじゃ。生駒山《いこまやま》から続いている山間民族を抑えなければならなかったからのオ。

生駒山地から続く葛城山《かずらきやま》、大山《おおやま》（現・金剛山）そして東の竜門岳《りゅうもんだけ》から蛇神山《たかみやま》（現・高見山）の山人族たちは古くから、仕来たりを重んじ、互いの縄張りを侵さずに、事ある時は協力して結束を固めながら融和を図っていたのじゃ。それが突然、ニギハヒ神《のかみ》と名乗る天神《あまつかみ》とその娘婿《むすめむこ》と名乗るナガスネビコが住みつくようになって、まず、生駒山地の方から侵略されて来たのじゃ。

宇陀の兄猾《えうかし》と弟猾《おとうかし》は葛城山《かずらきやま》や大山と協力してナガスネビコの侵略を断固撥ねつける同盟を組んであったのじゃった。

そんな時、天孫の子孫神倭磐余彦皇太子《かむやまといわれびこのひつぎのみこ》の軍がニギハヒ神《のかみ》とナガスネビコの征伐に向かっていると知ったのは、三月《みつき》前の事じゃった。この頃から葛城山や大山の山人族や、兄猾《えうかし》と弟猾《おとうかし》の兄弟にも同盟の絆《きずな》に少しずつ変化の兆《きざ》しが見えていたのじゃ。

その五　宇陀の県主の策略

夏も終わりかけると、山間の地だけに日暮れも早く落ちる。塒《ねぐら》に帰りを急ぐ鳥たちも慌ただしく鳴き、蝉たちも夏の終わりを惜しむかのように鳴き声を立てる。下草の虫たちも月の光を歓迎するかのように、静かに鳴きはじめるのである。

宇陀の県主への使いの者たちが帰って来たのは、そんな夕暮れ時だった。使いの者の言葉を要約すると、県主の兄猾《えうかし》が云うには、余りの急の申し出に戸惑い、三日ばかりの猶予を頂き、その間に、皇太子をお迎え出来るように用意万端整えるとのことであった。皇太子は下県《しもつごおり》の吉野川の村長《むらおさ》の屋敷も満更でなかったので、急いで上の山の県主の館に行くのは慌てなくとも良いと考えていた。兵たちも、吉野川で遊びながらのんびりと過ごせそうだとも思っていた。

静かな吉野川のせせらぎの音と山の鳥の鳴き声を聞きながら、皆が寝静まった頃、陣営の暗がりで音もなく動いたのはイノだった。眠らずにいた隼人の配下だった者の一人が、後をつけようとする動きをみせると、もう一人の隼人の配下の者に手を押さえられ、『そのまま、勝手に泳がせろ！』と小声で云った。

イノは、裏山から猟師径に入って行った。四半刻も行くと、あちこちから数人の猟師風の者たちが現れた。重要なつなぎのようであった。彼らの話す声は極めて小さい。

「兄猾《えうかし》は三日の猶予を願ったそうだが、葛城山や他の山への協力の要請であろう？　が今、戦《いくさ》は拙い！　明日にも、使者を立てて、一応、敬意を払えと伝えろ！　葛城山や大山への援軍は後の事にしろと云え！　兄猾の新館《にいのやかた》では、いつだって客を迎える準備は出来ている筈だ！　そしてあの室《へや》を必ず使えと伝えろ！　皇太子と御子の御座所とするのだ！　ただ、下県《しもつごおり》の弟猾《おとうかし》は上県《かみつごおり》の兄猾《えうかし》と違う事を遣りかねぬかも知れんから、奴を早々に捉えて、洞の中にでも閉じ込めて置いた方が良い！」

「ははっ！　仰せのとおり、御命令とおりにお伝え致します！」

「弟猾には悟られぬように、上手くやれ！　では、行け！」


イノには独特の言葉の訛りがなかったのじゃ。数人の猟師風の者、奴らも草の者じゃと思うが、山奥へと音も立てずに散って行った。イノは振り返りもせずにその場を去ったのじゃが、奴らがいた真ん中の土の中からモゴモゴと首を出したのはモグラだったのじゃ。モグラは頭の土を払って胴体を出すと、モグラの四足は金色じゃった。古鳥蘇《ことりそ》が彼らの会話をすっかり聞いていたということじゃな。

イノは裏山を下りて陣営に急いで戻り、忍び足で何事もなかったように寝入ったのじゃ。イノは床についた途端、配下たちの鼾に負けないような大鼾をかいたものじゃから、狸寝入りの隼人の配下たちもイノの肝っ玉には恐れ入ってしまったようじゃ。

さて、日道臣《ひのみちのおみ》は古鳥蘇の報告を受けたのじゃったが、別段、緊急を要する事ではなかったので、翌朝になってから皇太子に報告することにしたのじゃが、イノが間者らに、明日にも挨拶に来いと宇陀の県主に命令できる者と云ったら、イノは登美のナガスネビコの只の間者ではあるまいと思い、また、御座所となる室《へや》というのが気になって、日道臣は寝苦しい夜を過ごすことになったのじゃ。

騒々しいほどの鳥どもの夜明けの不揃いの鳴き声で、御座所の皇太子も御子も陣営の将たちも兵たちも目覚めさせられたのじゃ。

太陽は蛇神山《たかみやま》の方から昇り、燃えるような林の木々の間から朝日を差し込んで、まるで光の帯を作っているようであった。

吉野川の小魚たちも朝日を浴びて、小さな銀鱗《ぎんりん》を見せて撥ねている。鯉のような大魚も一匹泳いでいて、小魚に負けまいと撥ねたが、そいつだけは金色に輝いた。古鳥蘇が小魚と戯れているようだ。

皇太子と手研耳命《たぎしみみのみこと》の朝餉《あさげ》も終わらぬうちに、客人が訪れた。

「申し上げます！　只今、宇陀の県主のお使いの者が訪れ、重大な件で皇太子にお目通りを願い、直接、申し上げたい儀があるなどとお伺いを立てております。が、昨日のこちらの使いの者には、三日の猶予をくれなどと勝手な事を申したばかりですが、いかが取り扱い致しましょうか？」

久米強士は昨日の県主の無礼に腹を立てているような物言いであった。

皇太子は日道臣に古鳥蘇の報告をあらまし聞いていたので、躊躇《ちゅうちょ》なくその者を通すようにと命じた。宇陀の県主のお使いの者は大男で獣の皮を着た髭面の見るからに無粋で、礼儀も弁《わきま》えぬ山賤《やまがつ》のように、のっしのっしと御座所に入って来た。

「おい、無礼であろう！　その着の身着のままでお使いか！　神倭磐余彦皇太子《かむやまといわれびこのひつぎのみこ》の御前である！」

と一喝したのは、八苦邪《やくじゃ》の紋を顔に墨入れした苦面顔《くづらがお》で睨みつけている隼人勇であった。

皇太子が初めての人と謁見する時には、隼人勇は苦面顔を作って侍《はべ》るのであった。

「獣の皮を脱ぎ、腰の山刀《やまがたな》を置いてから御挨拶を申し上げるのだ！」

隼人勇は立ったままの使いの者と眼を合せた。使いの者はどっかと座り腰の山刀を抜き隼人勇に差し出して、徐《おもむろ》に獣の皮の上着を脱いで、両手を地につけて顔を上げて皇太子の眼を見た。

（神々しい！　美しく澄んでいる眼だ！　信じるに値する！）

使いの者の大きな眼に薄っすらと涙が浮かんでいるのを皇太子には見てとれた。

（この男は、決して裏切らないであろう！）

居並ぶ将軍たちは、この武骨な大男はさぞや大音響を発して物を云うだろうと、大男に興味を示していたが、大男は川のせせらぎよりやや大きい声で、せせらぎのように声を震わせて云うのだった。

「わしは、宇陀の県主の使いと申しましたが、私自身、兄の兄猾《えうかし》同様、宇陀の県主の一人でございます！」

御陣所は一瞬、ざわめいた。

「この宇陀の国は兄の兄猾《えうかし》が上県《かみつごおり》を、弟のわし弟猾《おとうかし》が下県《しもつごおり》を治めて参りました。わしら兄弟の間には何の諍《いさか》いもございません。わしらは登美の原（奈良盆地）の周辺の山間の山人族の一国の者であります。わしらは太古《おおむかし》より山賤《やまがつ》と云われた者ですが、山賤同士の諍いもなく互いに太古からの掟を守って、近隣の地を侵すこともなく、時には援けあって暮らして参りました。その太古からの平穏な習慣《ならわし》も、登美の原に天神《あまつかみ》と名乗るニギハヒとナガスネビコがやってくる前まででした。山人族では、生駒山地の者たちが、早々と侵略され屈しておりますが、わしらの宇陀や葛城や大山の山人族は、登美の武力集団とは一線を画しておりますが、それでもどうにか均衡を保って参りました」

「だから、何が云いたいのだ！　くどくど云わずに明瞭簡潔に申し上げるのだ！」

しびれを切らした久米強士が大声を上げた。

「三日の日延べの言い訳に来たのだろう？　それだけを申し上げろ！」

今度は、苦面顔《くづらがお》の隼人勇がいきり立った。

「止めんか、久米も隼人も！　県主の弟猾《おとうかし》とやら、先を申すが良い。われはそなたの心が知りたいのだ」

「ありがたきお言葉！　それでは続けさせて頂きます。このところ、皇太子さまの東征の動きの噂を聞き及んで以来、葛城もわが兄の兄猾《えうかし》もナガスネビコ同様、皇軍に征伐されるのではと恐れをなし、ここは一先《ひとま》ず、ナガスネビコと合意をして、皇軍に刃向かい討ってから、改めて山人族同盟でナガスネビコを討ち破ると、葛城の山人族と作戦を変えたようです。兄の兄猾は自分が前面に立って戦いを仕掛けるつもりでおったのですが、ところが早くも昨日、皇太子さまのお使いを迎えて、宇陀の県の館に御逗留の依頼を受けて兄猾《えうかし》は、三日の猶予を願ったそうですが、それは葛城の山の軍勢を頼みとしたと思われます。それがまた、昨夜遅くなって急変したのです。皇軍と宇陀の山中で戦えば兄猾は負けないだろうが、かなりの損失もこうむります。その後に来るナガスネビコとの対決には勢力も不足となると踏んだと思われます。戦を挑まずに勝利を得る方法を選んだのです。まず皇太子さまに恭順の意を表して御逗留して頂くようにしたのです。御逗留の新館《にいのやかた》の罠の仕掛けてある室に案内して、皇太子さまのお命を頂く策略なのです！」

「何だと、もう一度申せ！」

諸軍たちはいきり立って、太刀に手をかける者もあった。

「黙って、最後まで聞かんか！　太刀を納めろ！」

「わしは、兄猾《えうかし》の本心を見抜いておったものですから、危ないところで捕らわれるところでしたが、兄の部下の者にも、わしに通じる者がいて秘かに教えてくれたので、皇太子さまにお知らせに馳せ参じた次第です。今日にも、此処に兄猾のお迎えの使いの者が参ります。皇太子さま、それに大将さまたちに申し上げます！　お迎えの者が参りましたらば、まず、下見の方々をお遣わしになって下さい。新館《にいのやかた》の奥まった室《へや》には罠が仕掛けられております。わしらは猪罠《ししわな》と呼んでおりますが、穴の中に竹の槍を立てて猪を追い落とす罠のことです。新館の奥の室には、天井に竹衾《たけぶすま》の仕掛けがございます。見た目には綺麗に作られた板格子の天井ですが、ひっくり返して落とすと、どんな小動物でも四隅に逃げようとも刺し殺されてしまいます。わしがお伝え出来るのはここまでです。先ほども申し上げましたように、下見の方々には、奥の室には十分に気を付けられますように、隈《くま》なく御検分なされますようにお願い申し上げます！」

と、弟猾は皇太子のお墨付きを戴いたかの如く、一気に話した。

「弟猾《おとうかし》とやら、もし、われらが逗留を拒んだらどうするつもりなのだ、兄猾《えうかし》の県主は？」

久米強士は詰め寄って聞いた。

「葛城の山の軍勢と共に戦を挑んで来るでしょう！　山の中で戦ったら、残念ながら皇太子さまの軍は不利にございます。この裏の山にも館を囲む山林にも兄の兵たちが隠れています。最後に、畏れながら、もう一言申し上げます！　わしは、兄猾《えうかし》を裏切って申し上げているのではありません。出来れば兄の兄猾《えうかし》を助けてやりたのです！　猪罠《ししわな》は皇太子さまをはめる為に作ったのではございません。いざとなった場合、ナガスネビコを落とす為に作られたものだったのです！」

弟猾《おとうかし》の眼からは大粒の涙が流れ落ち、剛《ごう》の者に見えた面構えも髭も涙でぐしょぐしょになったのだった。兄を思う心根の優しい弟だったのだ。皇太子の陣中にいた者は誰もが『これ以上の兄弟愛は知らぬ！』と、弟の兄を愛しむ兄弟愛に感動していたのだった。

と、その時であった。

「申し上げやす！　宇陀の県主・兄猾《えうかし》のお使いが二人、参《めえ》りやした！」

その声は得意気にも聞こえるイノの声であった。

さてじゃ、神倭磐余彦皇太子《かむやまといわれびこのひつぎのみこ》は弟猾《おとうかし》の進言通りに、まず、宇陀の県主《あがたぬし》の館が逗留にふさわしい所かどうか検分の為に、数名を遣わすことにした。

正使として日道臣《ひのみちのおみ》を、副使として巖城津《いわきつ》を、随行として隼人勇《はやとのいさみ》と直属の部下で背の高い武骨者を三名、そしてイノとイノの直属の配下で熊の民人を三名、総勢十名で構成されておったんじゃ。

従者の隼人族は八苦邪《やくじゃ》の入れ墨の苦面顔《くづらがお》に黒衣の上下に、腰に太刀を佩き、また、イノら四人の従者は黒覆面に黒衣の上下に、背に山刀を負っていたのじゃ。見るからに皇族の恐ろしい裏の威力を見せ付けるには十分じゃった。黒衣の者たちは互いに名を明らかにさせず、互いに口を利くことも禁じられていたんじゃ。だから、苦面顔の隼人族に弟猾《おとうかし》がいることをイノは知らなかったし、覆面の四人の中にイノが居ることを弟猾は知らなかったのじゃ。

日道臣と巖城津は多少の化粧はしているものの、山登りにふさわしい軽装じゃった。これが、皇軍のお遣いの装束かと思われる程であった。が、黒覆面の二人が長櫃《ながひつ》を背負っていた。

皇太子のお遣いの一行が、県主のお使いの一人に案内されて段々の山路を抜けて、間もなく丘陵に出る空き地で、日道臣と巖城津は長櫃に入っているお遣いの正式の装束に改めた。

正使・日道臣と副使・巖城津は皇太子の臣下としての武官朝服《ぶかんちょうふく》の装束を身にまとっておったのじゃ。白い上衣の無欄袍《むらんほう》と下衣の白袴と頭巾《ときん》に垂纓《すいえい》付きの冠（後ろに垂れ布のある冠）、日道臣の腰帯は金、巖城津は銀、腰帯と同じ前垂れの条帯《くめのおび》、腰帯には飾り太刀を佩き、半沓《はんぐつ》を履き、手には笏《しゃく》を持っていたんじゃ。皇族の尊厳を表わしておってな、日道臣はそれなりの威厳を表わし、巖城津はまるで皇室の王子のように凛々《りり》しく美しかったのじゃ。〈古語辞典の巻末を参照〉

その山の空き地から四半刻もかからずに、山稜の開けたところに出た。

そこには、先に帰って来た者の報せで、兄猾《えうかし》の県主と山人族の部下たちが二つの輿を用意して待っていたのじゃった。

兄猾は正使と副使の威厳さと凛々しさと美しさ、そして従者たちの異形さに恐れをなし、皇家の表の姿と裏の姿を同時に見せられてしまったのだった。

（これは、ナガスネビコの比ではない！　戦わずして勝敗は決したようなものではないか！）

兄猾は曇る心を追いやり、恭順の意を表すしかなかったのじゃった。

「お待ち申しておりました。この僕《やつがれ》が上の宇陀の県主の兄猾《えうかし》でございます。下の宇陀の県主は僕の弟の弟猾《おとうかし》と申しますが、どうしたものか、朝から姿を隠しているようでございます。皇家の御威光に恐れをなしたものと思われます。ささ、お遣いのお二方は輿へお乗り下さい。御挨拶は改めて僕《やつがれ》の新館《にいのやかた》に参りましてから承りましょう。ささ、先ずはお輿へ！」

正使の日道臣と副使の巖城津は輿に乗り、その輿を山人族の者たちが持ちあげた。その輿の両側には、二組の黒装束の者たちが付き添った。

（あの室《へや》だけは見せられん。見るだけなら何ともないのだが、何かの弾みで仕掛けが外れでもしたら……

われは皇太子のお味方になろう！　天も照覧あれ！）

新館《にいのやかた》のそれぞれの室《へや》を案内する県主の兄猾《えうかし》じゃったが、正使と副使は入口に立っていて、黒装束の者たちが各室の床や敷物や置物やら壁や掛けものやら柱や天井や梁に至るまで、細々《こまごま》と調べるのじゃった。まるで危険物でも捜すようにじゃ。

もう、十と幾つかの室を検分したので、二人の遺使は満足げに微笑み交わして頷き合うのを見て、兄猾《えうかし》は頃合いと見て取り恭《うやうや》しく云ったのじゃった。

「先ほどの大広間に酒肴の用意をさせております。取りたてて美味しい物などございませんが、山家の様々の料理と川魚の三品の料理とそれに酒は、五穀と果実で醸したものでございます。お口汚しにもなりませんでしょうが、どうぞ、あちらにお出で下さい！」

二人の遺使はまたもや満足げに微笑み交わして、行きかけながら童子顔の巖城津が立ち止まって云った。

「ありがたく馳走にあずかりましょう！　ところで、あの廊《くるわ》の曲がった奥に室《へや》があると思われましたが、その室が皇太子と御子の御座所に適していると思われますが、日道臣どのは如何に思われますか？」

巖城津は甲高く鼻から抜けるような声を出して云った。

「ああ、そうじゃのオ。まあ、見るまでもなく同じであろうから、な？」

なんとも意味ありげな受け答えであった。

「しかし、日道臣どの！　どの室《へや》も隅々まで検分せよとの御命令に背きは致しませぬか？　しかも御座所ともなればなおさらでございましょう！」

「巖城津どのは、若いのに細《こま》いのオ！　兄猾《えうかし》とやら、奥の室をチラッと覗かせてくれぬか？」

「あ、あの室は……お使い頂けません。あの室は封じているのでございます」

平身低頭で兄猾は冷や汗を流しながら言い訳をした。

（あの室を封じて誰も入れないとは！　兄者は、本当に皇軍の味方になるつもりなのでは？）

隼人族の苦面顔《くづらがお》の弟猾《おとうかし》は胸を撫で下ろす気持ちだった。

（こいつは拙いことになったぞ！　兄猾《えうかし》の奴、本気に皇家に味方するつもりだな！）

黒覆面の頭《かしら》格の者が追い打ちをかけた。

「なるほど……兄猾《えうかし》、あそこはお前の配下の溜まりか？　開けろ！」

黒覆面の頭が部下に合図をすると、黒覆面の部下たちは背中の山刀を抜き構えた。

（声を殺しているが、どこかで聞いたような声だ！）

弟猾《おとうかし》はそう思いながら、黒覆面の頭に近づこうとすると、隼人勇が手を出して弟猾を制した。

兄猾《えうかし》は仕方なく、そうと扉を開いた。何のことはない、ただ、御座所らしいところに莫蓙《ござ》が敷かれた他の室より少し広い客室に用いられるような小奇麗な室であった。

黒装束の者たちが中に入ろうとするのを制して、日道臣と巖城津が室の中に一・二歩と入った。

窓と反対の側の壁には丈の低い立折衾《たておりぶすま》（枕屏風のようなもの）が置かれてあった。四方四隅から天井に目を転じたが、別に異常は無さそうであった。

「真新しい綺麗な室ではないか？　のオ、巖城津どの、ここは皇太子と御子の御座所にふさわしいと思わぬか、どうかのオ？」

「とてもとても、ごもっともでございます。どの室より上等と思われます。さすがは正使の日道臣《ひのみちのおみ》どの。これでわれらのお役目も終わりでございます。御準備、上々でございましたな、上の宇陀の県主の兄猾《えうかし》？」

巖城津は笑みを含んだ甲高い声で、それとなく気を引いてみた。

「ハハア、御座所の筈であったのですが、少し方角が気になりまして、占ってみましたら、凶と出ましたもので、三日の間には直そうと思っておりましたのですが、急のお越しになさるとのことで、残念ながらお室から外させて頂いた訳でございます……」

扉の前に踏ん張ってしきりに汗を拭う兄猾だった。

（兄者は、あの室だけには必死に入れまいとしている！　本当に皇太子のお味方になられたのだ！）

大きな身体の弟猾《おとうかし》のいかつい苦面顔《くづらがお》に涙の筋が出来た。

「兄猾《えうかし》、お前が造った室に方角の間違いはある筈がない！　自分の眼でもう一度確かめてみたらどうだ！　日道臣どのと巖城津どのはほんの一歩しか入っていないが、お前自身、室《へや》の中央に入って四方を確かめてみろ！　これは、命令だ！」

黒覆面の頭の押し殺した声だった。それはイノの声だった。

日道臣と巖城津と隼人勇は、イノが何かを企んでいると察知したが、次にどう出て来るか待ってみた。

日道臣は兄猾《えうかし》の肩にそうと手を置き、中に入るように促した。

兄猾は、拒めば事態が悪くなり、山刀と太刀の攻撃を受けるだろうと、ゆっくりと頷き、日道臣に目礼をして、室の中ほどに入って行った。イノは中央まで進んだ兄猾に声をかけた。

「どうだ、兄猾《えうかし》、方角は正しくはないか？」

「いえ、少し違っております。ここは御座所にふさわしくありません！」

黒覆面の頭は、それには答えずに部下と共に扉に手をかけた。

「イノ、止めろ！」

隈取りの隼人勇と巖城津が同時に叫んだ。

「イノだと？」

隼人勇の後ろに控えていた弟猾《おとうかし》が叫んだ。

兄猾《えうかし》も、イノと聞いて広間の中央でチラリと振り向いたが遅かった。扉は勢いよく閉ざされた。

ガチャリと何かが外れる音が聞こえたかと思うと、中から兄猾の叫び声が聞こえた。

扉の外には何の音か分からぬが、ブス、ブス、ブス……と。

弟猾《おとうかし》が無念の涙を振り絞って、太刀でイノに斬りかかったが、隼人勇に叩き落とされてしまった。

「検分！　扉を開けて下さい！」

日道臣は静かに微笑みながが弟猾に云った。弟猾は無念そうに日道臣を睨みながら、扉を開けた……

が、兄猾は横たわっているだけで、兄猾に刺さる筈の竹槍はすべて弾かれていた。

広間の中は血で覆われ、兄者の兄猾《えうかし》の身体には何本もの竹槍が刺さっていると……

「兄者！」

弟猾は槍衾の間を掻き分けて、兄猾に抱きついた。

「弟猾《おとうかし》、兄猾《えうかし》を助け出してやるが良い！」

「あの隈取りの男が弟猾だと！」

イノは身の危険を感じて、前面から身を退いた。

茫然自失の態で運び出された兄猾《えうかし》は、弟猾《おとうかし》と並んで日道臣らの前に跪《ひざまず》いた。

「これは王家の威力であり、天上の情けでもある！　お前たち、向後は神倭磐余彦皇太子《かむやまといわれびこのひつぎのみこ》に従われるか？」

「われは勿論のこと、兄の兄猾も皇軍にお味方するつもりだったのです。ですから、身を挺して自ら仕掛けにかかる覚悟だったのです！」

賢明な読者諸君にはお見通しじゃろうが、兄猾《えうかし》を救ったのは古鳥蘇じゃよ。日道臣が兄猾の肩に手をかけたのは覚えておるじゃろ。その時、兄猾の肩に蠅に化身した古鳥蘇を乗せたのじゃ。そして、古鳥蘇は目には見えないバリアを張ったのじゃ。どうも、一言多いのがこの爺さまの悪い癖でな。

その六　吉野の天の香具山

もう、兄猾《えうかし》の新館《にいのやかた》のどこにもイノの姿はなかった。

イノは元々葛城《かつらぎ》と宇陀の間の大山（後の金剛山）の楠《くすのき》の多い、通称、楠木山《くすのきやま》とか鳥山と呼ばれている麓に住んでいた猪太《いのた》というただの狩人だったのじゃ。それが、登美《とみ》の原にニギハヒ神《のかみ》と名乗る天神《あまつかみ》が降臨して、登美の辺りの民人たちを蹂躙《じゅうりん》し始めてからというもの、猪太は山人族の先頭に立って、太古《おおむかし》からの山賤《やまがつ》の団結や協調の掟を守って、ニギハヒ神には屈しないと主張していたのじゃった。猪太は腕の立つ猪《いのしし》狩りの猟師で、竹槍でも弓矢でも山刀《やまがたな》であれ、狙った獲物は逃がさず、また必要以上に狩りをすることもなかった。猪太は身も軽く地面を音も立てずに早く走れるし、木の枝を伝って早く移動もすることも出来たのじゃ。猪太は山の小鳥たちにも好かれていたし、熊と出逢ってもイノを決して襲ったりはしなかった。猪太は山に生えている楠をとても大事にしていた。ニギハヒ神が自分の館を立てる為の建材として、大山の楠や桧や柏の木を勝手に伐り出したことに、最初は怒っていた猪太だったのじゃ。

ナガスネビコは登美の県主の息子で、長脛《ながすね》と云っていたのじゃが、登美の国がニギハヒ神に強奪された時には、まだ少年であった。父親の登美の県主も母も兄妹も殺され、家人も登美の里人たちも散り散りになり、作物も没収されてしまった。里人の多くは捕まえられて、ニギハヒ神の館や柵作りの労働にかり立てられ、里人はニギハヒ神の云うままに働かなければならなかった。

長脛《ながすね》と猪太は同じ年で、長脛は登美の野のガキ大将であり、猪太は鳥山のガキ大将じゃった。どちらの子供たちも大いに喧嘩好きでもあったが、大の仲良しでもあった。とりわけ、ニギハヒ神の支配が始まってからは、子供同士は前より仲良くなり、野や山や林や川や山で遊び、食べ物のままにならない野の長脛らの子供たちに、猪太らは山の物を分け与えていた。

少し、大きくなって長脛らは子供ながら仕事を与えられたのじゃ。特に、県主の息子だった長脛は仕事の割を食うのだったが、不平不満を云わず何をやらしても誰よりも早く仕事を仕上げるのだった。その陰には、猪太が山の子供らを連れて行き、こっそり手伝ってあげるのだった。それには長脛も大変感謝をしていたのじゃ。

そのように成長していった長脛《ながすね》が、やがて、ニギハヒ神の娘三炊屋媛《みかしきやひめ》と相思相愛の仲となっていったのだが、ニギハヒ神にも長脛の仕事ぶりが認められ、二人はめでたく結婚をしたのじゃ。

そこで、長脛はニギハヒ神から「長脛彦命《ながすねびこのみこと》」（以後、ナガスネビコ）と名を賜り、ニギハヒ神の館の兵士の大将となったのじゃった。

それから十年もの間、親友同士ながら、山の者の猪太と天神《あまつかみ》の婿となったナガスネビコは互いの主張を譲らず、何度も話し合いを重ねて来たのだったが、遂には、猪太が折れて昔の仲良しを取り戻し、猪太はナガスネビコの「草の者の頭《かしら》」となり、イノと名乗って、登美の国を囲む山々の山人族ばかりでなく、紀国《きのくに》の山人族たちをも説得して廻り、吉野国と紀国の山人族を束ねる命を受けるようになっていった。猪太は元々、純朴な猟師で人を助ける優しさを持っていたのだったが、いつの頃からか、イノには残忍さが際立ってきたようじゃった。

その猪太のイノが宇陀に現れ、県主の兄猾《えうかし》を口説き落とす時に、このように云ったのじゃそうな。

（兄猾《えうかし》、なにも登美のニギハヒ神やナガスネビコに絶対服従しろとは云わん！　ただ、ナガスネビコらに恭順したように思わせれば良いのだ。わしだって、いつかは奴らに草の者として使い捨てされるだけでは終わらん。だが、今は天神のニギハヒ神を崇める勢いには逆らえないのだ。

その昔、出雲の大国主神《おおくにぬしのかみ》が葦原の中つ国を平定しようとしたが、それも天孫降臨とかで挫《くじ》けてしまったのは知っておるだろう？　天神のニギハヒ神は登美を中心とした葦原の中つ国を作りたいのだ。ただ、三方に囲まれている山人族の反抗には手こずっている。今すぐ、どうと云うこともないが、奴らは着々と山人族を攻め立てる準備をしているのだ。今、ナガスネビコらが山裾から百尋にも渡って山際の林の木を伐り取り、野として拓いているのを知っているだろう？　田畑にしようとしているのは見せかけであり、奴らの本当の目的は違うのだ！　拓いた地の向こう側には見張りのやぐらが立てられ、土手が作られている。なぜか分かるか？　もし、山人族が攻め込んで来たら、拓いた空き地で獣《けもの》と同じように射殺す為だ。山人族は山から下りないと云っているが、余り拒み続けると、いつかの年の春の乾いた日に、ナガスネビコらは風の向きに合わせて山に火を点けるつもりなのだ。運が良ければ逃げられるが、女子供は火のない野の方に逃げるだろう。山裾の百尋の野や空き地に逃げ込めば、ナガスネビコの兵たちの攻撃の的にされて皆殺しにされてしまう！

　わしはわしの楠木山の山家の者や山林はどうしても守りたいと思っている。お主も宇陀の里人も山も守りたいのであろう？

　のオ、兄猾、だからわしの本心を話すのだが、お主が見せかけでもよいからわしの意に従ってくれれば、最後は、吉野国《よしののくに》の登美の地をニギハヒ神とナガスネビコには渡さない！　これは約束する！　だがここに来て、先に日向国《ひゅうがのくに》に天孫降臨した子孫の一族が勝手に王族と名乗って、日向国《ひゅうがのくに》だけではもの足りなくなって、東へと慾の手を出し始めたのだ。大国主神《おおくにぬしのかみ》の真似ごとを始め出したのだ。皇軍とは云っているが葦原の中つ国の王と誰もが認めた訳でもない！　慾念にきざした野心だけで、勝手に王と名乗っているだけだ。ニギハヒ神と似たりよったりだが、わしは先ず、この吉野国と紀国をナガスネビコらと共に皇軍と騙《かた》る輩から護ることにした。わしらは策を使って皇軍の中に潜り込んで、皇軍の信頼を得て、何とか宇陀の下県《しもつごおり》までおびき寄せる。のオ、後は、兄猾《えうかし》と弟猾《おとうかし》と葛城の八十梟師《やそのたける》ら山人族が力を合わせれば、皇軍の二三百の兵なんか難なく片づけられる。勝利は確実にわれらのものになる。最初の勝利はナガスネビコに花を持たせてやれば良い。ニギハヒ神は高貴高齢《こうきこうれい》の身だから、そんなに長くないうちに娘の三炊屋媛《みかしきやひめ》が一国の王となり、政《まつりごと》はナガスネビコの遣りたい放題となるであろう。そこで、わしが思っているのは、ナガスネビコとニギハヒ神を宇陀の新館《にいのやかた》に招待するのだ。ニギハヒ神もナガスネビコも登美の東の宇陀の蛇神山《たかみやま》（現・高見山）を崇拝しているから、蛇神山の頂きから昇る朝日を拝ませて、新館に御案内するのだ。程良い所でナガスネビコらを御寝所となる室《へや》に入れて、竹衾《たけぶすま》をお見舞いすれば、それで終わりだ！　ナガスネビコの従者らは寄せ集めの烏合《うごう》の衆《しゅう》だから散り散りに逃げるだろうし、その後は、山人族の打ち合わせ通りに登美の城輪柵《きのわさく》（柵で囲っている館）を攻めれば、この館を護る兵たちは元々吉野の者たちだったから、刃向かいせずに柵を開くであろう。抵抗したとて館が落ちるのも早い。そして、元の美しい吉野や豊かな山々を取り戻すのだ！）

翌日の夕刻には皇太子も御子も将たちも兵たちも宇陀の新館《にいのやかた》に到着になって、大広間で労《ねぎら》いの酒宴が催《もよお》された。奥の室は当然、封印されたままだった。

兄猾と弟猾の二人の県主は出来るだけの鹿肉や猪肉や野鳥の肉や山菜や野菜の大判振る舞いであった。

酒は前に兄猾が云っていた五穀と果実で醸した美酒であった。

大広間に入りきれない皇軍の兵たちと宇陀の兄猾の部下たちは、庭や思い思いの場所で、入り乱れての酒盛りであった。この日の準備には、館の女だけでは間に合わず、近在の山家の女たちまでも手伝いに来て大わらわであった。

まだまだこれからという宴《うたげ》のたけなわに、奇妙な姿の者たちがお目通りに現れた。

二つの群れに分かれていたが、一つの群れは裸の身体が光っていて、もう一つの群れには尻尾が生えているように思えた。

随分と酔っている久米強士がずかずかとやって来て、訝《いぶか》しげに云った。

「おまえらは……人間か?」

「何ですと!　人間かとは心外な、手前らはもともと吉野の国栖《くず》の子孫で、手前の名は首部井光《おびとらのいひか》と云いやす!」

「おお、これはわれが失言であったな、許せ!　吉野の国栖の子孫で、首部井光《おびとらのいひか》と申すのだな?で、何か皇太子さまに申し上げたいことがあるのだろうが、直《ちょく》にはならん!　これもやっかいな掟《おきて》でな……代わりにわれが聞いてやろう!」

久米強士は首部井光の前にどっかと座った。

「実は、手前らの一族は登美の天神《あまつかみ》のニギハヒ神《のかみ》とやらに土地も食べ物も奪われ、雑兵や雑役にならぬ者は追われて、今は山間の洞穴を住処《すみか》としておりやす。その洞穴の中に湧水の井戸がありまして、井戸の廻りが光苔《ひかりごけ》で覆われておりやす。その光苔を手前らが食している中に身体の具合も良くなり、いつの間にか、光苔が体内に染みまして、こんな光る身体になったのでやす」

「ヒカリゴケとな？　どんなものだ？」

首部井光は腰に下げた袋から、一つまみの苔を出して、久米強士に手渡した。

「これでやす！」

久米強士は苔をしげしげと見たり、透かして見たり、目をこすって見ていたが、苔は少しも光を発しなかった。

「預かっておくぞ！　で、そっちのおまえらは……どんな縁《ゆかり》の者だ？」

「わしらも同じ古野の国の者で、中小山《なかのこやま》に住んでいた石押分《いしおしわけ》の子孫でやす！　わしら一族の山にニギハヒ神《のかみ》がお社を作って天照大御神を祀ってくださるとの事で、わしら一族の者が懸命にお社を造《つく》ったのでやしたが、完成しやしたら、わしらの住処の中小山から追い出されやして、野に住むことも許されず、首部族《おびとら》と同じように川辺の穴の中に住まいしておりやす。わしらが尻尾を付けているのは、穴の中は縦穴から僅《わず》かばかりの光と淡い月明かりだけでやして、横穴はたくさんありやすので迷わぬようにと、尻尾代わりの蔦や獣皮を腰に巻き下げて、互いに掴んで移動するんでやす」

「おお、なるほど、知恵者たちじゃのオ！」

「そんで、ニギハヒ神とナガスネビコはわしら一族を人間とは認めず、ばかにして土蜘蛛《つちぐも》と呼んでいるんでやす！」

「ツチグモとな？　人を蜘蛛扱いにするとは、許せん！」

と、久米強士は椀の酒を一気に飲み干した。

「ですが、わしらはその恥辱《ちじょく》に耐えて、その恨みを、子々孫々忘れまいと、わし等自身、石押分土《いしおしわけの》蜘蛛と名乗っているのでやす」

「いや、なるほど。さぞ恨みもあろうが趣《おもむき》のある名と思うぞ、石押分土蜘蛛とはな……首部《おびと》らも土蜘蛛《つちぐも》らも、今暫くの辛抱だぞ。われらの神倭磐余彦皇太子《かむやまといわれびこのひつぎのみこ》さまが必ず、逆族どもを平定し、良き吉野を作らせられる！」

久米強士が立ち上がろうとしたが、よろけてしまった。一座の者は大笑いであった。

（こんな気の置けない日は久しぶりだな）

皆に笑われながらも久米強士は嬉しかった。そして照れくさ隠しに聞いてみた。

「で、おまえら二つの部族は互いにいがみ合っているのか？」

「とんでもございません。わしらは山人族と違って太古《おおむかし》からの約束事がなかったため、わしらの先祖の野の者たちは地境《ちさかい》の事でいがみ合っていたのでやすが、わしら、今は同じ境遇の身で、なにかと協力しておりやすです」

首部井光《おびとらのいひか》は獣皮に入れたものをおずおずと出して云った。

「畏れながら、お近づきのしるしに、どうぞ、吉野の国栖《くず》の光苔の聖水を一口お召し上がりください！」

「こちらもお近づきのしるしに、これは吉野の中小山《なかのこやま》の赤土、いえ、今は天の香具山の赤土の中に生えている薬草の根でごぜえやす。熊の肝《きも》とおっつかっつでごぜえやすだ！」

石押分《いしおしわけ》の土蜘蛛の長も袋の中から、不格好な赤茶色の根っこのようなものを出した。

そこへ、（ごめん！）と大声がかかり、出て来たのは隈どり顔の隼人勇であった。土蜘蛛の長の手から薬草の根っこをわしづかみして、折って噛みしめ、首部の長の袋を取って水を手のひらで受けて呑んだ。二人の長も供のものたちも邪か悪鬼が現れたかと恐ろしげに身を縮めたが、余りの無邪気な振る舞いに身を屈《こご》めながらも安堵の胸をなで下ろした。

「得も言われぬ珍味じゃ、苦くもあり、甘くもある。それにこの水は、まろやかな聖水と思うぞ。久米どの、これを皇太子さまと御子にも差し上げたら良かろう！」

持っていた二品を隼人勇は久米強士に渡した。そして隼人勇は部下の差し出した濡れ布で顔を拭いた。そこには鬼のような面《つら》はなく、猛々しくとも凛々しい面立《おもだ》ちが現れた。

「われは、隼人勇《はやとのいさみ》と申す。われが長たちの仲立ちじゃ。お見知りおきを、な！」

なんとも隼人勇の登場は恰好が良すぎるんじゃよ。まあ、これも戦術のうちかも知れんのオ。皇太子の将たちは、いずれの方々も人の心をつかむ緩急の術を持っておるのじゃ。

皇太子は、毎日、蛇神山《たかみやま》から昇る朝日を拝んでいた。

数日して、皇太子は蛇神山から登美を中心とする地形が一望のもとに見渡すことが出来るのではないかと思い、将たちと兄猾《えうかし》と弟猾《おとうかし》に相談した。案の定、蛇神山には国見峠《くにみとうげ》というところがあり、そこからは吉野の登美が一望できるとの事だった。

翌日、兄猾と弟猾の案内で、将たちと連れだって蛇神山の国見峠に出かけて行った。

そこで、登美の全貌《ぜんぼう》があきらかになった。ニギハヒ神の城輪柵《きのわさく》は思いの外小さく見えたが、その柵の形が星型でしかも二重に作られていたのだ。その柵の角《かど》々には、やぐら組まれていた。皇太子も将たちも、あの城輪柵は簡単に落ちないだろうと思った。星形の城輪柵の周りには、幾つかの小山があったが、皇太子は正面の小山がどうにも気になった。

「あれは登美の城輪柵《きのわさく》だろうが、その周辺に小さな山が幾つかあるようじゃが、あれらの山は何と云うのだ？」

と、兄猾に聞いた。すると兄猾は指をさしながら答えた。

「こちらから見て、城輪柵の左に見えるのは畝傍山《うねびやま》と申します。右にある山には名はついておりませんので、名無し山（現・耳無《みみなし》山）と呼んでおります。そして城輪柵の正面にある山、中小山《なかのこやま》と呼んでおったのですが、先日、土蜘蛛、いや、石押分の一族の長が申しておりました山でございますが、ニギハヒ神が館を建てると同時に、あの山にお社《やしろ》を造ってから、太古《おおむかし》から住んでいて、しかもお社作りに功労のあった石押分の一族を追いやって、『天の香具山』と名付けたのです」

「アマノカグヤマ？　天の香具山は天上にある聖地と云われている山ではないか！」

（とすると、ニギハヒは天孫とは縁《えん》もゆかりもないが、天神《あまつかみ》であったことは確かなようだ！）

「よし、あの天の香具山（現・香久山）は登美の城輪柵《きのわさく》の真東に当たるようだ！　山は低いがあの山をわれの陣所として攻撃の拠点としよう！」

「戦うには、御陣所としては、如何にも近すぎませんか？　それに御陣所にするにふさわしいかどうか、調べねばなりませんな。あの山から城輪柵がどう見えるかだ。まあ、いずれにしても、あの地形を描き留めて作戦に用いるとしましょう！」

まず、久米強士が決断を急がせないように配慮して云った。

「あの山の詳しい地形と御陣所とするにふさわしい何がしかの情報が欲しいな！」

隼人勇も早急に決断されぬように気を遣って云った。

「古鳥蘓、天の香具山の情報を探って来てくれ！」

『クエッ！』（畏まりました！）

日道臣がそう云うと、今まで何に化身していたのか分からなかったが、飛び立った鳥の姿は鷹か鷲に似ていた。が、確認する間もなく、蛇神山《たかみやま》から急降下して山の林の中に消えてしまった。

その頃、新館《にいのやかた》では御子の手研耳命《たぎしみみ》が魚に舌づつみを打っていた。

「美味しい！　これは何と云う魚でしょう？」

供御《くご》（貴い人の食事）の世話をしていた兄猾《えうかし》の妻女《つまじょ》が応えて云った。

「この魚は国栖魚《くずいお》と云うておりやす。この稚魚が川を下って、一年《ひととせ》を過ぎたころ大きくなってここに帰って来るのでやす。吉野川の国栖で獲れやすから、ここらでは国栖魚とよんでいやす。食べ方もいろいろでやすが、御子さまには国栖魚の腸《はらわた》を取ったところに野芹《のぜり》を詰め込んで焼いたのでやす」

「この香ばしさは初めての美味です。それに、この汁に入っているヌメヌメした菜は何です？　味は無いが、喉越しが良い！」

「お好みでございやすか？　それは水草の葉と申しますか、芽と申しますか、とにかく水草の実でやす。本当の名はあるのでやしょうが、分かりませんのでやす」

国栖魚《くずいお》と云うのは鮎のことじゃ。夏も終わりかけているので、鮎たちも川を遡《さかのぼ》って来て、生まれ故郷の川で卵を沢山産んでいるのじゃ。それに汁の中に入っている水草の実と云うのは蓴菜《じゅんさい》のことじゃよ。古名ではぬなわと云っていたそうじゃ。

蛇神山《たかみやま》の国見峠から新館《にいのやかた》に帰ってくる途中に、もう、古鳥蘓は天の香具山の情報を持ってきた。

『クエッ！　クエッ！　クエッ！　・・・・・・』

「分かった、ありがとう！　でもここでは、ただのそこらにいる鳥の姿にしていろ！」

『クエッ～！』（おれの方が年かさなのだぞ！）

「分かっておる！　ええ～、古鳥蘇が申しますには、天の香具山には東に向いた小社《こやしろ》があって、その小社の後ろからは登美の城輪柵《きのわさく》の陣容が手に取るように見えるそうですが、そこに至る道には敵の兵らが大勢潜んでいるとのことです！」

「そいつらは、葛城《かつらぎ》の八十梟師《やそのたける》の兵たちだな？」

「あいつらは、容易に通すまい！」

と、兄猾と弟猾は目を見合わせた。

「何とか天の香具山の上から眺めて見たいものだ。お社があると云っていたな？」

『クエッ！　クエッ！』

「そうか！　古鳥蘇が云いますには、そのお社は天照大神《あまてらすおおかみ》を祀ってあるとのことです」

「天照大御神《あまてらすおおみかみ》とな？」

「とすると、みだりに軍勢をもって天の香具山を攻める事は出来ませんでしょう？　これは神慮《しんりょ》を得なければなりません！」

「神慮か？」

神慮は三種の神器の八咫《やあた》の鏡《かがみ》を用いて行うものだが、皇太子は、未だにこれを使って神慮を承《うけたまわ》ったことがなかった。

「明朝までに私が神慮を伺い奉ります！」

困り切った皇太子の顔を見て申し出たのは、神慮を云いだした日道臣であった。

「日道臣どの、いくら臣になったからと云って、皇太子を差し置いて神慮を伺うとは何事だ！」

「まあ待て、久米強士。ワタツミの国は天上のタカミムスヒ神とつながっているのだ。われら地上の者に直接、天命を仰せつけられないので、ワタツミの国の王が取り持っているのだと思うが、そうではないのか、日道臣？」

「御意にございます。わたしが念じれば、父の海神《わたつみ》にその意思が届き、父が天上のタカミムスヒ神にお伺い奉り、私に神慮として伝えてくれるのです」

「それにな、久米！　われは八咫《やあた》の鏡《かがみ》の前で神慮を伺ったことがないのだ。兄上の五瀬命《いつせのみこと》が傷つく前に、白肩津《しらかたつ》に上がるべきか神慮を伺うべきだったのに、われは自信がなかったばかりに兄たちを亡くしてしまったのが悔やまれてならぬ！　神事や祝詞《のりと》ならわれも真似ごとながら出来なくもないが、神慮を伺い奉るのは、この度ばかりは、日道臣にお願いしようではないか！」

天皇・皇太子の身ながら、己の未熟さと不がい無さを隠そうともしない皇太子に久米強士も他の将たちも、人間として大きくなった神倭磐余彦皇太子《かむやまといわれびこのひつぎのみこ》を更に畏れ敬うのであった。

「日道臣どの、悪かった！　そんなことも知らぬわれを許してくれ！」

「お手をお上げください、久米どの！　それでは、私が明朝までに神慮を承りましょう。兄猾《えうかし》どの、新館《にいのやかた》の御神殿をお貸し願います！」

神慮のお伺いはじゃ、珍彦《めずらひこ》じゃなかった日道臣から海神《わたつみ》に伝えられ、海神からタカミムスヒ神に届けられ、天照大御神の神託《しんたく》が下されてじゃ、また、タカミムスヒ神から海神を経由して日道臣の脳に伝えられたのじゃった。その承った神慮とは、次のような事じゃった。

（天の香具山に天照大神を祀った者はニギハヒに間違いない。天に仇を成した者ではあるが天照大御神《あまてらすおおみかみ》を天照大神《あまてらすおおかみ》として祀った事は讃えるべきである。しかしながら、地上の人々を苦境に貶《おとし》める者であるならば討たねばなるまい。その為に天の香具山を必要とするのなら、武力で奪い取ってはならぬ。戦わずして知略を以《もっ》て手に入れなければならぬ。その上で改めて天の香具山の社殿に天照大神を祭神として祀り、その祭祀《さいし》を神倭磐余彦王（皇太子）自身が司《つかさど》るなら、次のようにするが宜しい。今の社《やしろ》の四隅に根つきの榊《さかき》を植え、その四つの榊に四手《しで》を垂れた注連縄《しめなわ》を張り巡らして社殿を囲み、社殿の前に祭壇を作り、天の香具山の社殿の下の赤土で八十《やそ》の（沢山の）平瓦《ひらかわら》（素焼きの皿）を作り、それに国栖魚や新鮮な野菜・山菜・果実などを供え、また、御神酒を入れる斎瓮《いっへ》（素焼きの壺）を作り供え、三種の神器の草薙《くさなぎ》の剣《つるぎ》を佩き、八尺《やさか》の勾玉《まがたま》を身につけ、八咫《やあた》の鏡《かがみ》を神前に飾り、天照大御神を讃える祝詞《のりと》を奉じなければならぬ。その儀式には祭祀の王（皇太子）や御子はもちろん将たちも束帯《そくたい》に身を正して参列せねばならぬ。そうすれば、自ずと勝利の道は開けるであろう）

翌朝、日道臣から神慮を聞いた皇太子や将軍たちは、まず、神慮を整理してみた。

「天の香具山をわがものとするは必定なれども、武力を用いずに手に入れる事じゃな。さて……」

皇太子は、あんな小さな山なら一挙に攻め落とせると思っていたが、それが神慮に背《そむ》くとなると今すぐ、他の良い方法は考えつかなかった。

「また、神慮によると、天の香具山の社殿の下の赤土で平瓦《ひらがわら》や斎瓮《ときがわら》を作って供えよとのことで、赤土も多く必要とされますが、それも天の香具山を護る八十梟師《やそのたける》の軍と一戦を交えずして得る事は難しい！」

強者《つわもの》の隼人勇も考えあぐね、地団太《じだんだ》を踏んで悔しがった。

「畏れながら申し上げます！」

広間の隅に座していた弟猾《おとうかし》がいざり出て云った。

「わしは八十梟師《やそのたける》の気質《たち》も奴の部下らのことも良く知っております！　奴らは天の香具山の天照大神を崇めているので、その兵士たちの加護を利用して、わしが秘策を用いて天の香具山を手に入れましょう。この秘策はわしにお任せあって、皆さまには、それまで詳しい事は秘匿《ひとく》させていただとうございます！」

「さて、どんな秘策があるものやら……弟猾《おとうかし》、十分やってみるが良いぞ！　みなも協力を惜しむなよ！」

皇太子は、即座に、弟猾にその秘策とやらを命じた。

将の一同は、弟猾の戦わずしての天の香具山を手に入れる秘策とやらに興味津々であった。

ほんの一言だけ口を挟むぞ。中小山《なかのこやま》にお社を造るように命じたのはニギハヒ神であったのじゃが、実際に、楠《くすのき》や檜《ひのき》や柏や杉を伐りだして、お社造りに励んだのは吉野の石押分《いしおしわけ》の一族であったのじゃよ。彼らは中小山《なかのこやま》に建てられる祭神の『天照大神』を崇めながら、お社造りに汗水を垂らしておったのじゃ。が、お社が完成すると用済みとなった石押分の一族は土蜘蛛などと呼ばれて、天の香具山と名付けられた中小山の地から追われてしまったんじゃ。そこで彼らは天の香具山に横穴を掘って、社殿近くに穴の出口を作ったのじゃ。それで事あるごとに、その穴からこっそり出入りして社殿の天照大神を拝んでいたのじゃった。

それればかりでなく、その赤土を利用して薬草の根を育てていたのじゃ、こっそりとな。で、弟猾《おとうかし》の秘策と云うのはじゃ……おっと、これだけはわしが語ってはまずいのオ。

その七　弟猾の秘策とは？

さて、その日がやって来た。

天の香具山に向かう道に奇妙で恐ろしげな一行がやって来た――男は五人女は二人の総勢七人であった。みんな顔に入れ墨をし、八苦邪《やくじゃ》な苦面顔《くづらがお》であった。

その一行は、先導の男と覆いのある輿を担いだ頑強な体の男四人と、それに、布を積んだ板輿を持っている顔に薄布を垂らした女二人であった。

覆いのある輿には誰やら高貴な人が乗せられているようであった。

先導の男はもちろん弟猾《おとうかし》であった。覆い付いた輿を持っているのは久米強士と隼人勇とその部下たち二人で、布の板輿を持っている女二人は兄猾《えうかし》の妻女《つまじょ》と弟猾の妻女であった。

輿に乗せられている高貴な人とは……誰なのか？

天の香具山に近づくと、一行の前に五人の武装した者たちが出張って来た。

「おい、待て！　われらは天の香具山の警固の者である！　お前らはどこへ行く！」

八十梟師《やそのたける》の配下の警固の長が先頭の男の腕を掴んだが、その顔を見てぎょっとした。

「訳あってこんな顔をしているが、わしは宇陀の下県《しもつごおり》の県主《あがたぬし》の弟猾《おとうかし》だ。名前ぐらいは知っておろう？　お前たちは葛城《かつらぎ》の八十梟師《やそのたける》の配下の者だな？」

「そうだが、宇陀の下県《しもつこおり》の県主の弟猾という証《あかし》の品札《しなふだ》（身分證明書）を持っていやすか？」

弟猾は腰にぶら下げていた品札を差し出して見せた。

「確かに、品札には山人族の焼印《やきいん》もあるし、宇陀の下県の弟猾さまでやし。だけんど、宇陀の県主さまが何で天の香具山にでやす？　なんぞ御用があるのでやしょうか？」

品札を見せられた警固の長は少し態度を変えて慇懃《いんぎん》に訊ねた。

「わしの兄の県主の兄猾《えうかし》なら知っておるだろう？」

「宇陀の県主の兄猾さまなら存じておりやす！　八十梟師《やそのたける》の将と何度かお会いしたことがありやしたが、その折、兄猾さまが嘆いておられた乱暴な弟とはあなたさまのことでやしたか？」

「今日は、こんな顔をしているが、わしは乱暴者ではないぞ。わしのことは置いといてやして、兄猾の娘が、わしの姪になるのだが、その娘《こ》が瘡《かさ》（天然痘）を患《わずら》ってしまって、宇陀の院の巫女さまに占って貰ったのだ。そしたら巫女さまの申すには、白布を身にまとって、天の香具山の赤土を顔に塗って、井戸の水で三度《みたび》洗い清めて天照大神に祈願し、また新しい白布を改めて赤土を塗って五度《いつたび》洗い清めて祈願し、そしてまた新しい白布に改めて、赤土を塗って七度《ななたび》洗い清めて天照大神に祈願すると、いつしか、深い眠りに入るとのことで、それで、目覚めた時には霊験《れいげん》あらたかに病が、瘡が治ると云うお告げがあったのだった。藁《わら》にもすがりたい兄猾の願いを聞いて、わしが代わりにお遣いに出て来たのだ！」

「それはお気の毒なことでやす。それで、天照大神への祈願でやすか？　それは、それは御苦労さまでやす！　あのオ、口幅ったいようでやすが、その妖しげな面構えと風体は何のおつもりでやしょうか？」

「ああ、そうであったな。巫女さまが申しますには、この面妖《めんよう》な面構えは瘡が移らぬようにとの呪《まじな》いだそうなのだ。が、あまり品が良いとは云えんな！」

「それにしても、妙な顔でございやすな？　いや、失礼申しやした！」

「八苦邪《やくじゃ》な苦面顔《くづらがお》と云うのだそうだ」

「クズラガオでやすか？　そ、その呪いのクズラガオとか顔をしないと瘡が移るのでやすか？」

警固の者たちは瘡《かさ》がはやり病だと知っていたので、女の輿から離れ気味になっていたが、警固の長は勇を振るって云わねばならなかった。

「県主の弟猾《おとうかし》さま、役目なので娘御の輿を改めさせていただきやす……」

警固の長は仲間に首で合図をしたが、仲間の部下は誰も近寄ろうとしなかった。

「県主さま、申し訳ありませんが、出来れば、そちらで娘御の被衣《かづき》を取っていただけやしょうか？」

「よし、分かった！　義姉《あね》上さま、その娘の被衣《こ》を取って、顔を見せてやってください！」

輿の横の女は、まず自分の顔を覆った薄布を取った。その女の顔も苦面顔であった。警固の長と兄猾の妻女の眼が合った。妻女はにっこりと笑ったつもりだったが、警固の長は鬼女が笑ったように思えて背筋が寒くなった。

「あら、あなたは去年の夏、八十梟師《やそのたける》さまと新館《にいのやかた》にお越しくださいやしたね？　ほら、国栖魚《くずいお》が美味しいとかで、何尾も……ホホホホ」

「アアッ！　兄猾さまの御妻女さまでやしたか？　その折は御無礼をいたしやした。また、こん度《たび》は娘御さまのお悔やみを申し上げやす！」

「もうし、あなた、娘は死んではおりませんよ！」

「こ、これは失礼を申し上げやした！」

警固の長はしどろもどろであった。妻女は娘の被衣《かづき》をそっと外しにかかった。

「お見せするのも憚《はばか》りますが……ご覧くださいやし……」

その顔は、半分爛《ただ》れていて半分は赤い斑《まだら》に膿が浮かんでいた。見るに見かねる顔だった。

「もう、良いでやす！　役目がら、失礼をいたしやした。娘御の御快復をお祈り申し上げやす！」

弟猾《おとうかし》の一行は娘御の輿を持ちあげて静々と天の香具山に向かおうとした時に、妻女が警固の者たちに慌てたように云った。

「あの、もうし、警固のあなたたち！　大変でございやす！　あなたたちは娘の輿に二尋《ふたひろ》（約三m半）の中に近づきやしたね？　もしや、瘡が移ったかも知れぬやし。弟猾どの、この者たちの顔にも呪《まじな》いの印を与えてくださいやし！」

咄嗟《とっさ》のことだったので、弟猾も一瞬ためらったが、輿の側にいた隼人勇が素早く反応し、腰から青黒墨を出して云った。

「弟猾さま、輿を一刻も早く天の香具山のお社にお運びくだせいやし。オイはこの仲間の顔に呪いの印をつけてから参りやすから」

隼人勇も面白いとばかりに、この地の訛《なま》り言葉を真似て云った。

「そうか、それでは頼んだぞ！　この者らが瘡に罹《かか》ったら、八十梟師《やそのたける》どのに申し訳が立たぬからな！」

こうなると、阿吽《あうん》の呼吸で弟猾は応えて、一行は天の香具山に急いだ。

残った隼人勇は面白がって一人ずつ小川の流れで手と顔を洗い清めさせた。それから徐《おもむろ》に、一人一人に、八苦邪《やくじゃ》な苦面顔《くづらがお》を作っていったのだった。少しばかり煮皮《にかわ》の粉を入れたのだった。

「明日の朝、今さっきの輿が天の香具山から下りて来るまで、どんな事があろうと、この苦面顔《くづらがお》を洗ってはならん！　呪《まじな》いが消え失せてしまうからな。少しひりひりするだろうが、それこそが呪いの効き目なのじゃ、やし！　決して掻いてもならんぞ。そこから病の菌が入らんとも限らんからな、やし！」

と隼人勇は取ってつけた訛りで云って、すたこらさっさと逃げるように一行を追いかけて、天の香具山に入って行ったのだった。

天の香具山の社《やしろ》に着いた一行はじゃ、まず、拝殿の前に立って威儀を正し参拝してな、日道臣《ひのみちのおみ》が皆を代表して天の香具山に祀ってある天照大神を敬ぅ祝詞《のりと》を奉《たてまつ》って、赤土を戴くお許しを奏上したのじゃ。その中には瘡で爛《ただ》れた顔の娘も一緒に祈っていたのじゃ。その娘っては……巖城津《いわきつ》が化粧した娘だったのじゃよ。巖城津は若く優男《やさおとこ》だから、貴公子やお娘《じょう》に化けるのは得意なんじゃよ。

気付いとると思うが、天の香具山に祀ってある「天照大神」とあるが、天上界でのみ天照大御神なのじゃったが、いつの日かごっちゃになって、今じゃ地上では両方を使っているようじゃのォ。

お社と井戸の辺りを大布で覆って、その中で娘が水で清めているように見せかけていたのじゃ。

警固の者が覗きに来んとも限らんからのオ。が、実はじゃ、お社の下より赤土を石押分《いしおしわけ》の土蜘蛛の長たちが穴に運び入れておったのじゃ。それを指揮しているのは弟猾じゃった。

久米強士と隼人勇と巖城津は、お社の真裏からニギハヒの城輪柵《きのわさく》を見ていたのじゃった。

「あの柵は星形に作ってあるな。しかも、二重にしてある。中の館に攻め込むには容易ではない！星形の角々には高いやぐらが立っている。星形が二つだから、十か所の見晴らしやぐらだ！」

「城輪柵の外は四方ともだだっ広い野になっている。高い木は伐り取られて、低木と雑草だけだ。此処からも見晴らしが良いが、向こうのやぐらからはもっと見晴らしが良いのであろうな」

「あの野に敵が集結したら、とうてい攻められやしないぞ！」


さて、翌朝のことじゃった。

警固の五人の者たちが互いの顔を見て笑いそうになるのじゃが、瘡に罹《かか》ってしまったように顔が痒《かゆ》くって仕方なかったのじゃが、引っ掻くに掻かれず洗うに洗えず、どうしたものかと悩んでいた。

そんなところに、天の香具山から弟猾の一行が下りて来たものじゃから、警固の者たちは一斉に木陰に隠れたのじゃ。

「お〜い、警固の方々！　霊験あらたかだったぞ！」

弟猾《おとうかし》が大声で叫んで警固の者たちを捜したが居なかった。

すると、木陰の藪の中から覗いていた警固の長は云った。

「大声を出さないでくだせいやし！　他の者に聞こえてしまいやすから！　あらま、弟猾さま方はもう、クズラ顔じゃないでやすな？」

「そうだ！　天照大神さまは霊験あらたかな神さまだったのだ！」

弟猾は、今度は声を潜めたが語気の強い云い方で、見ろと云わんばかりに立っている娘を指して云った。

「霊験あらたかだったでやすと？　瘡《かさ》にかかっていた娘御さまは、そこに立って被衣《かづき》を被っているお方でやすか？　ま、待っておくれやす！　お願いでやすから、こっちには来ないでくだせいやし。そこで娘御さまの被衣《あづき》を取って見せてくれれば良いのでやす！」

「それでは、警固の方々、とくとご覧なさいやし！」

兄猾の妻女は娘御の被衣を態《わざ》とらしくゆっくりと外した。現れ出た娘御の顔を朝日が照らした。

顔には爛れも赤い斑点が一つもない美しい顔になっていた。

「ウオーッ！　天女さまの顔になったでやし！」

「これもやし、香具山の天照大神の思し召しでやし。朝、この娘が目覚めて被衣を取ったら、元の娘の顔よりも美しくなっていたのやし、そしてこのお札が顔の上に貼ってあったのやし。『天照大神』と書かれたお札であったのやし。畏れ多いと思うやし！」

妻女は、『このお札をご覧《ろう》じろ！』とこれ見よがしに、お札を高々と上げた。

「ヘヘイ！」

警固の五人の者は天女のような娘御の前にひれ伏した。

妻女は兄猾《えうかし》の暗い性格とは全く反対で、陽気で乗りの良い性質《たち》だった。

「この娘はわが子なれど、今は神の巫女となったのやし。あんたらの体や心の穢《けが》れを、このありがたくも勿体《もったい》ないお札で、祓《はら》って上げると仰《おっしゃ》いやすから、頭を下げやし！」

妻女は少しばかり威厳をもった云い方でにんまり笑って云った。

「ヘヘイ！　ありがたくお受けいたしやす！」

警固の長ら五人の苦面顔《くづらがお》の者たちは神の巫女となった兄猾の娘御の前に頭を下げた。

「天のお告げである！　そちたちが皇軍にお味方するならば、そちたちは瘡には罹《かか》りません！

如何、致しましょうか、警固の長どの？」

「お味方致しやす！　ですからありがたいお祓《はら》いでわれらの穢れを祓ってくだせいやし！」

娘御は赤土をパラパラと五人の頭に振りかけた。

「分かり申した！　チャバラムジャラ、アッチヂ、ソッチヂ、コッチヂ……警固の者たちよ！

もう、小川の水で顔を洗いなさい！　これでそちたちは瘡には決して罹《かか》りませんぞ！」

この甲高い声は巖城津の作り声であった。巖城津の化粧した顔は美しい女より色香《いろか》を漂わせていた。

（巖城津は戦《いくさ》の将より、色香の女将《にょしょう》に相応《ふさわ》しい！　のオ、隼人どの？）

（そうだが、大概にしてくれんと、こっちが冷や汗ものだぞ！）

久米強士と隼人勇は目で話し合っていた。

「警固の者たちよ、この七日の間は、天の香具山に何人であろうと立ち入ることを禁ずる、と天照大神のご神託である。この山の入口には注連縄《しめなわ》を廻らせて、一人たりとも入れぬように警固をせよ！　禁を犯せば天罰が下る。そのように、葛城の八十梟師《やそのたける》にも申し上げておくが良い！　葛城が聞き入れぬなら、宇陀を敵に回すことになる。しかと、心得よ！」

「へへイ！」

五人の警固の者は地面に額をつけんばかりにひれ伏した。

「それに警固の者たちよ、あなたたちの竹槍の先に赤い布を飾りなさい。もし、葛城や登美と戦になっても、天上のお味方の皇軍は、赤い穂先のあなたたちには手出しをしないと約束をする！　そうであろう、久米強士どの？」

阿呆臭い話に気にも留めていなかった久米強士は、虚を衝《つ》かれて隼人勇と顔を見合わせてから、五人の警固の者の前につかつかと出て行った。

「このような身なりをしているが、われは皇軍の第一の将・久米強士である。姫巫女さまの申し上げた通り、われらは槍の先に赤い布を垂らしたお前たちを皇軍の味方として扱い、万が一にも刃向かわなければ、必ず、命を助ける！　天地神明に誓って、約束をたがえない！」

「あ、あの、将軍さま！　赤い布は、われら五人だけでやすか？　あの、仲間にも……」

「いやいや、皇軍にお味方する者は誰でも良い。葛城山の山人族全部でもよいぞ。それも葛城の八十梟師に申しておけ！」

「へへイ！　ありがとうございやす！　きっと、申し上げておきやす！」

「それにイ！」

また、甲高い声がかかった。

（いい加減にしろ、巖城津！）

隼人勇が叱ったような目つきをした。それを無視するかのように巖城津は云った。

「七日後には、皇太子一行がこの天の香具山の天照大神のお社に参拝に来て祝詞《のりと》を奏上する！この近くにニギハヒの兵を近づけないように、葛城の八十梟師《やそのたける》に申しておくが良い！」

実に巧妙というよりも興《きょう》に乗った筋書きじゃった。弟猾《おとうかし》とてそこまでは考えてもいなかったのじゃ。ただ、弟猾は平瓦《ひらかわら》と斎瓮《いっぺ》（御神酒を入れる土瓶）を作る赤土さえ持ち出せれば良いと思っていたのに、策が思いのほか上手く進み、それに偶然が重なり、それぞれが興に乗ったと云う次第じゃ。

宇陀の新館《にいのやかた》では、弟猾らと石押分《いしおしわけ》の土蜘蛛の取って来た天の香具山の赤土を国栖川《くすかわ》の水で捏《こ》ね、平瓦を十余《とあま》りと、斎瓮《いっへ》を二つ作り始めたのじゃった。

そんなところに、古鳥蘇が新しい情報をもたらしてくれたのじゃ。日道臣の通詞によるとじゃ

……

(鵜萱葺不合王《うかやふきあへず》が身罷《みまか》った日向では、老王の火遠理《ほおり》尊は現王《すめらみこと》の葬儀はせずに、日向に残る御子たちも軍勢も皇太子神倭磐余彦尊《かみやまといわれびこのみこと》の援軍に出発させた。船団は、豊の国、筑紫の国、安芸の国、備前などの国々の軍勢を加えて、今、河内の白肩津《しらかたつ》より上陸し、生駒山の近くまで進軍している。また、熊野川の河口に停泊していた皇太子の三艘の船は、塩地老翁《しおっちのおじ》(海神《わたつみ》)の案内で紀国の沖を北上して、伊勢の陸を曲わり込み、伊勢の狭長田《せなた》の五十鈴の軍勢(サルタビコの子孫)の協力を得て、五十鈴の軍は蛇神山《たかみやま》の原に差し掛かったところである。更に、出雲の軍勢も山城より宇治に向かっているところである。その数、雲霞《うんか》のごとき大軍である!)

まあ、間もなく登美は皇軍の味方にすっかり囲まれてしまうのじゃて。

一方、葛城の館では、匿《かくま》われているイノと葛城の領主・八十梟師《やそのたける》が話し合っておったのじゃ。

「イノ、われの部下共が云うには、宇陀の県主の兄猾の娘が天の香具山で神託を承ったそうで、われをも皇軍に味方せよとのことであったが、味方せぬ場合は、宇陀と一戦を交える事となると、

「どう見る？」

「ハハハ！　兄猾になど娘はおらん。八十梟師《やそのたける》どのも何度も宇陀には行ったではないか？」

「そうか、兄猾の妻女には何度も世話になったが、娘には一度も遭わなかったなア。女となると、いずれも山賤《やまがつ》の女たちだったものな？」

「今、あちこちの山や原で猿女《さるめ》という怪しげな巫女衆が天照大神を崇めようと動きまわっているらしい。そやつらに騙されたのであろう？」

「が、その中に、兄猾《えうかし》の妻女もいたと云うのじゃ。いよいよもって分からん……」

「早まってはいかん！　まあ、疑って様子を見ることだな、八十梟師！」


そして、弟猾《おとうかし》の秘策の第二弾は、七日目の午《うま》の刻の頃から始まった。

皇太子と御子と将軍たちの一行が天の香具山に入る近くの原に留まっていた。

（この道を無事に通るも帰るも神の御心次第であろう！）

皇太子はこのように思っていた。天の香具山で儀式を行う為の用意をこの原で整えて、天の香具山への道を進もうと云うのである。

まず、先祓いの輿を乗りこませた。先祓いの先導は弟猾で、その後には覆いのある輿が一つであった。その輿を担ぐ四人と後ろに一人の護衛の者、彼らは皆、七日前と同じ八苦邪《やくじゃ》の苦面顔《くづらがお》であった。そして輿の側には被衣《かづき》を着けた二人の女人がいた。異様な雰囲気の輿の歩みであった。

「参りやした！　お輿が一つと恐ろしい面をした供人たち八人ばかりです！」

道の両側ばかりでなく周りの原にも雑木林の中にも竹槍に赤い布を垂らした雑兵たちが異様な面構えの者たちを、固唾を呑んで見ていた。その中を、輿が間もなく天の香具山の道に入ろうとする時であった。

「待て、待て、待てイ！　その輿を通すことはならん！　われは葛城の八十梟師である！　お前らの正体は分かっておる！　伊勢の猿女《さるめ》と名乗る巫女どもの一行であろう？　こいつらは皇族を騙《かた》る者どもだ！　その輿の覆いを取れ！」

例の警固の五人の者たちも、いささか心配顔になった。

（なぜ供人たちは墨入れの顔をしているのだろう？　この輿の中には、やはり、この間のように瘡《かさ》の病に罹《かか》った者が乗っているのだろうか？　この七日の間、自分らが目の当たりにした出来ごとを仲間の兵たちに伝えて、皇軍にお味方しようと働きかけ、今日、こんなにも多くの兵たちが集まって来てくれていたのに！）

狼狽の色を隠せないでいる五人の警固の者たちであった。

輿の傍の女人が八十梟師に近づいて被衣を取って云った。

「葛城の領主どの、わが顔を忘れてはいやしまい。われは宇陀の県主兄猾《えうかし》の妻女やし。なんの伊勢の猿女の巫女などと申しますのやし？」

「た、確かに、兄猾どのの妻女どのだ。だが、この得体の知れぬ風体の輩は何者です？　神を冒とする荒ぶる者ではあるまいか！」

「それは違いやすよ、八十梟師《やそのたける》どの。先導は、あんな作り顔をしてやすけれど下県《しもつこおり》の弟猾《おとうかし》でやすよ！」

「如何にも、わしは弟猾！　このような顔をしておるが、わしの声は忘れておるまい、八十梟師どの？」

「確かに、弟猾どのである。が何故《なにゆえ》、天の香具山に向かおうとするのか、お答え願いたい、弟猾どの？」

「それはわれが答えましょう、この輿は皇太子さまが天の香具山で天照大神への奉納の儀式を行う為の、邪を祓う先導にございやす。巌媛《いつきひめ》さま、お顔を表わしなされやし！」

弟猾の妻女が輿の覆いを取った。そこには冠をつけ白装束で着飾った神々しい女人が現れた。

「のオ、われの顔をよく見や、警固の者たち！」

例の甲高い天女の声であった。

「ウオーッ！　天女さまだ！」

眼を見開いた五人の警固の者たちが跪いた。それに倣《なら》って周囲の兵たちも口々に『天女さま！』と叫んで、順々に奥に並ぶ兵たちも跪いていった。

「わらわは、皇軍の斎 主《いわいのうし》の巌媛《いつきひめ》となりました。七日の前の約束を守っておられるようじゃのオ。わらわも約束を守りましょう。槍の先に赤い布を垂らした者に害を及ぼさぬと。ならば、赤布を示さぬ者は、わらわが敵であり、皇軍の敵でもあり、そちたちの敵でもある！　お分かりいただけますね？」

甲高いひばりの鳴き声のように響き渡った。

五人の警固の者は顔をキッと見合わせて立ち上がり、槍を斜めに構えて穂先を葛城の八十梟師に向け、五人の長が叫んだ。

「天命によって、葛城の八十梟師、お命を仕《つかまつ》りやす！」

「待ちや、話せば分かる！　いや、見て貰えば分かる。警固の長どの、槍を納めなされ。天の香具山の禁は既に解かれましたぞ。葛城の八十梟師《やそのたける》を伴って、天の香具山のお社に参らりょうぞ！　他の兵たちは、間もなく来られる皇太子さまの御一行をつつがなくお迎えするように、御頼み申しますぞ！」

天女のほほ笑みを一同に万遍なく返してから続けて云った。

「もう一言申させていただきましょう！　八十梟師の館におる鳥山の猪太を逃がさぬようにな！　イノなる者は、皇軍の宇陀の県主の兄猾を卑劣にも殺そうとしたのです。後に、裁きましょうほどに！」

弟猾の合図で、斎主《いわいのうし》の巖媛《いつきひめ》の輿は再び担がれ、天の香具山への道に入って行った。その後に、五人の警護の者が八十梟師を囲んで続いた。

天の香具山のお社の四角には榊が根付のまま植えられており、お社を囲むように注連縄《しめなわ》が張り巡らされ、四手《しで》も垂らされていて、お社の前には祭壇まで作られてあった。

警固の者も八十梟師も吃驚仰天《びっくりぎょうてん》してしまった。

「いつの間に、誰が？」

と八十梟師が叫んだが、警固の者とて同じ思いだった。

「天の香具山には、七日の前より誰も入れておりやしやせん！　なのに、これは……神の御心か？」

輿から下りた巖媛《いつきひめ》の巫女は両手を天にかざして云った。

「これこそが、神の思し召しです。わらわにお告げがあったのです。榊の木と注連縄と四手と祭壇までは神の意思で用意すると。その先の儀式、御神殿の四方を清め祓い、祭壇に山の物、野の物などの御供物と御神酒を供え、三種の神器を飾り、後は意のままにせよとのご託宣があったのです」

「三種の神器ですと！」

葛城の八十梟師は腰が抜けたようにへなへなと萎《な》えてしまった。


これが神の思し召しと巖媛《いつきひめ》は云っていたが、どうして、巖媛の正体の巖城津《いわきつ》の仕業じゃ。天の香具山に入ることを禁ずるとしたのは、石押分《いしおしわけ》の土蜘蛛族らと首部井光《おびとらのいひか》族らが穴から出入りして、榊を神木として神殿の四隅に移植させ、注連縄を飾ったり祭壇を作ったりしていたのじゃ。

従者の苦面顔《くづらがお》の者たちは、天の香具山の井戸から水を汲んでは、四つの榊の木に水をかけたのじゃった。その上で榊を謹んで拝み、榊の枝を折り頂いて、四手《しで》を垂らした玉串《たまぐし》を作ったのじゃ。

その頃、天の香具山への道に皇太子の一行が差しかかっていたのじゃった。

一行の先導は武官朝服《ぶかんちょうふく》姿の久米強士で、その後には武装した第一船団の兵士たちが続き、文官《ぶんかん》朝服姿の日道臣が皇太子の輿の先導役じゃった。輿に乗った皇太子は衣袴《きぬばかま》姿に白の上衣を重ね、腰には草薙の剣を佩《は》き、首には幾重にも巻いた八尺《やさか》の勾玉を下げ、手には八咫《やあた》の鏡を持っておったのじゃ。その後には神事の用具を入れた長櫃《ながひつ》や御供物や御神酒を入れた行器《ほかい》（食料等の容れ物）を担いで進むのは巌城津の第三船団の部下たちじゃった。続く輿の上には御子の手研耳《たぎしみみ》命が乗り、皇太子と同じ衣袴《きぬばかま》に薄青色の上衣で手には笏《しゃく》を持っておったのじゃ。御子の先導は隼人勇で、この日ばかりは隼人勇も素面《すおもて》に武官の束帯で厳めしかった。その後を護るように続くのは第二船団の隼人の部下たちじゃった。そして、四人の巫女に囲まれた輿には何者か分からんが、まるで巌媛《いつきひめ》と同じ装束に着飾っていた一人の巫女が乗っておった。最後に、兄猾《えうかし》が宇陀の山人族の兵たちを引き連れて続いておったのじゃ。葛城の山人族の兵たちは畏まり跪《ひざまず》いて頭を垂れていた。その兵たちの持つ幾百もの竹槍の穂先の赤い布は、天の香具山から吹く風に靡《なび》いておった。まるで、戦場に出で立つ陣容を整えているようにも見えたのじゃ。

やがて一行は、天の香具山に到着した。あらかじめ用意された箱腰かけに皇太子と御子が座られて、長櫃《ながひつ》から出された祭器の品々は、祭壇に次々と飾られていった。

まず、二段目に平瓦が置かれると、国栖魚《くずいお》をはじめ、五穀や、ぬなわ（蓴菜《じゅんさい》の古名）や果実やら山いもや山の菜やら野の菜など様々な供物が捧げられ、一段目の両端には御神酒の斎瓮《いっへ》と玉串が置かれ、最後に皇太子からお預かりした三種の神器が、八咫の鏡を中に、左に草薙の剣、右に八尺の勾玉が飾られた。

準備万端整い、白束帯の皇軍の将たちも居並んだ。各船団の副将たちも反対側に並んでいた。その中には、兄猾《えうかし》も弟猾《おとうかし》もいた。兵たちの先頭は、先に上がった天の香具山の警固の五人と八十梟師であり、その後に皇軍の兵士たちが並んでいた。またその後には、山の下まで宇陀の兵と葛城の兵たちであふれかえり、ごった返していた。

輿に乗っていた巌媛《いつきひめ》に似た巫女は長《おさ》であろうか、お付きの巫女たちを従えて神前に進んで頭を垂れた。

「吾《わ》は伊勢の五十鈴《いすず》の宮（後の伊勢神宮の内宮）の斎宮《いつきのみや》である。その昔、天孫降臨の折り先導を仕《つかまつ》ったアマノウズメの子孫の猨女君《さるめのきみ》の宇受女《うずめ》と申す。巌媛に代わり、吾が斎主《いわいのうし》となって、神倭磐余彦皇太子《かむやまといわれびこのひつぎのみこ》の天照大御神と天神地祇《てんじんちぎ》の神々への奉納の儀式を執り行う！」

斎主《いわいのうし》は大榊の玉串で神前を祓い、皇太子や巫女や将軍たちが並んでいる左側を祓い、次に副将軍たちが並んでいる右側を祓い、更に、一歩前に出て全ての兵たちを祓った。斎主の宇受女《うずめ》は大榊を祭壇の中央に置き、神前に向かい儀式に先だって、天照大御神を崇める祝詞《のりと》を奉り、巫女たちと三拝九拝した。

そして、斎主《いわいのうし》は謹んで祭壇に飾ってあった草薙の剣を頂き、皇太子に佩《は》かせて、また、八尺《やさか》の勾玉を押し頂いて、皇太子の頸に三重に巻き下げた。

いよいよ、皇太子の奉納の儀式が始まるのである。

儀式は皇太子の御祈念冥慮《きねんめいりょ》の奏上へと続き、皇太子と御子の玉串奉奠《ほうてん》があり、次に将たちが一人一人、拝礼し玉串を捧げ、船団の副将たちが続いて拝礼と榊を捧げ、兄猾夫妻と弟猾夫妻が呼ばれて拝礼と玉串を捧げた。そして次に呼ばれたのは、意外にも警固の五人の者であった。彼らは突然のことで何をどうやれば良いか分からずに、ただ押し合いへし合いしていたところに、巖城津がそっと出て来て小声で云った。

「わらわじゃ、巖媛《いつきひめ》はわしの化粧であった。騙《だま》して許せよ！」

またまた、五人の警固の者の面玉がひっくり返ったようであった。

「あの、お綺麗な巫女さまが……大将さまとは、嘘だ！」

「どこに消えてしまったかと、思ってやした、本当にそうか？」

「どうして男があんな巫女さまに化けられる……良い顔しとるな、大将！」

「もしかしたら、この大将は元々、女じゃないのか？」

「おりゃ、あの巫女さんに惚れとったのに！　ワッハハハ……」

留めは、五人の警固の長であった。

「そんなことはいいから、でも、嬉しいぞ！　お前らは、葛城《かつらぎ》の兵の中でも最初に、皇軍に誓いを立てた者たちである。皇太子の特別のお計らいである。皇軍に味方した者たちの代人となって、われの行うとおりに真似て拝礼をすれば良いのだ！」

五人の警固の者はオズオズと巖城津に続いて神殿の前に進み、巖城津が行うとおりに、一礼二拍一礼と玉串の奉奠《ほうてん》を行った。

八十梟師は余りの荘重さに圧倒され、しかも三種の神器を目の当たりに見て、萎れるばかりであった。そんな八十梟師に久米強士は近づき声をかけた。

「さて、葛城の八十泉師《やそのたける》よ、お前は皇太子に恭順の意を示さなくとも、お前を殺したりはしない！ここは神聖な天照大神の御神前であるからな。だが、お前が皇軍に心を寄せると云うのなら、特別に皇太子の御前で拝社を許す！」

八十梟師に思いがけなくも、ありがたい言葉がかけられた。

「わ、われにでございますか！　皇太子さまの御先祓いを乱したわれに拝礼を許して下さるのですか？」

八十梟師は並み居る視線を感じながら、只ただ畏敬の念を抱き平伏するだけだった。

「大将、八十梟師さま！」

駆け寄って八十梟師の身体を支えて立ち上がらせるのは五人の警固の者だった。ふらつきながらも立ち上がった八十梟師は、恐《おそ》る恐る一歩一歩踏みしめるように御神前に近づいて深々と一礼し、柏手を二つ打ち、玉串奉奠を行った。そして、自席に帰りしなに、皇太子の前にひれ伏して号泣してしまった。

儀式の締めくくりは、斎主《いわいのうし》の猨女君《さるめのきみ》の宇受女《うずめ》と巫女たちによる天照大御神を崇め讃える天の岩戸の神楽舞《かぐらまい》の奉納が賑々しく華やいで行われた。

儀式はつつがなく終わって、段幕が張られ、酒宴がはじまったが、斎瓮《いつへ》の御神酒を一口だけ頂くのかと思っていたら、段幕の陰から沢山の料理も酒も運び込まれた。それは、首部井光《おびとらのいひか》族と石押分《いしおしわけ》の土蜘蛛族らが作って運び込んだものだった。

久米強士は、八十梟師を御神殿の真後ろのニギハヒの城輪柵《きのわさく》の見えるところに連れて行った。

「のオ、葛城の八十梟師！　ここから見ると、ニギハヒの館は二重の柵に囲まれ、いかにも攻め難い柵囲いの館に見えるが、辺りの野にどのくらいの兵が集まるかは知らんが、あの城輪柵は落ちるのも早い！　広大な登美の廻りの山々には既に皇軍がひしめいている。新たな日向の軍勢は、以北の国々の兵を伴って、河内の白肩津《しらかたつ》の湊より上陸して、生駒山地におる。また、出雲国の軍勢も遠征の途の国々の兵を加えて、宇治の川辺に陣を張っている。更に、伊勢の五十鈴の軍勢も蛇神山《たかみやま》の原に陣を構えておるのだ。無益な殺し合いを皇太子は望んでおらぬ。皇軍の力で降伏《ごおぶく》を加えるも簡単なのだが、一応、使者を出して和議を図ろうと思う。その使者に、お前のところにいる鳥山の猪太のイノを使ってみるのも面白い、と思わんか？」

その八　神倭磐余彦尊、神武天皇となる

秋もずいぶんと深まって来て、山々の葉は色とりどりの装いから、風に吹かれずとも、その葉も枯れ朽ち果てて落ちてくる。

間もなく、野原に霜が立って溶けると土と落ち葉はドロドロとなって、戦い難くなる。

今夜の新月がぎりぎりの決戦の期限である。

明日の決戦に備えて、天の香具山には既に陣営が設けられていた。社殿の四隅の榊の脇には篝火が焚かれて、新月の暗い夜空を照らしていた。社殿の真後ろに陣幕を張り巡らせて、その中央に皇太子の御座を作った。御陣所の大将は久米強士と巖城津であった。また、天の香具山を取り囲む林や灌木の野に潜んでいる皇軍の前線の大将は隼人勇であった。兄猾《えうかし》を大将とする宇陀の兵たちは、天の香具山の後方から畝傍山《うねびやま》まで潜んでいる。八十梟師《やそのたける》を大将とする葛城の兵たちは葛城山の裾野に集結していた。そして河内から上陸した日向の皇軍は二手にわかれ、生駒山の南側の磯城山《しきさん》（現・信貴山《しぎさん》）を廻り込む軍と北側を廻った軍とにわかれていた。それに伊勢からの援軍は既に、三輪山の麓に集結していた。

鳥山（楠木山）の猪太は皇軍の和議の使者となって、ニギハヒの城輪柵《きのわさく》の館に入って既に三日経って、毎日、和議の交渉にあたっていた。今夜の中にニギハヒ神《のかみ》が和議の決断をしないと、明

朝、夜明けと共に皇軍の総攻撃を受ける事になっている。

猪太は切々と説いているようであったが、決定権を持つ三人の心は動かぬようであった。

三人とは、ニギハヒ神と呼ばれる天神《あまつかみ》とその娘・三炊屋媛《みかしきやひめ》と媛の夫・ナガスネビコであった。

「確かにニギハヒ神がシカと名乗って、このイノと共に囮《おとり》の囚人となり敵の船上にいた頃は、まだまだ登美が幾重にも勝ち味があったのでしたが、その後、何を仕掛けても見破られていたと申しましょうか、悉《ことごと》く失敗を重ねてしまったのは、このイノの責任です。今、敢えて向こうを皇軍と云わせて頂きますと、彼らには天界の神秘な力も海神《わたつみ》の不思議な力も加わっております。今では、生駒の山人族も日向の新軍に降伏し、葛城の八十梟師《やそのたける》の率いる山人族も皇軍にお味方しております。また後方の宇治川には出雲の軍が、前方左には伊勢の五十鈴軍が陣を構えておりますいずれも太古から天上とつながりのある国々です。敢えて戦《いくさ》に臨めば勝ち目はございません！今夜の新月が明ければ、皇軍の総攻撃が始まりましょう！　どうか降伏するか、和議に応じなさりませ！」

これまで何度となく聞かされている三炊屋媛《みかしきやひめ》の顔は般若顔《はんにゃかお》になった。

「何を申す、イノ！　父上とお前は、態《わざ》と敵の囚われ人となり、敵の内情を探り壊滅させせん為に船に残ったのではないか？　吾《わ》も下女《したため》たちも女賊となって命を賭して策に加わったではないか！吾の命《めい》を受けて自ら進んで死んだ者もいる！　その後悉く失敗に終わったのは、お前の所為《せい》であろう。それをのめのめと敵の使者に立ってくるとは何事か！　命を惜しんでの事か！」

「待て、三炊屋媛《みかしきやひめ》！　イノも好き好んでこの役を受けたのではない！　分かって上げようではないか？　奴らは皇軍の名の許に集まっている只の輩《やから》だろうが。日向の天神《あまつかみ》の子だと名乗っているが、われらの方だって、天の磐船《いわふね》で登美の野に降臨した天神《あまつかみ》・ニギハヒ神ではないか！　どちらが正当なる天神の子孫なのか領《し》らし召《め》してやるが良かろう！　われらが正当なる天神の子孫と分かれば、今、皇軍に味方している国々の軍も、われらを皇軍として崇めるであろう！　お義父上《ちち》、天神《あまつかみ》の證《しるし》はありましょうな？」

「三炊屋媛、天神の二つの證《しるし》の品を此処へ！」

「あれば宜しいのです！　後は、猪太との交渉は、このナガスネビコにお任せください！」

ナガスネビコはニギハヒ神の御子ではなかったのじゃ。三炊屋媛の婿君だったのじゃな。それにしても、ニギハヒ神が例の唖の鹿目のシカだったとは、そして女賊の鹿目の娘だった者が三炊屋媛だったとはのオ。

ナガスネビコはニギハヒ神と三炊屋媛を抑えて、全権を託されて猪太に和議の申し入れを行ったのじゃ。

「鳥山の猪太どの、お前が皇軍の使者でなく、われらの只の草の者のイノだったら、即刻、その首を頂いたものを！　が、今はわれらにとっても大事なお遣い人だからな。先ずは交戦を一時、日延べして、互いに天神《あまつかみ》の子孫である證《しるし》を携えて相見《あいまみ》えようとな！」

「お互いに天神《あまつかみ》の證合《しるしあわ》せでございますね？」

「おう、そうだ！　明日中には、われらが兵は城輪柵の中に入れよう。磐余彦《いわれびこ》の全軍の兵たち、前線に出ている兵たちも天の香具山に入り山を下りてはならん！　葛城の八十梟師の兵たちは葛城山に入ること。どちらも山際までで、野に下りてはならん！　畝傍山《うねびやま》の兄猾の兵どもは飛鳥峠《とぶとりのとうげ》（現・飛鳥寺跡付近《あすかてら》）まで退くこと！」

「両軍の兵を退く事が条件の一つですね？」

「明後日の朝、日の出と共に、どちらが正当な天神の子孫であるかを證合《しるしあわ》せで確かめ合うことにしよう！　場所は、此処のニギハヒ神の城輪柵と天の香具山との中間地点に白布を敷き、その百尋円方《ひゃくひろえんぽう》は草原にして刈りとろう！　そうすれば、天の香具山からも事の成り行きがはっきりと見えるし、城輪柵のやぐらからも見える。明日にも薄《すすき》や萱《かや》を両軍の雑兵を出し合って刈り取るとしよう！　その刈り取りの指揮は、御苦労でもイノがやってくれまいか？」

「分かりました。このイノが和議の場を責任もって作ります。これも条件の一つですな？」

「ああ、そうしてくれ。当方の正使は、ニギハヒ神の後継者である三炊屋媛《みかしきやひめ》が天神の證《しるし》を携えて参る。われナガスネビコは副使として加わる。われも含めて従者は四人で良かろう。磐余彦《いわれびこ》の御子、何と申したかのオ、手研耳命《たぎしみみのみこと》だったたな。その者が正使となって證《しるし》を携えて来られるがよかろう。従者は副使を含めて同じく四人。正使のみ高強弓《たかつよゆみ》を持つ、目印にな。御子も高強弓を持って来られるように。和議が整ったら、友好の印として高強弓の交換はどうかと伝えて欲しい！　従者は太刀もその他の武器も携えてはならぬ事としよう！　当方もそのように約束をする！」

「天つ神の證合せの正使は手研耳命で従者は四人、高強弓が一張りだけで、その他の武器は一切無用であると！　そのように申しましょう！」

「これらが概《おおむ》ね承知なら、今夜の子《ね》の刻に天の香具山より松明三木を三回ずつ振るように、その他の条件があれば、明日の中に調整をしようと、申してくれ！」

「申し入れの条件が承知なら、子の刻に三本の松明を三度ずつ振ることが返事ですね？」

「委細承知なら、それで良い！　それに、鳥山の猪太どのは、両方の立会人として出て頂こう！無益な戦はわれとても好まん！」

「ありがとうございます！　猪太もそのように願っております！」

猪太は自分の力で和睦が整うことに身を震わせていた。

ナガスネビコの条件は皇軍にも受け入れられたのじゃった。

翌日には両陣営の真ん中から百尋円方の雑草や薄や萱や低木などが、猪太の指揮のもとで、両軍の雑兵によって刈り取られたのじゃ。刈り取られた草原の真ん中には白布が敷かれ、どちらの兵も一人としていない草原となったのじゃ。

ニギハヒ神の城輪柵は大きいと云っても、柵の中は多くの兵でごった返していたのじゃ。

天の香具山も兵であふれておったし、葛城山でも飛鳥峠でも、いつでも攻められるように、山の上の方に上がらず山際近くに兵があふれていたのじゃ。

そして明くる朝、日の出とともに両軍の使者たちが、白布を敷いた上で相見《あいまみ》えた。

ニギハヒ神の正使の三炊屋媛《みかしきやひめ》は緋色の衣に濃紺の紕帯《そえのおび》に浅葱色《あさぎいろ》の裳を着して、頭は双髻《そうけい》（二つ結いの髷《まげ》）の髪型であった。副使のナガスネビコは長い髪を束ねて後ろに垂らし、青色の衣袴《きぬばかま》を着していた。そして、長櫃《ながひつ》を持った獣皮を着た厳《いか》つい従者が三人だった。

一方、皇軍の正使の手研耳命《たぎしみみのみこと》は髪を角髪《みづら》に結い、輪冠をかぶり、白色の衣袴姿であった。いつもの正使なら飾り太刀を佩くのだが、この度は着していなかった。副使の日道臣は白色の文官朝服姿であり、従者である久米強士と隼人勇と巖城津は、同じく白色の武官朝服を着ていた。

正使は、互いに弓弦を鳴らした。今現在、互いに敵意のないことを表わす儀式の始まりであった。

「吾《わ》は天神櫛玉鐃速日命《あまつかみくしたまのにぎはひのみこと》の娘三炊屋媛《みかしきやひめ》と申す！　吾は戦を好むものではないが、何としてそなたちは天神の降臨し賜《たも》うたわれらを攻めようとするぞ！」

まず、口火を切ったのは男勝りの三炊屋媛であった。

「われは神倭磐余彦尊《かむやまといわれびこのみこと》の御子手研耳命《たぎしみみのみこと》である。われらとてそちたちを好き好んで攻めようとしているのではない。ただ、天の命《めい》に従い、そちたちの悪行を懲《こ》らしめに参ったのだ！」

今までの手研耳命だったなら、皇太子の陰に隠れて発言も控え気味であったが、ここでは皇軍を代表するに相応《ふさわ》しい物云いであった。

「天の命と申すは、不遜であるぞ！　如何なるものか申して見よ！」

三炊屋媛は鋭い目を手研耳命に放った。

「天神であったのなら、天上の五柱《いつはしら》を知っておろう？　その一人、タカミムスヒ神の命である。そちとそちの父櫛玉饒速日命《くしたまのにぎはひのみこと》は天の磐船を盗んで天上から地上に降臨した、いや降臨とはいえない、ただ、降り立っただけだ。そちたちは既に天神の資格を剥奪されて神逐《かみや》らい（天上の神を追放すること）されているのだ。それだけなら許されようが、そちたちは、この登美の地で天神の名の許に略奪をほしいままにし、民人に苦役《くえき》を強要し、民人を兵として闘わせたりして、近隣の国々を攻め滅ぼしているではないのか！　それは天神《あまつかみ》の為せる業ではあるまい！　それを天上の天照大御神が苦慮なされて、地上のわれら皇孫にタカミムスヒ神を通して命じられたのだ！」

「天がどのように申そうとも、地上は天上のように平穏を装《よそお》う態《てい》では生きて行けんのじゃ！」

「ミカシキヤヒメと申したな、平穏は与えられるものでもなく、ましてや奪うものでもなく天上のように共存してこそ生まれるものと思わぬか？」

「そは、たわ《わ》ごとであろう！　天上に住んだこともないそなたに、天上の様《さま》を云々する資格があろうか！　吾も父神も天上の生活には辟易《へきえき》しておったのじゃ！　そんなたわごとに耳を貸す必要は、認めぬ！」

三炊屋媛は眉根が吊り上げて云った。

「飽くまでも押し通すつもりなら、天神《あまつかみ》を名乗るのはお止めなされ！　われらもその扱いをしよう！」

「天神を名乗るな、と？　神逐《かみや》らいされたとて、天神に変りはない！　親に捨てられたから親の子ではないと思え、と云われるのか？」

「縁《えにし》を断ち切った子とて悪行無道を行ったら、親はその子に罰を下すであろう？　そちたちは天罰を受けねばならないのだ！」

「天罰じゃと？　どこの何者か分からぬ奴輩《やつばら》が、天神のわれらに天罰を加えると云うのか！」

三炊屋媛の頭髪の双髻《そうけい》も乱れ気味に逆髪《さかさがみ》となり、形相はまるで悪鬼のようであった。

そして、御子の手研耳命も耳まで真っ赤にして興奮の極みになった。

此処までと感じた猪太は、日道臣とナガスネビコに目を送った。

それぞれが双方の二人を落ち着かせるべく、袖を引いた。

「それでは、双方の天神の證合《しるしあわ》せを致します！」

慣れぬ猪太の言葉は上ずっていた。

大きく息を吸い直して、昂《たかぶ》る心を抑えて三炊屋媛は改めて云った。

「面痒《おもかゆ》い話じゃが、吾の天神の證《しるし》を見よ！」

ナガスネビコは従者の持つ長櫃から天神の證の二品を別々に出した。

「よ〜く、見や。これは天《あま》の羽羽矢《はわや》と云うて身を護る矢じゃ。それにこれは矢を納める天《あま》の歩靫《かちゆき》じやぞ！」

三炊屋媛はどうだと云わんばかりに、勝利の笑みを讃えた。

「なるほど、これは見事な天の羽羽矢《はわや》とやなぐいである！　われにも数本伝わっているが、天の羽羽矢は呪力を帯《お》びた矢と承《うけたまわ》っている！　だからやなぐい、いや、歩靫《かちゆき》と別々にしては矢の帯びた呪力も失われてしまう、とわれは聞いておるぞ！」

「吾《わ》が天の御宝に対して、余り無礼な申しようであろう！　いかな正使であろうと、この矢を受ける事になろうぞ！」

「その矢は、もはや呪力を失って使えぬ。また呪力を失った矢を弓につがえると、天の羽羽矢《はわや》は消えてしまう！　更に、天神でない者が触れても消えてしまうのだ。ミカシキヤヒメ、そちと父御は確かに天神《あまつかみ》であります。その天の羽羽矢《はわや》と天の歩靫《かちゆき》をお持ちになっている事が、何よりの證《あかし》でございます！」

「それでは吾を天神と認めるのだな？　良し、では事を荒立てはせぬ。タギシミミノミコトとやら、そこを退いて貰う前にのオ、そなたの持ってきた長櫃を改めさせて頂く！　まさか、その中に武器などは入っておらぬだろうな？」

久米強士と隼人勇と巖城津は長櫃の蓋を開けようとした。

城輪柵の中央の一番高いやぐらの上から見ていたニギハヒ神には、和議の言葉のやり取りは聞こえないようじゃったが、その有様から娘の三炊屋媛《みかしきやひめ》が有利に事を運んでおると察して、ほくそ笑んでいたのじゃ。

一方、天の香具山では、女の正使に手研耳命が押しまくられているように見えていたのじゃが、これからが面白くなると皆が手研耳命のお手並みを拝見しようと思っていたのじゃ。

ところがじゃ、いつの間に手にしたのじゃろうか、ナガスネビコの従者たちは手に武器を持っていて、既に、矢をもつがえておったのじゃ。

「動くんじゃない！　このままで帰れると思うな！」

「お待ちください！　三炊屋媛さまもナガスネビコどのも、これではお約束が違いましょう？　この鳥山の猪太が仲立ちに入ってお決めになった事に反します！」

「うるさい、イノ！　お前もこれまでよ、それも分からずおめおめと此処に出て来たのか、愚か者め！」

ナガスネビコは高強弓《たかつよゆみ》を三炊屋媛から受け取ると天の羽羽矢《はわや》をつがえた。

「イノ、お前から料理させてもらう！　この天の羽羽矢を受けて見よ！」

猪太は当然のことながら、万が一、和議が不成立に終わったなら責任をとろうと観念していた。

ナガスネビコと猪太の間は五尋までなかった。高強弓は引き絞られて、矢は唸りもなく放たれた。

天の羽羽矢は猪太の胸を射抜いたかと思えたが、消えて無くなっていた。

「どうだ、その羽羽矢は使えぬと申したではないか！　また、呪力を失った羽羽矢を弓につがえると消えてしまうともな。良いか、天の羽羽矢は使うものではなく、天神《あまつかみ》の證《しるし》だけに用いるものなのだ！　天の羽羽矢を失っては、もはや天神とは云えまい！　愚かな事をしたものだ。ナガスネビコとやらは天神ではなかったのだから、天の羽羽矢の事について何も知らなかったのだと思うが、そうであろう？　もしかしたら、ニギハヒの神とやらがお前に教えなかったのではないか？　従者の者たちも、武器を納め給え！　ニギハヒとミカシキヤヒメを天神であったと認めたのだから、後は、話せば分かることではないか？

ただ、天神《あまつかみ》にも格付けがあったのを知っておろう、ミカシキヤヒメ？　天上では天照大御神が第一の神として崇められている。そちの父ニギハヒも天照大御神を崇めていた。だから、あの小高い東の丘を天の香具山と名付け、天照大御神を『天照大神《あまてらすおおかみ》』として地上で祀ったのであろう？　その事は、天照大御神もお見通しで、ニギハヒの行為を評価しておったのだ！　お分かりか？　天照大御神が御孫のニニギ尊に三種の神器を与えたことも知っておるであろう、ミカシキヤヒメ？　われの證《しるし》は天神《あまつかみ》としてではなく、天照大御神の直系子孫の証である三種の神器である！　とくと、拝むが良い！」

久米強士と隼人勇と巖城津が長櫃から出した三種の神器、八咫《やあた》の鏡《かがみ》・草薙《くさなぎ》の剣《つるぎ》・八尺《やさか》の勾玉《まがたま》を長櫃の上に飾った。

（これが、天照大御神の三種の神器であったか！）

その神々しさに一瞬ひるんだ三炊屋媛であったが、すべてはこの一瞬にかかっていると思い、大声を出して笑い飛ばした。

「ハッハハ……、のオ、三種の神器とやらは、カガミとツルギとマガタマとは聞いておったが、それらが本物であるという証拠がどこにある！　偽物を持ってきたタギシミミノミコトと名乗るお前を、吾は天孫の子孫とは認めぬ！　和議は終わりじゃ！　命までは取ろうとは云わぬ、さっさと帰りおろう！」

「お静まりなされ！　今一度、お静まりなされ！　天照大御神の直系子孫の手研耳命が八咫《やあた》の鏡《かがみ》に念じまして、天上に御座《おわ》します天照大御神の御心を承ります！」

と、日道臣は手研耳命から高強弓を受け取って、三度、弓弦《ゆみづる》を弾いた。

『ヒュウルル～！　ヒュウルル～！　ヒュウルル～！』

その音は龍の鳴き声かと思わせるように天上に吸い込まれて行くのであった。

「出来る筈もあるまいが……とくと、見せて頂きましょう！」

何を念じてよいか分からなかった手研耳命だったが、日道臣の云う通りに、八咫《やあた》の鏡《かがみ》の前に向くと、口を衝《つ》いて出て来た言葉は、『天照大御神、天照大御神、天照大御神……』であった。

ほんの十呼吸もしない中に、八咫の鏡の下から水煙《すいえん》のようなものが噴霧され、辺りは白い霧で包まれてしまった。

「妖術じゃ！」

三炊屋媛が叫ぶのと同時であった。

『クエッ！』

日道臣の高強弓の弓筈《ゆはず》に止まって鳴いていたのは黄金色をした古鳥蘓、いや、八咫《やた》の烏《からす》であった。

朝日を浴びた八咫の烏は四方八方の山々にも黄金の光を反射させた。

「ウオーッ！」

と、天の香具山からも城輪柵からも登美を囲む山々からも鬨《とき》の声に似た雄叫《おたけ》びが一斉にあがった。

「これは畏れ多くも、天上の神の鳥ヤタノカラスである！　手研耳命の祈願の声をお聴きなされた天上の天照大御神が御遣わしになったのだ！　頭が高いとは思わぬか！」

さすがの三炊屋媛も空けた口に黄金の光を吸い込むようにひれ伏すのであった。

ナガスネビコも従者たちも武器を捨てて平伏した。刈り取られた百尋円方《ひゃくひろえんぼう》の先の薄《すすき》や萱の中からは、隠れていたナガスネビコの兵たちが弓矢や山刀などの武器を捨てて野に出て来て平伏するのだった。

八咫《やた》の烏《からす》は高強弓から飛び立って刈り取られた百尋円方を空高く大きく飛びまわり、黄金の古鳥蘓の舞を三度舞い、再び、天の香具山の神倭磐余彦皇太子《かみやまといわれびこ》の弓筈《ゆはず》に止まった。

八咫の烏は天の香具山から、更に、目映いくらいに輝きを吉野の登美に放った。

皇軍が天の香具山から下りて行進を始めると、周りの山々からも呼応するように赤い布を垂れた皇軍の味方の兵たちが動き始めた。

ニギハヒ神の城輪柵からも弓矢や竹槍や山刀などの武器を捨てた兵たちが柵の間から走り出て来た。

どうやら終わりに近づいて来たようじゃから、まとめにかかろうかのオ。

恐れ畏まったニギハヒ神は天の證《しるし》である天の羽羽矢《はわや》と天の歩靫《かちゆき》を持っていたので天神であったと証明されたのじゃったから、磐余彦皇太子は『地上での最後の天神《あまつかみ》』のニギハヒの命を奪う事はしなかった。何故、最後の天神かというと、ニギハヒ神たちが天の磐船を盗んで地上に降りて以来、天上では二度と、不始末を起こしてはならぬと、天の浮橋のオノゴロ島の八衢《やちまた》を閉じてしまい、天上界と地上界は往《ゆ》き来《き》が出来なくなったのじゃ。だからそれ以降の日本の歴史には『天神《あまつかみ》』が登場しなくなって、ただ、『〇〇神』として縁《ゆかり》の神社で祀られるだけになったのじゃ。

で、ニギハヒの処分だが、当然、饒速日神《にぎはひのかみ》と名乗る事は許されず、只の地人の囚われ人として、出雲の国造《こくぞう》・事代主《ことしろぬし》に伴われて隠岐の島に流刑となったのじゃ。以後、許されて名を物部《もののべ》と賜って、物部氏の祖となったのじゃ。

ニギハヒの娘の三炊屋媛《みかしきやひめ》もまた天神であったが、天照大御神を崇める心があったので、伊勢の猿女君《さるめのきみ》の斎女《いつきめ》の宇受女《うずめ》に預けられ、五十鈴の宮で巫女の修業を行った後、天の香具山の天照大神を祀る神社の巫女となったのじゃ。ナガスネビコは天神ではなく、天神の婿の地人であり、その罪も一番重く、死罪の刑が相当だったものを、猪太と兄猾《えうかし》の助命嘆願によって、宇陀の兄猾の預かりとなり、その後は、宇陀の民人たちや首部《おびとら》族や土蜘蛛族たちと共に野や林を切り拓き、また、天の香具山神社を三炊屋媛共々護りながら、農耕の再生に生涯を捧げたと云う事じゃ。

宇陀の兄猾は上県《かみつこおり》と下県《しもつこおり》を一つにして、宇陀の県主に納まって、しかも、山人族の長を束ねる役目を仰せつかったのじゃった。

さて、猪太じゃが、使者に立ってから過去の罪は不問とされ、使者としての役割も立派に果たしたことから、大山の中腹の楠木山《くすのきやま》（通称鳥山）の名を賜って、姓を「楠木」と名乗り、山人族の長の一人となったのじゃ。楠木氏の祖かどうかは不明じゃ。

八十梟師《やそのたける》もまた、葛城山《かつらぎやま》の名を賜って、姓を「葛城」と名乗って、山人族の長の一人であったが、後に葛城の地に移住した土蜘蛛族といざこざを起こして殺されてしまったのじゃ。

弟猾《おとうかし》は隼人勇の配下に入ったのであったが、ニギハヒやナガスネビコの兵たちを預かり、兵として残りたい者は、皇軍に組み込み、山林に携わりたい者は楠木山の猪太に預け、また、農耕や魚漁に携わりたい者には土地を配慮してやったりもしたのじゃ。弟猾は農耕や川漁の者たちには、兵力としても農漁兵士として育て、小さいながらも邑《むら》を起こし猛田邑《たけだのむら》と名付け、弟猾は天皇を護る隼人勇の配下でもありながらも、その猛田邑の県主にもなったのじゃった。

ニギハヒの館の柵は取り壊され、館は皇太子の仮宮《かりのみや》としたのじゃ。

その近くに、新しく神倭磐余彦皇太子の宮殿が造られることになったのじゃが、宮造りの技を持つ者を各国から集め、土地を切り拓き、良質の石材や木材を集めて取りかかってから、宮殿がほぼ完成するまで三年は要するので、取りあえず、その仮宮で神倭磐余彦皇太子は宣旨《せんじ》を下したのじゃった。

まず、東征に日向を出発して既に十六年余り、艱難辛苦《かんなんしんく》の上、天にも助けられて東の地を平定させることが出来た。われは日向の国に帰らず、此処に、橿原《かしはら》の地に皇都《みやこ》を造る！　それは、わが祖父老王の火遠理尊《ほおりのみこと》の御決断でもあった。だからこそ、われは三種の神器を託されたのである。宮殿は皇都《みやこ》の中心をなし、天の香具山を真東に見立てて、造営されなければならない。

この吉野の里、天照大神が御坐《おわ》します天の香具山の御神殿を仰ぎ見る橿原の地の民人たちの支え合う力が素地となれば、底知れぬ力となり、平穏を願い豊かな皇都の造営も早急に進むであろうと思っている。そして各国にも平穏と豊穣をもたらすであろう。

その為にも、われは政《まつりごと》に法則《のり》を立て、道理を尽くして正しく行い、民人の利と益となるならば、われは謹み賜って王位に就き、民人の心安らぐ国にすることをわれの終生の天命と承《うけたまわ》りたい！　われは新宮殿が完成した暁には、その神殿で天皇《すめらみこと》の即位を行いたいと思う！　そして、手研耳命《たぎしみみのみこと》を皇太子《ひつぎのみこ》として詔《みことのり》を下すであろう。その上で、前《さき》の鵜萱葺不合天皇《うかやふきあへずのすめらみこと》の喪に服そうと存ずる。

われの治める国には諍《いさか》いや戦は起こらぬものと信じる！

その為にも、この国のいたる所に天照大神と天神地祇《てんじんちぎ》の神々を祀って大孝《だいこう》を奉《たてまつ》りたい！

第一の側近の久米強士は最も重い地位大臣《おおおみ》を賜り、久米大臣《くめのおおおみ》（久米氏・来目氏の祖）としての最初の仕事は、皇都《みやこ》の造営となったのじゃ。そして彼自身も畝傍山《うねびやま》の西、皇都の東南の一角を要《かなめ》とする土地と館を賜ったのじゃった。

隼人勇は直接の政《まつりごと》には加わらず、また大臣《おおおみ》の地位も断り、飽くまでも隼人臣《はやとのおみ》として、先祖の海幸彦・火照命《ほでりのみこと》が山幸彦の火遠理尊《ほおりのみこと》に約束をした意思を重んじ、天皇の身辺の警護や宮殿や皇都《みやこ》の警固として、子々孫々携わっていったのじゃ。

さて、日道臣は名前を皇太子に返上して、元の珍彦《めずらひこ》となって、古鳥蘇《ことりそ》と共に地上からワタツミの国に帰るつもりでおったのじゃが、父の海神《わたつみ》の最後の言葉は古鳥蘇を通して語られたのじゃった。

『クエッ、クエッ、クエッ、………』

天上と地上の道が閉じられたように、父も地上と海底の道をも閉じた。だから、日道臣・珍彦の帰るワタツミの国は失せてしまった。海神《わたつみ》の塩地老翁《しおっちのおじ》の仕事は太古《おおむかし》から続いて来たが、神倭磐余彦尊を地上の覇者とさせて、われの使命は全うしたのだ。これで、ワタツミの国でぐっすり眠れる。

珍彦は日道臣（大伴氏の祖）として地上で生き、終生、天皇を助け、お前の子孫も天皇にお仕えすることじゃ。これからは何が起きようと人間同士が解決して行くのじゃ。天上の力をもワタツミの力をも頼りにしてはならん！　サラバじゃ！

涙ながらに話す日道臣を、皇太子は哀れとは思ったが、いつまでも自分の側に置いておきたかったので、内心喜びを隠せないでいたのじゃ。それで日道臣も久米大臣と同じく重用され、日道大臣《ひのみちのおおみ》として築坂邑《つきさかのむら》を皇都《みやこ》の南西の一角の要とする土地と館を賜ったのじゃった。

橿原《かしはら》の皇都《みやこ》の新宮殿が完成した辛酉《かのととり》の年一月一日、皇太子の即位の儀式が橿原宮《かしはらのみや》（現・橿原神宮）で行われたのじゃ。正式に、第一代神武天皇《じんむてんのう》（神倭磐余彦天皇《かむやまといわれびこのすめらみこと》）と名乗られたのじゃった。その年を紀元の元年としたのじゃが、西暦で云うと、前六六〇年じゃと、明治天皇と時の政府で定めたのじゃ。

手研耳命《たぎしみみのみこと》はこの時点では皇太子になったのだが……第二代天皇には訳あってならなかったのじゃな。神武天皇が宣旨で立派な事を云っとったが、実は、これから続く天皇家の歴史は、代々、血なまぐさくなるのじゃよ。第二代天皇になる筈の手研耳命にしても弟皇子らに殺害されたのじゃった。それは、また、いずれの話にしようかな。

さて、気になる古鳥蘓のことじゃが、あれから三年、築坂邑《つきさかのむら》の日道大臣の邸でのんびりと暮していた。邸の木に止まったり、地に潜ったり、川で遊んだりと、山に入っては追いかけられたり、それこそ身を粉《こ》にし、身を削る思いで、化身しておったのじゃったが、天皇即位のこの日、紀元元年正月元旦、古鳥蘓は日道大臣の姿を見送ると、邸の中で一番高い木に止まって、血を吐く思いで一声、鳴いたんのじゃ。

『クエッ～！』（さようなら！）

日道大臣にも知られずに鳴いて、日道大臣にも姿を見せなかったが、別れの古鳥穛の舞を三度舞って見せて、遠くの日向のかささの沖の海に飛んで行ったのじゃ。

古鳥穛は、何度となく海に突っ込んで潜っても、ワタツミの国への海の道は見つけられなかった。

そこで、古鳥穛は天高く飛び上がって、日輪の陽を浴び、火の鳥となって最後の古鳥穛の舞いを舞い、そのまま海面《うみづら》に突っ込んで行ったのじゃった。


トッピンカラリネットット。

（追記）古鳥穛は鳥海仟の他の作品にも出てくる。

【著者紹介】

鳥海 仟（とりのうみ・せん）

1937年生まれ。山形県遊佐町出身、その後酒田市に転居。東京都在住。

(有)スポットライト企画を設立。外国映画の吹き替えを制作・演出。

「ガルブレイス〝不確実性の時代〟を語る」(TBS)13本シリーズの演出で、昭和56年度の〝ギャラクシー特別賞〟(作品制作)を受賞。

アニメーション作品のオーディオ・ディレクターとして「いなかっぺ大将」「宇宙戦艦ヤマト」等々の制作に携わる。

劇団「吟遊詩人」を創立。主にシェイクスピア作品および創作劇の制作・台本・演出に携わる。「夏の夜の夢」「小野小町・三部作」他。

著書:『やさしいシェイクスピア演劇―作品とその人間像』(ポプラ社 1993年)、『夏の夜の夢』(ポプラ社 1998年)他。

勝手仟版　神話おもしろ噺

2023年10月31日発行　　著　者　鳥　海　仟
発行者　向　田　翔　一

発行所　株式会社 22 世紀アート
〒103-0007
東京都中央区日本橋浜町 3-23-1-5F
電話　03-5941-9774
Email: info@22art.net　ホームページ：www.22art.net

発売元　株式会社日興企画
〒104-0032
東京都中央区八丁堀 4-11-10 第 2SS ビル 6F
電話　03-6262-8127
Email: support@nikko-kikaku.com
ホームページ：https://nikko-kikaku.com/

印刷
製本　株式会社 PUBFUN

ISBN：978-4-88877-266-2